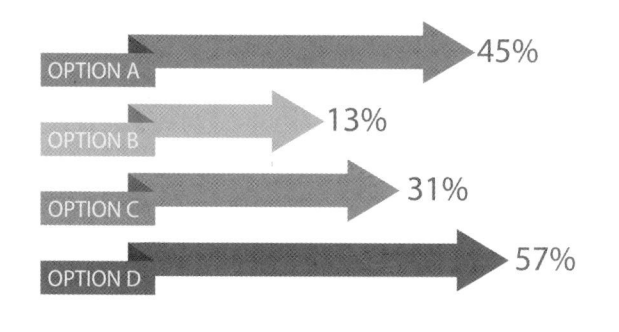

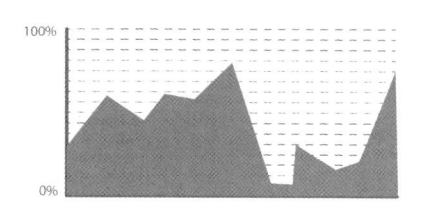

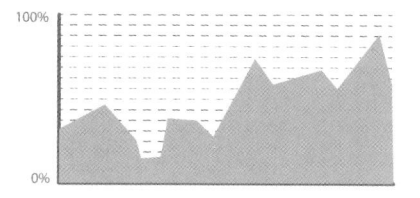

Research on The Effect of
Fixed-asset Investment

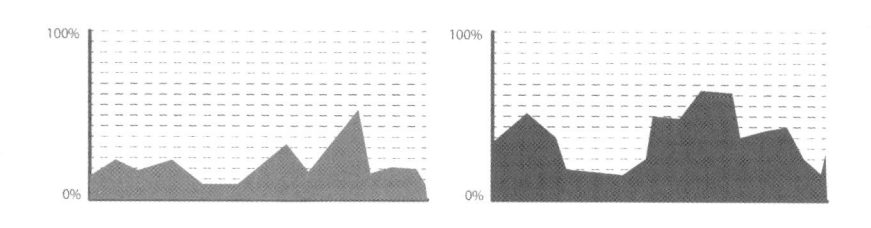

固定资产投资效应研究

苟晓霞 著

中国社会科学出版社

图书在版编目（CIP）数据

固定资产投资效应研究 / 苟晓霞著. —北京：中国社会科学出版社，2021.8

ISBN 978-7-5203-8793-4

Ⅰ. ①固… Ⅱ. ①苟… Ⅲ. ①固定资产投资—投资效应—研究—中国 Ⅳ. ①F832.48

中国版本图书馆 CIP 数据核字（2021）第 147168 号

出 版 人	赵剑英
责任编辑	张冰洁　乔镜蕫
责任校对	王　帅
责任印制	王　超
出　　版	中国社会科学出版社
社　　址	北京鼓楼西大街甲158号
邮　　编	100720
网　　址	http://www.csspw.cn
发 行 部	010-84083685
门 市 部	010-84029450
经　　销	新华书店及其他书店
印　　刷	北京明恒达印务有限公司
装　　订	廊坊市广阳区广增装订厂
版　　次	2021年8月第1版
印　　次	2021年8月第1次印刷
开　　本	710×1000　1/16
印　　张	15
插　　页	2
字　　数	242千字
定　　价	79.00元

凡购买中国社会科学出版社图书，如有质量问题请与本社营销中心联系调换
电话：010-84083683
版权所有　侵权必究

前　言

　　投资、消费、出口是拉动经济发展的"三驾马车"。中华人民共和国成立 70 多年来，中国固定资产投资一直保持快速增长态势，年均增长 15.6%。投资一直是中国经济发展的重要驱动力量之一，投资对中国经济社会持续健康发展和人民生活水平提高发挥了关键作用。党的十八大以来，固定资产投资通过补短板、强弱项、增动能，使得中国投资结构更加优化，质量更加提高，为全面建成小康社会打下了更加坚实的基础。党的十九大报告指出中国经济已由高速增长阶段转向高质量发展阶段，正处在转变发展方式、优化经济结构、转换增长动力的攻关期。针对国际形势复杂现状，中央提出了"六稳"和"六保"政策。2021 年国家在两会、政府工作报告、"十四五"规划中多次强调要逐步形成以国内大循环为主体、国内国际双循环相互促进的新发展格局。当前，全球正处于百年未有之大变局，国际经济发展环境不确定性陡增。在国内经济高质量发展的总体要求下，中国未来的经济发展需要更强的内生动力。在此背景下，研究如何通过宏观调控，最大限度发挥固定资产投资的经济增长效应、促进产业结构调整效应、改善民生效应具有重要的理论和现实意义。

　　本书共包括十一章内容。第一章：介绍投资的基本概念与理论。第二章：阐述投资规模度量指标、变化规律及宏观调控的原则、方法及判别标准。第三章：阐述投资结构与经济结构的关系及投资结构优化的标准、原则及投资结构的演变机制等。第四章：在阐述固定资产投资与经济增长关系基础上，实证分析了固定资产投资对经济增长的总效应、地区差异效应及长期效应。第五章：分析了投资与经济结构关系、固定资产投资对产业结构的影响效应。第六章：分析了固定资产投资与居民消费的关系、固定资产投资对居民消费的影响效应。第七章：分析了投资与就业的关系、固定资产投资对就业影响效应。第八章：在阐述固定资产投资与生态环境理论关系基础上，实证分析了固定资产投资对环境的影响效应。第九章：采用熵值法，从固定资产投资对经济增长效应和民生福利改善效应两个层面构造综合评价指标体系，对甘肃省固定资产投资效应进行了综合评价。第十章：采用 ARIMA 模型，对 2020—2025 年甘肃省固定资产投资情况进行了预测。第十一章：从固定资产投资规模、结构、效益角度对甘肃省固定资产投资存在的问题进行了分析，并提出相应对策建议。

本书在对相关固定资产投资理论分析基础上，采用定性与定量相结合的方法，从要素投入、资源配置的两个层面，深入剖析了固定资产投资对经济增长的需求效应、供给效应；并以甘肃为例，实证分析了固定资产投资的经济增长效应、产业结构调整效应、居民消费提高效应、社会就业提升效应、生态环境改善效应等；同时，采用熵值法对甘肃省固定资产投资的经济效应和民生效应进行了综合评价；最后，针对固定资产投资存在的问题，提出了相应的对策建议。

本书结合实际，从投资统计学、投资经济学角度，对固定资产投资的经济效应、民生效应进行了有益的探索，并融入课程思政内容，具有一定学术价值和使用价值，期望此研究成果能够丰富中国学术界有关固定资产投资效应方面的研究内容，促进投资统计学课程思政建设。

本书的出版得益于多方的支持。首先，感谢西北师范大学经济学院的经费资助，使本书得以顺利出版；其次，感谢陈思颖、高玲、朱迪超、李世峰、郝亚姗等研究生的资料搜集工作，使本书得以完成；最后，还要感谢我的家人对我长期的无私支持和鼓励，使我能安心写作并最终完成此书。

目 录

第一章 投资的基本概念与理论 ……………………………………… (1)
 第一节 投资的基本概念 ……………………………………………… (1)
 第二节 投资与经济增长的相互关系 ………………………………… (13)
 第三节 投资与经济增长的基本理论 ………………………………… (16)
 第四节 投资波动与经济周期理论 …………………………………… (24)

第二章 固定资产投资规模 …………………………………………… (31)
 第一节 投资规模概述 ………………………………………………… (31)
 第二节 投资规模变化的规律 ………………………………………… (33)
 第三节 投资规模的宏观调控 ………………………………………… (42)

第三章 固定资产投资结构 …………………………………………… (48)
 第一节 投资结构概述 ………………………………………………… (48)
 第二节 投资结构与经济结构关系 …………………………………… (51)
 第三节 投资结构的选择 ……………………………………………… (53)

第四章 固定资产投资对经济增长的影响效应 ……………………… (62)
 第一节 固定资产投资与经济增长关系分析 ………………………… (62)
 第二节 固定资产投资对经济增长的影响效应分析 ………………… (71)
 第三节 固定资产投资对区域经济增长影响效应的差异分析 ……… (82)
 第四节 固定资产投资对经济增长的长期影响效应分析 …………… (85)

第五章 固定资产投资对调整经济结构的影响效应 ……………（88）
第一节 投资与经济结构关系分析 ……………………………（88）
第二节 固定资产投资结构与产业结构变动趋势分析 …………（90）
第三节 固定资产投资对产业结构影响效应的实证分析 ………（101）

第六章 固定资产投资对居民消费的影响效应 ……………………（106）
第一节 固定资产投资与居民消费关系概述 ……………………（106）
第二节 固定资产投资与居民消费变动趋势及关系分析 ………（108）
第三节 固定资产投资对居民消费影响效应的实证分析 ………（116）

第七章 固定资产投资对社会就业的影响效应 ……………………（120）
第一节 投资与就业的关系概述 …………………………………（120）
第二节 固定资产投资与就业变动趋势及关联度分析 …………（125）
第三节 固定资产投资对就业影响效应的实证分析 ……………（131）

第八章 固定资产投资对生态环境的影响效应 ……………………（134）
第一节 固定资产投资与生态环境关系概述 ……………………（134）
第二节 固定资产投资与环境污染变动趋势及关系分析 ………（139）
第三节 固定资产投资对生态环境改善效应实证分析 …………（154）

第九章 固定资产投资效应综合评价 …………………………………（159）
第一节 综合评价指标体系构建 …………………………………（159）
第二节 综合评价方法选择 ………………………………………（163）
第三节 固定资产投资效应综合评价的实证分析 ………………（165）

第十章 固定资产投资预测 ……………………………………………（180）
第一节 预测方法 …………………………………………………（180）
第二节 甘肃省固定资产投资预测 ………………………………（182）

目录

第十一章　甘肃省固定资产投资存在问题及对策建议 ……………（190）

　　第一节　甘肃省固定资产投资规模分析 ………………………（190）

　　第二节　甘肃省固定资产投资结构分析 ………………………（197）

　　第三节　甘肃省固定资产投资效益分析 ………………………（210）

　　第四节　甘肃省固定资产投资对策与建议 ……………………（223）

参考文献 ……………………………………………………………（230）

第一章

投资的基本概念与理论

投资作为一种经济活动,其对经济增长的影响,从要素投入角度分析,投资具有需求效应和供给效应;从资源配置角度分析,资源配置最终反映经济结构,合理的经济结构是经济发展的关键条件。本章介绍投资的相关概念、投资与经济增长的关系,以及投资的相关理论。

第一节 投资的基本概念

一 投资的含义

投资作为一种经济活动,由来已久,只是在不同的社会形态与经济运行格局下,有着不同的含义。

(一)西方理论界对"投资"范畴的理解

《简明不列颠百科全书》认为:"投资是指在一定时期内期望未来能产生收益而将收入变换为资产的过程。"

约翰·伊特韦尔等主编的《新帕尔格雷夫经济学大词典》对"投资"一词的解释为:"投资就是资本形成——获得或创造用于生产的资源。资本主义经济中非常重视在有形资本——建筑、设备和存货方面的企业投资。但是政府、非营利公共团体和居民家庭也进行投资,它不但包括有形资本,而且包括人力资本和无形资本的获得。原则上,投资还应包括土地改良或自然资源的开发,而相应地,生产度量除包括生产出来用于出售的商品和劳务外,还应包括非市场性产出。因此,政府或家庭购置一辆汽车同厂商购置一辆汽车一样都是投资。汽车在所有的场合都是用于运输服务的生产。同样,政府营造道路、桥梁和机场,同企业获得卡车和飞机一样,都是投资。花在研究与发展上的支出,不论由企业、政府还是由非营利的大学承担,都是投资。更为重要的是,无论在何处,教育和培训都是人力资本投资的主要形式。"

萨缪尔森和诺德豪斯编写的《经济学》则认为:"对经济学者来说,投资总是意味着实际资本形成—存货的增加量或者新生产的工厂、房屋或工具。对大多数人来说,投资往往意味着只是用货币去购买几张通用汽车公司的股票,购买街角的地皮或开立一个储蓄存款的户头。"

赫伯特·E.杜格尔《投资学》则认为:投资就是投资者在现在投入资金,以便用利息、股息、租金或退休金等形式来取得将来的收入,或者说是使本金增值。

威廉·夏普在其所著《投资学》一书中给出的定义为:投资是指为了获得可能的不确定的未来值而做出的确定性的现值牺牲的经济行为。

劳伦斯·J.吉特曼和迈克尔·D.乔恩科在《投资学基础》一书中给出的定义为:所谓投资,是指在金融市场中进行各种金融交易的活动。更准确地说,投资是充分考虑了金融工具的风险与收益之后,运用资金进行的一种以盈利或避险为目的的金融活动。投资行为具有三大特征,即时间性——牺牲当前消费以获得期望的未来消费;不确定性——期望收益的存在与否及其大小类似于一个概率事件;收益性——如果投资成功将获得更大的未来值。

综上所述,在西方经济学者眼中,投资的范围广泛,既包括直接投资,也包括间接投资;既覆盖了有形资产投资,也包括无形资产投资。投资的主体也更趋多元化,政府、企业和居民个人都是基本的投资主体。根据投资范围不同,投资可以有狭义和广义之分。狭义的投资在不同的著述中有不同的定义,不同的学者也有不同的观点。如在理论经济学中讨论的投资,都是与各种实物或再生产过程相联系的,被称为经济性投资,如固定资产投资和流动资产投资,这类投资能够形成生产能力。而西方国家中一些投资学著述中所讨论的投资,主要是指各种非实物的金融性投资,即对各种金融工具如股票、债券以及各种衍生金融产品的投资。广义的投资是指对资本的运用,人们为了得到一定的未来收益或实现一定的预期目标,而将一定的资本投入经济运行过程的一种经济活动。包括实物投资和金融投资。

(二) 中国理论界对"投资"范畴的认识过程

第一个阶段是20世纪80年代中期以前,由于计划经济体制对经济生活的影响,投资体制是行政审批制度。人们对"投资"概念的认识局限于国家计划投资的范畴之内。其主要特征是:政府是唯一的投资主体,投资的资金来源采用单一的拨款方式,建设单位无偿使用,建设项目的投资决策权集中在政府,投资管理采取指令性投资计划、行政审批制度的政府直接管理方式。在这个时期投资学研究的主要对象是基本建设投资。基本建设是指以扩大再生产能力(或工程效益)为目的的工程建设及有关工作,主要包括,建设安装工作,设备、工具和器具的购置,其他基本建设工作,如勘探设计、科研实验等。苏联把固定资产投资一般称为基本建设,我国在计划经济时期也借用了这一提法。这一阶段把投资视为基本建设。

第二个阶段是20世纪80年代中期到90年代初,中国理论界把投资的研究范围从基本建设投资扩大到固定资产投资领域,并开始注意对流动资产投资问题的研究。人们在实践中逐渐认识到,在技术进步的前提下,随着内涵扩大再生产的增大,企业的更新改造也越来越重要。固定资产投资,不仅包括基本建设,还包括更新改造和其他固定资产投入。同时,实施固定资产投资,不论是建设新企业还是更新改造现有企业,还必须配套投入流动资金,如储备资金、生产资金、产成品资金和货币资金等。因此,流动资产投资理应构成投资的一个重要内容。

第三阶段从1992年开始,随着国家经济体制改革的不断深入,社会各界对于投资范围、投资主体、投资概念的认识也不断深化。投资不仅包括直接投资,也包括间接投资。前者是将资金直接投入投资项目,形成固定资产和流动资产的投资;后者是指通过购买证券如股票、债券等进行的投资,它形成证券金融资产。投资主体包括企业、个人和直接从事投资的政府。因此,在社会主义市场经济的条件下,投资的定义得到进一步延展,它是指将一定数量的资财(有形的或无形的)投放于某种对象或事业上,以取得一定财务收益或社会收益的经营活动,也指为获得一定财务收益或社会收益而投入某种经营活动中的资财。投资活动包括了两个主要环节:一是资金(资财的货币形态)的投放与使用,即投资的途径及其相应的规模、结构、成本和效益(指财务收益或社会效益)等;二是资金的筹措与安排，即融资的途径、规模、结构、效率等。理论界对于投资的研究进一步扩展到投资与融资领域。

综上所述，在中国理论界，投资的概念既包括间接的股票、债券投资，也包括购置和建造固定资产、购买和储备流动资产的经济活动，有时还用来指购置和建造固定资产、购买和储备流动资产（包括股票等有价证券）的资金。从事购置和建造固定资产、购买和储备流动资产（包括有价证券）的经济活动，必须运用资金，而运用上述资金的过程是一种经济活动。[①] 因此，投资一词具有双重含义，既用来指特定的经济活动，又用来指特种资金。简而言之，可以把投资定义为：经济主体为获取经济效益而垫付货币或其他资源于某项事业的经济活动。

（三）投资主体、投资目的、投资方式和投资行为

从事投资活动，必须有投资主体。投资活动的经济主体，简称投资主体或投资者、投资方。在现实的社会经济活动中，投资者有多种类型，如各级政府、企业、事业单位、企业集团或者个人等。投资是这些人或人格化的组织进行的一种有意识的经济活动。

投资主体从事投资活动的目的是获取一定的经济效益。即保证垫付货币或资源回流，实现增值。经济效益是投资活动的出发点和归结点。经济效益有其自然方面，还有其社会方面。不同社会形态下的经济效益，其社会实质和衡量标准是不同的。投资的效益，不仅体现在经济效益上，还反映在社会效益和环境效益等诸多方面。就广义而言，经济效益的内涵和外延含有经济、社会、环境效益统一的意思。

投资可以运用多种形式投放、运用于多种事业。直接投资是投资的重要方式之一，它直接运用于购建固定资产和流动资产，形成实物资产——生产资料，以产出产品，体现为使用价值和价值。间接投资也是投资的重要方式，它用于购买股票、债券，形成金融资产。

以货币资金（或资本）垫付为特征的投资活动是连续性的，它不是一次完成的。同时，投资也不只是一次性的投入行为，而是包含着资金的筹集、分配、使用和增值的全过程。投资是资金不断循环周转的运动过程。

投资主体、投资目的、投资方式和投资行为的内在特点及其相互关

---

① 任淮秀：《投资经济学》（第五版），中国人民大学出版社2017年版，第1—2页。

系，反映了投资这一经济范畴的质的规定性。由于投资活动中运用资金与构建资产的经济活动是联系在一起的，投资的含义也就具有双重意义：它既是一种特定的经济活动，又是一种特种资金。

投资是商品经济的范畴。投资活动作为一种经济活动，是随着社会经济的发展而产生和逐渐扩展的。在古代，生产力水平低下，此时，投资无从谈起。随着生产力水平的提高，出现了剩余产品，而后交换产生、商业兴起、货币使用，逐渐产生了商业资本，投资活动才逐渐萌芽。

到了中世纪末期，跨进 16 世纪和 17 世纪，商品货币经济进一步发展，资本主义经济产生，投资活动随之产生、发展和日趋活跃。随着近代社会化大生产和商品经济的发展，投资的方式经历了发展、演变的过程。在资本主义发展初期，资本所有者与资本运用者是结合在一起的，经济主体一般直接拥有生产资料、资本，亲自从事生产经营，投资大多采取直接投资的方式，进入 20 世纪以来，资本主义生产力和商品经济高度发展，占有资本同运用资本相分离，已日益成为资本运用的一种重要形式。因为资本所有者要兴办产业或开展交易，所以需要吸收和聚集更多的他人资本，否则难以扩大其资本规模。当股份经济出现和发展起来之后，大大加速了这种分离的过程。因此，在过去直接投资的基础上，进一步兴起新的投资形式，即通过购买各种证券（包括政府和公司债券、股票以及其他证券衍生产品）进行投资。资本主义的投资方式既包括购建各种实物资产的直接投资，也包括购买证券金融资产的间接投资。

（四）投资的实质

投资只有在运动（生产和经营）中才具有生命力。通过人类有目的的活动，使投资资金遵循一定途径不断循环与周转运动，并取得预期的效果——为个人提供更多的收益，为人类创造更多的财富，推动经济和科技的发展，推动人类社会的进步。资金循环周转实现增值的过程，要依次经过三个阶段，相应采取三种不同的职能形式，才能使其价值达到增值，并在最后又回到原来的出发点进行新一轮的运动，开始新的循环过程。资金只有在连续不断的运动中才能实现价值的增值。图 1-1 是资金的循环运动图示。

投资是资金的运动过程。资金的投放不仅是为了增值，如政府的财政投资，其目的是推动福利的最大化，更多地弥补市场的失灵。当然，企业

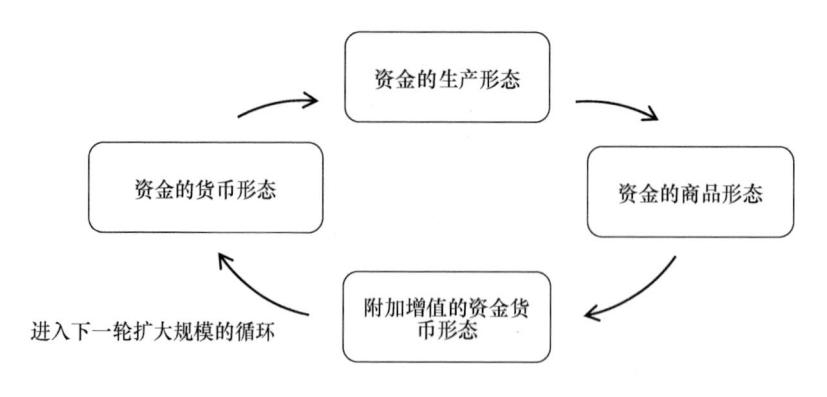

图 1-1 资金的循环运动图示

和个人的投资是以利益最大化为追求目标的。财政资金来源于居民和企业的各种税、费收入，其中主要是企业的税收，它通过财政集中以后，将一部分用于非生产性投资和必要的社会消费支出，另一部分则由财政投资用于一些带有自然垄断性质的基础产业和战略性行业。

二 投资的分类

对投资进行分类的目的是认识不同投资的性质和活动的特点，以便采取相应的措施和对策，对投资活动进行科学管理。根据不同的划分标准，可以对投资进行不同的分类。

1. 直接投资与间接投资

按照投资方式划分，投资可分为直接投资和间接投资。

直接投资是指投资主体将资金直接用于建造和购置固定资产和流动资产的行为或过程。因此，直接投资又可分为固定资产投资和流动资产投资。间接投资是指投资主体为了获得预期的效益，将资金转换为金融资产的行为或过程，它包括信用投资和证券投资两大类。信用投资包括信贷投资和信托投资。将资金贷给直接投资者，并从直接投资者那里以利息形式分享投资效益的，称为信贷投资。将资金委托银行的信托部门或信托投资公司代为投资，并以信托受益形式分享投资效益的称为信托投资。证券投资是指投资者通过购买证券，让渡资金使用权给证券发行者进行直接投资，并以利息、股息、红利的形式与直接投资者分享投资效益，它包括股票投资和债券投资。需要说明的是，证券投资通常是指购买股票、债券、投资基金等行为，它既包括一级市场的购买也包括二级市场的购买。①

间接投资与直接投资是投资的两种最基本的形式。间接投资者将货币或能以货币衡量的物品转换为借据、信托受益权证书、债券、股票等金融资产，它不形成实物资产。但这并不意味着间接投资对增加社会实物资产无足轻重、可有可无。正如马克思所说："假如必须等待积累使某些单个资本增长到能够修建铁路的程度，那么恐怕直到今天世界上还没有铁路。但是，集中通过股份公司转瞬之间就把这件事完成了。"② 间接投资的意义在于广泛积聚社会资金，对扩大直接投资规模引导直接投资流向、提高直接投资效益都会产生积极的影响。

2. 宏观投资、中观投资与微观投资

按照投资体系划分，投资可分为宏观投资、中观投资和微观投资。

宏观投资是指国家在一定时期内对整个国民经济的投资。它属于战略性投资，直接关系到整个国民经济能否协调稳定增长和社会再生产活动能否顺利实现。中观投资是指各地区、各部门在一定时期内对本地区、本部门的投资。它直接关系到地区、部门内的经济发展水平、发展速度和效益高低。中观投资接受宏观投资的指导，是实现宏观决策的保证。同时也是连接宏观投资和微观投资的桥梁和纽带。微观投资是指作为社会基本经济单位的企业和事业单位的投资。它属于战术性投资，不仅关系到微观单位本身的存在和发展，而且是中观投资和宏观投资得以实现的基础。③

3. 政府投资、企业投资与个人投资

按照投资主体划分，投资可分为政府投资、企业投资和个人投资。

政府投资是指中央政府和地方政府为达到一定目的而进行的投资，中央政府投资包括国家经济发展、社会发展和国防建设等方面的投资，地方政府投资主要包括地方经济发展、地方建设和地方社会事业等方面的投资。企业投资是指工商、贸易、金融、建筑和运输等具有法人地位的诸经营单位的投资。企业投资是整个社会投资的基础，它不仅能促进企业自身

---

① 李北伟主编：《投资经济学》，清华大学出版社2009年版，第5—6页。
② 马克思：《资本论》（第一卷），人民出版社2004年版，第724页。
③ 李北伟主编：《投资经济学》，清华大学出版社2009年版，第7页。

的发展,而且也能促进国民经济的发展。个人投资指城市居民、农民个人和个体企业的投资,个人投资有利于吸收社会闲散资金,补充政府投资和企业投资,有利于繁荣国民经济。①

4. 国内投资与国际投资

按照投资国别境界范围划分,投资可分为国内投资和国际投资。

国内投资是指投资主体在本国范围内的各种投资,这种投资完全是在国内环境范围进行,投资的目的主要是促进国内经济发展。国际投资是投资主体跨越国界所进行的境外投资,国际投资是在差异性和复杂性的投资环境中进行的,投资的目的具有多样性,例如有的在于使资本保值增值,有的在于改善两国双边经济关系,有的则含有政治目的等。相比国内投资,国际投资具有制约性强、风险性大等特点。

三 固定资产投资内涵与特点

1. 固定资产投资内涵

固定资产是指在社会再生产过程中可供长期反复使用,并在生产过程中基本上不改变其原有实物形态的劳动资料和其他物质资料。比如房屋、建筑物、机器设备、运输工具等。固定资产一般应同时具备两个条件:(1)使用期限在一年以上;(2)单位价值在规定的限额以上。无论是生产性固定资产还是非生产性固定资产,在使用过程中总是不断地被消耗,又不断地得到补偿、替换和扩大。固定资产的这种不断地补充和替换、更新和扩大的连续过程,形成了固定资产的再生产。固定资产再生产可分为固定资产简单再生产和固定资产扩大再生产(外延扩大再生产、内涵扩大再生产)。固定资产再生产很大程度上决定了社会再生产的规模和水平。

固定资产投资是建造和购置固定资产的行为。在总投资中,固定资产投资所占比重最大,对经济波动的影响也最大,经济稳定与否与固定资产投资的变动关系最密切。固定资产投资属于直接投资,通过固定资产投资可以扩大固定资产的再生产,进而扩大社会再生产,发展国民经济,调整产业结构、提高人民物质文化生活水平。因此,固定资产投资活动在整个

---

① 李北伟主编:《投资经济学》,清华大学出版社2009年版,第7页。

国民经济中具有重要地位,需要从宏观上进行调节与控制,以适应经济持续增长的要求。而固定资产投资统计则是实施固定资产投资宏观调控的重要手段之一。

2. 固定资产投资分类

(1) 基本建设投资

这是指用以扩大生产能力或工程效益为主要目的的工程建设及有关工作的投资。具体包括新建、扩建、改建和恢复工程的投资。

①新建是指从无到有的新开始建设的项目,包括原有规模很小,经扩大建设规模后,其新增固定资产价值超过原有固定资产规模三倍以上的项目投资。

②扩建是指在原有企业内扩大生产场所的投资。

③改建是指原有企业扩大以辅助车间为主的工程和其他工程。

④恢复是指由于自然灾害和战争等原因,导致原有固定资产全部或部分报废而需要恢复的工程的投资。

(2) 更新改造投资

这是指对原有固定资产进行技术改造和更新的投资,如通过采用新技术、新设备,促进产品升级换代,降低消耗、治理污染的投资。更新改造投资有三种类型:保持原有水平的简单更新;在价值不变的条件下进行技术更新,追加净投资的技术更新。

(3) 房地产投资

房地产又称不动产,是指土地、土地上的永久性建筑和由它衍生的各种物权。房地产开发投资就是指从事房地产开发和经营的投资,包括房地产开发与经营、房地产管理和房地产代理与经纪。

(4) 其他固定资产投资

这是指按照国家现行制度规定不纳入上述基本建设、技术改造和房地产开发投资规定范围的其他固定资产投资。这些投资主要是用于简易建筑和零星固定资产的建造、购置等。[①]

3. 固定资产投资活动的特点

固定资产投资作为实物投资的一部分,是实现固定资产再生产的经济

---

① 罗乐勤、陈泽聪主编:《投资经济学》(第3版),科学出版社2011年版,第9—10页。

活动过程，与其他部门相比，有以下几个特点。

(1) 固定资产投资程序化。任何一个建筑产品的建成都是一项庞大的工程，要顺利完成这个工程，实现固定资产投资的最终目的，都必须遵守工程的先后顺序（投资决策、投资规划、投资实施、投入使用），而这个次序就是固定资产投资建设程序。固定资产投资工作程序是指投资活动全过程中各项工作必须遵循的先后顺序。

(2) 固定资产投资的社会广泛性。固定资产作为实现固定资产扩大再生产的重要手段，不受国民经济部门的局限，因而具有社会广泛性。

(3) 建设项目施工的长期性。由于建设产品的体积庞大，因而一个建筑产品从开工到建成到投入使用，往往需要经历较长的时间，少则一年半载，多则几年，甚至十几年，有的分为几期建设，呈现出长期性。

(4) 项目建设的协作性。一项固定资产投资项目往往是由许多工程组成的，不同的工程一般由不同的施工单位，或不同的部门完成，如勘探设计部门、建筑施工部门、安装施工部门和项目管理部门等。此外，还需要许多其他部门的配合，如建筑材料，机器设备，水、电、煤的供应等，只有这些单位密切配合、协作，才能根据设计的要求按时完成投资建设项目。

(5) 投资风险包括施工建设和投入使用风险。固定资产投资是一项复杂的系统工程，系统的复杂性和与外部的广泛联系是投资风险的主要来源。固定资产投资风险不仅包括项目施工建设过程中的风险，也包括项目建成投入使用后的风险。周期越长，影响项目收益的不确定因素越多，投资回收所面临的风险就越高。

四 投资效应的内涵

投资对经济增长的影响可以通过不同的途径，如投资→要素投入→经济增长、投资→经济结构（资源配置和规模经济）→经济增长、投资→知识进步（技术水平等）→经济增长等。

投资对经济增长的影响，可以从要素投入和资源配置两个角度来分析。从要素投入角度看，投资对经济增长的影响表现为投资供给对经济增长的推动作用和投资需求对经济增长的的拉动作用两个方面。投资供给对经济增长的推动作用是指在投资实现后，引起的国民经济中供给总量的增加。投资需求对经济增长的拉动作用是指投资活动所引起的社会需求，投资需求对经济增长的影响作用是双向的：扩大投资需求，将对经济增长产生拉动作用；缩小投资需求，则会抑制经济的增长。从资源配置的角度看，资源配置最终反映经济结构，而合理的经济结构是经济发展的关键条件。经济结构通过两大部类的比例关系、生产流通过程、生产资料和劳动力利用、技术进步和提高经济效果影响经济发展，而投资是影响经济结构的决定性因素。投资对经济结构的决定作用表现为两个方面：①投资存量是经济结构形成的决定因素；②投资增量是经济结构演变的决定因素。因此投资对产出增长发挥着双重的作用，即通过投资需求效应影响产出水平，又通过供给效应影响潜在的产出能力和社会总供给，从而能够影响一国长期产出水平的增长趋势。

投资对经济增长的作用，从根本上讲是由投资的两大效应决定的，即投资的需求效应和投资的供给效应。投资通过两大效应作用于经济发展。投资的需求效应是与投资过程同时产生的，而投资供给效应是在固定资产交付使用并与流动资产结合之后才能显现。因此，投资需求效应研究属于短期分析，主要是在宏观经济的周期理论和经济调节理论中进行，着眼于解释短期经济波动的原因，以及寻求利用投资来调节增长失衡、熨平经济周期。而投资供给效应研究属于中长期分析，主要在经济增长理论中进行，目的是分析投资或资本积累对经济增长的作用。

（一）投资的需求效应

投资的需求效应，是指因投资活动引起的对生产要素的需求增加。在固定资产投资的实现过程中，需要不断运用货币资金，购买钢材、水泥、电力等生产资料以及支付工资，即不断进行购买和建造过程，这一过程必然引起对生产资料和消费资料的大量需求，导致国民经济对生产资料和消费资料的需求扩张，引起国民经济中需求总量的增加，推动相应行业扩大生产规模，并引起系列连锁反应，从而促进经济增长，影响经济周期波动。投资的这种需求效应在现实经济中表现为以多级别的波动传递方式推动经济增长。由于社会的总需求＝投资需求＋消费需求＋出口需求，但消费需求在一定时期内具有相对的稳定性，出口需求的不确定影响因素又很多，所以，当一个社会需求不足、经济增长缓慢时，往往可通过提升投资需求来扩大总需求，刺激经济增长。

投资的需求效应具有以下特点：①即时性，是指投资的需求效应是与投资过程同时产生的，只要投资活动开启，必然立即引发对生产资料与消费资料的相应社会需求，同时，还要求固定资产投资与流动资产投资相配套，投资规模与可支配资源相适应。②无条件性，是指投资活动所引发的各种的社会需求，即对投资所引起的人财物的需求是不需要任何条件的，只要有投资就必然有相应的需求。③乘数性，投资乘数是指政府在运用财政政策使国民收入达到均衡时的投资增加可能带来的国民收入增加的倍数。投资乘数可以用收入变量对投资变量的比率来表示。投资的增加之所以会有乘数作用，是因为各经济部门是相互关联的，某一部门的一笔投资不仅会增加本部门的收入，而且会在国民经济各部门中引起连锁反应，从而增加其他部门的投资与收入，最终使国民收入成倍增长。

（二）投资的供给效应

投资的供给效应，是指在投资实现后，引起的国民经济中供给总量的增加。固定资产投资建成交付投入使用后，其中的非生产性固定资产直接供给社会消费，生产性固定资产则与流动资金相结合，通过生产劳动，再生产出产品（生产资料和消费资料）供给社会，产生一系列与之相关联的刺激其他产品生产增加的效应，即投资的供给效应。这种投资供给，不论数量多少，都是向社会再生产过程注入新的生产要素，增加生产资料供给，为扩大再生产提供物质条件，是促进经济发展的重要因素。即投资项目建成投入使用后，会扩大社会生产能力，通过生产劳动，再生产出新的产品提供社会，从而引起国民经济供给总量增加，产生投资的供给效应。投资能向社会再生产过程注入新的生产要素，形成新的资本，具体表现为增加生产资料（如机器、厂房）的供给。正是由于投资结果能够形成生产力，增加市场的供给并改变供给结构，从而推动国民经济向前发展。

投资的供给效应对经济增长的作用主要表现在两个方面：其一，投资是保持社会资本存量的主要手段。资本存量在使用过程中，价值会逐步转移，实物会逐步磨损，无论在哪个时点上，总有一部分资本要退出使用。为了保持社会资本存量不变，需要有相应的投资形成的资本加以弥补，这类投资通常称为重置投资。其二，投资是实现社会资本增量的重要途径。现代经济社会的基本特征是扩大再生产，为了实现社会生产能力的扩大，必须增加社会资本量。为增加社会资本量而进行的投资，通常称为净投资。因此，总投资＝重置投资＋净投资。当总投资小于重置投资时，意味着社会资本量在减少，这时要使经济不出现负增长已属不易了；当总投资等于重置投资时，意味着社会资本量将保持不变，这时要实现经济增长也比较困难；只有总投资大于重置投资，经济增长才有相应的物质基础。[1]

投资的供给效应具有以下特点：①滞后性，是指从固定资产投资项目从开始建设到项目建成投产交付使用需要一定时间，短则一年半载，长则十几年。供给效应时滞的长短，取决于建设时间、生产时间和流通时间的长短。②有条件性，是指投资不会自然而然形成供给效应，投资供给效应是在固定资产交付使用并与流动资产结合之后才能显现出来。即投资供给效应能否发挥取决于项目投资决策是否科学、厂址选择是否恰当、生产工艺与设备在技术上是否先进、经济上是否合理、施工质量是否优良、项目的内部配套与外部协作条件是否具备等多种因素。只有当建设条件、生产条件、销售条件同时都具备时，投资才能成为有效投资。因此，为了最大限度发挥投资的供给效应，从微观角度看，一是要加快投资项目建设速度、缩短建设工期，使固定资产尽快交付使用。二是要加强对项目投产后的生产组织管理，缩短项目达产年限，使投资项目尽快发挥微观投资效益。从宏观角度看，要处理好生产性投资与非生产性投资关系、基建投资与更新改造投资关系、新建和扩建改建关系、大中小型建设项目的关系，使投资项目尽快发挥宏观投资效益。

第二节 投资与经济增长的相互关系

一 投资对经济增长的作用

在宏观经济中，投资对经济发展起两个作用：一是投资的需求效应，投资对总需求产生重大影响，推动经济增长；二是投资的供给效应，投资导致资本积累。建筑物、机器设备等生产资产增加，能提高一国潜在的生产能力，从而促进经济增长。

从要素投入方面看，投资对生产要素的需求增加，产生投资的需求效

---

[1] 彭道宾、朱红根：《固定资产投资效应论》，经济日报出版社2013年版，第9页。

应。在投资过程或投资项目的建设过程中，不断运用货币资金，购买生产资料如钢材、水泥、电力、支付工资等，从而引起对投资品和消费品的大量需求。导致国民经济对生产资料和消费资料的需求扩张，引起国民经济中需求总量的增加，推动相应行业扩大生产规模。并且会引起一系列的连锁反应，从而促进经济增长，影响经济周期波动。另外，投资项目建成后投入使用，会扩大社会的生产能力，通过生产劳动，再生产出新的产品提供给社会，从而引起国民经济供给总量增加，产生投资的供给效应。投资的供给效应会导致国民经济规模的扩大，是促进经济增长的重要因素。

因此，投资对产出增长发挥着双重的作用，即通过投资需求影响产出水平，又通过资本形成的作用影响潜在的产出能力和社会总供给，从而能够影响一国长期产出水平的增长趋势。

二 经济增长对投资的作用

经济增长的水平和速度决定着 GDP 的规模，进而决定投资总量。经济增长是投资赖以扩大的基础。

追溯人类经济发展史，投资活动是随着人类生产活动的发展而产生、发展的。在人类历史上最初只有维持人们生存的简单再生产，社会产品没有剩余，几乎不可能发生投资活动。随着生产力逐步提高，剩余产品开始出现，逐渐为投资提供了物质基础，投资活动才成为可能。

从理论上说，投资是对社会产品与价值的一种分配和运用，而经济增长是生产的发展。从价值分配角度来看，用于投资的资金主要来源于本国当年创造的价值，因此决定投资的一个十分重要的因素是一国的产出水平，即 GDP。GDP 的规模、水平和增长速度代表一国经济增长的水平和速度。经济增长速度快，意味着 GDP 以较快的速度增长，GDP 的总量大，可用于投资的产品就多。一般情况下，经济增长率提高，表明社会生产创造的最终产品增加，创造的利润增加，可用于投资建设的资金增加，投资就能以较大幅度增长；相反，经济增长率下降，则表明社会生产的产品增长速度放慢，创造的利润减少或增加不多，因而可用于投资建设的资金就减少，依靠国内资源来进行投资只能以较小幅度增长或下降。

所以经济增长的水平和速度决定着 GDP 的规模，进而决定投资总量。经济增长是投资赖以扩大的基础。

三　投资增长与经济增长的相对运动规律

经济增长与投资增长之间尽管存在着密切的依存关系，但从相对动态考察，二者并不总是保持一致。由于经济增长与投资增长受不同因素制约，每一个因素发生作用的条件又各不相同，它们的相对动态则表现出比较复杂的情况。从社会经济发展历史来看，经济增长与投资增长的对比关系大体上可以划分为两个过程。

1. 投资增长快于经济增长的过程

这主要是在生产方式的初创时期和发达经济起飞的准备时期。大多数发展中国家目前正处于此阶段，西方发达国家过去也曾经历过这一阶段。美国在1817—1913年近百年间社会总产品增加了五倍，但每个劳动力的产量增长却不到一倍，可见这个时期的经济增长，主要不是靠劳动生产率的提高，而是资本积累量起了巨大的作用。英国、意大利等国也曾表现出相同的态势。

投资增长快于经济增长的主要原因有以下两点。

（1）奠定物质基础需要大量投资。一种新的生产关系建立起来后，经济上一般面临着建设和巩固新的经济秩序、调整原有产业结构和经济布局等任务，而原有的物质技术基础往往比较薄弱，这就需要增加投资。与此同时，社会存在大量的投资机会，大量有待建设的基础设施如公路、铁路、桥梁、堤坝等急需投资，可以吸纳大量的资金，客观上表现出投资快于经济增长的必然性。1952年，中国国有企业拥有的固定资产仅有240亿元，且大部分分布在沿海的几个大城市，广大内地城市和农村地区拥有量很少甚至空白。为了迅速增强国家经济实力，调整经济布局和产业结构，填补空白，需要通过基本建设投资来实现。"一五"时期主要调整结构，奠定基础。"二五"时期建立独立的工业体系，工业化建设逐步展开等。所有这些建设都需要大量资金，在这一时期，中国的投资增长明显快于经济增长。

（2）资本的有机构成随着科学技术发展日益提高的趋势，需要以加大投资作为条件。科技的发展，带动了生产方式的变化，工业发展初期的手工制造业不断被机器制造业所替代，使生产过程中的物质技术构成不断提高。进行生产所需要的机器设备等初始投资逐渐提高，装备劳动力所需的资本越来越高。这些也是决定投资增长快于经济增长的主要因素。

2. 投资增长慢于经济增长的过程

这主要是在经济起飞和经济振兴时期。当一个国家经过较长时期的投资增长快于经济增长的过程后,随着技术条件的变化,会出现一个或长或短的经济与投资同步增长的过程,随后便逐渐发展为投资慢于经济增长。引起这种转变的主要原因是,这一时期经济发展在很大程度上不再单纯依赖固定资产投资。一方面,由于这个时期基础设施建设已经比较完备,公路、铁路、桥梁、堤坝等已经建设完成,社会基础设施建设已经不能吸纳过多的固定资本投资,经济增长依靠投资来拉动的客观条件已经发生了变化。因此,投资增长会慢于经济增长。另一方面,因为在对物质资本需求下降的同时,资本积累的重心会发生转移,例如,人力资本投资需求增加,对经济增长贡献的因素排序也会发生变化。社会经济进入比较发达的阶段后,除了投资以外的其他可以促进经济增长的因素已经大大改善。社会各方协调合作,如社会文明程度提高,劳动者文化和掌握的生产技能提高,社会法律制度趋于完善等社会环境因素的改善,都可能使同量的投资带动更多的生产,促进经济增长。

第三节 投资与经济增长的基本理论

一 马克思的扩大再生产理论

马克思认为社会资本再生产的核心是社会总产品的实现问题,也就是社会总产品的补偿问题,包括价值补偿和实物补偿两个方面。他在资本有机构成、剩余价值率和剩余价值积累率不变的假定前提下,指出要使社会再生产顺利进行,社会总产品必须在价值和实物上得到补偿或实现。他根据产品的最终用途,把社会总产品分为生产资料和消费资料两大类,相应地,把社会总生产分为生产资料生产的第 I 部类和消费资料生产的第 II 部类,每一部类产品价值都由不变资本 c、可变资本 v 和剩余价值 m 构成。简单再生产的实现条件是:

$$I_{(v+m)} = II_c$$

这个基本实现条件表明,第 I 部类在一年中提供给第二部类的生产资料的价值，应当等于第Ⅱ部类在一年中所需要的生产资料的价值；第Ⅱ部类在一年中提供给第Ⅰ部类的消费资料的价值，应当等于第Ⅰ部类在一年中所需要的消费资料的价值。即第Ⅰ部类向第Ⅱ部类提供的生产资料，同第Ⅱ部类向第Ⅰ部类提供的消费资料，二者在价值上必须相等。

从这个公式可以引申出以下两个公式：

第一，$Ⅰ_{(c+v+m)} = Ⅰ_c + Ⅱ_c$

第二，$Ⅱ_{(c+v+m)} = Ⅰ_{(v+m)} + Ⅱ_{(v+m)}$

第一实现条件表明，第Ⅰ部类在一年中所生产的生产资料的价值应当等于两大部类一年中所需要的全部生产资料的价值。（即第Ⅰ部类全部产品的价值，应该等于两大部类的不变资本的总和。）第二个实现条件表明，第Ⅱ部类在一年中所生产的消费资料的价值，应当等于两大部类的工人和资本家一年中所需要的全部消费资料的价值（即第Ⅱ部类的总产品的价值，应该等于两大部类的可变资本和剩余价值的总和）。

社会资本的扩大再生产，要以资本积累作为前提。资本家为了进行扩大再生产，必须将剩余价值的一部分积累起来，作为追加的资本投入生产。其中一部分作为追加的不变资本，用于追加生产资料，另一部分作为追加的可变资本，用于追加劳动力。

扩大再生产所需要追加的生产资料是由第一部类生产的，因此，第一部类一年中生产的全部生产资料，在补偿当年两大部类消耗的生产资料以后，还必须有一定的余额，才能保证满足扩大再生产对追加生产资料的需要。用公式表示就是$Ⅰ_{(c+v+m)} > Ⅰ_c + Ⅱ_c$，把公式两端的$Ⅰ_c$都减去，这个公式就表示为：

$$Ⅰ_{(v+m)} > Ⅱ_c$$

这个公式表明，第一部类的可变资本与剩余价值之和，必须大于第二部类的不变资本，这就是社会资本扩大再生产所必要的第一个前提条件。

在此基础上，马克思分析了扩大再生产的实现过程和实现条件。

后来中国学者对扩大再生产的前提条件进行了补充，给出了第二个前提条件：

扩大再生产所需要追加的消费资料是由第二部类提供的，因此，第二部类一年中生产的全部消费资料，在补偿当年两大部类消耗的消费资料以后，也必须有一定的余额，才能保证满足扩大再生产对追加的消费资料的需要。则扩大再生产的第二个前提条件用公式表示为：$II_{(c+v+m)} > I_{(v+m/x)} + II_{(v+m/x)}$，把公式两端都减去 $II_{(v+m/x)}$，这个公式就表示为：

$$II_{(c+m-m/x)} > I_{(v+m/x)}$$

其中 m/x 表示剩余价值中用于资本家个人消费的部分，$m-m/x$ 就表示剩余价值中供积累用的部分。这个公式表明，第二部类的不变资本与用于积累的那部分剩余价值之和，必须大于第一部类的可变资本与资本家用于个人消费的那部分剩余价值之和。

在马克思的论述中我们可以抽象出社会资本扩大再生产的实现条件。这是社会资本扩大再生产所必须保持的两大部类之间的基本比例关系。用 Δc 表示追加的不变资本，用 Δv 表示追加的可变资本，社会资本扩大再生产基本的实现条件可用公式表示如下：

$$I_{(v+\Delta v+m/x)} = II_{(c+\Delta c)}$$

即第 I 部类原有的可变资本价值，加上追加的可变资本价值，再加上本部类资本家用于个人消费的剩余价值，三者之和应当等于第 II 部类原有的不变资本价值和追加的不变资本价值之和。我们还可以从这个实现条件引出另外两个实现条件：

$$I_{(c+v+m)} = I_{(c+\Delta c)} + II_{(c+\Delta c)}$$

即第 I 部类全部产品的价值，必须等于两大部类原有的不变资本价值和追加的不变资本价值之和。

$$II_{(c+v+m)} = I_{(v+\Delta v+m/x)} + II_{(v+\Delta v+m/x)}$$

即第 II 部类全部产品的价值，必须等于两大部类原有的可变资本价值、追加的可变资本价值以及资本家用于个人消费的剩余价值之和。

二 投资乘数理论

乘数的概念是英国经济学家卡恩提出的，后来被凯恩斯加以利用。乘数又译作倍数，在现代西方经济学中，它被用来分析经济活动中某一变量的增减所产生的连锁反应的大小。

投资具有创造需求和创造供给的双重效应。投资需求是指因投资活动而引起的对社会产品的需求。在投资过程中，投资主体不断运用货币资金购买投资品，引起对生产资料和消费资料的需求，从而使国民经济需求总量增加，形成投资的需求效应。凯恩斯的投资乘数理论正是从投资的需求效应出发，从宏观经济角度解释投资需求对收入的影响。[①]

投资乘数理论把经济增长（GDP 的变动）看作因变量，把投资变动看作自变量，阐明投资的变动在多大程度上带动收入的变动。其主要思想就是：增加一笔投资会带来大于这笔增加额数倍的国民收入（或 GDP）的增加，即国民收入（或 GDP）的增加额会大于投资本身的增加额。投资对于收入的这种扩大的影响用乘数或倍数表示，表明投资增加所导致的收入增加的倍数为多少。用公式表示：

$$投资乘数 = \frac{收入变动}{投资变动}$$

用 K 表示投资乘数，ΔY 表示收入的增加，ΔI 表示投资的增加，上式就可以写成：

$$K = \frac{\Delta Y}{\Delta I}$$

由于收入增量（ΔY）等于投资增量（ΔI）与消费增量（ΔC）之和，或等于储蓄增量（ΔS）与消费增量（ΔC）之和，上述公式可以变为：

$$K = \frac{\Delta Y}{\Delta I} = \frac{\Delta Y}{\Delta Y - \Delta C} = \frac{\frac{\Delta Y}{\Delta Y}}{\frac{\Delta Y}{\Delta Y} - \frac{\Delta C}{\Delta Y}} = \frac{1}{1 - \frac{\Delta C}{\Delta Y}} = \frac{1}{\frac{\Delta S}{\Delta Y}} = \frac{\Delta Y}{\Delta S}$$

由于 $\frac{\Delta C}{\Delta Y}$ 是边际消费倾向，$\frac{\Delta S}{\Delta Y}$ 是边际储蓄倾向，所以投资乘数是边际储蓄倾向的倒数。在增加的收入中，用于边际消费倾向越大，投资引起的连锁反应越大，总收入的增加就越多。

由于投资需求对国民收入变动的这种乘数作用，而投资乘数的大小又与边际消费倾向的大小有关，所以，凯恩斯认为，扩大消费以提高边际消费倾向是提高总需求从而促进经济增长的有效途径。反之，储蓄增加则会导致需求不足而抑制经济增长。

但投资乘数发挥作用要有以下几个前提。第一，由于收入和消费之间的关系在相当长时间内是稳定的，从而作为收入与消费之间的差额的储蓄在相当长时期内也是稳定的。这样在消费函数或储蓄函数既定的条件下，

---

① 罗乐勤、陈泽聪主编：《投资经济学》（第 3 版），科学出版社 2011 年版，第 21 页。

一定的投资可以引起收入的某种程度的增加,即投资乘数作用可以相当顺利地发挥出来。第二,要有一定熟练的劳动力可以被利用。如果没有可以利用的劳动力,那么投资增加后,并不能使产量和收入增加。第三,要有一定数量的存货可以利用。存货不足将使投资乘数理论变得无效。

三 加速原理

加速原理或称加速数理论,是关于产量水平的变动与投资数量关系的投资理论,说明收入的增加将引起消费的增加,但要增加消费品的数量,资本品的数量必须相应地增加,因此收入的增加必将引起投资的增加。

为了说明收入变动与投资变动之间的关系,有必要先明确资本产量比率和加速系数这两个概念。

资本产量比率也称作资本系数或投资系数,是资本与产量之比。

$$资本产量比率 = \frac{资本}{产量}$$

加速系数又称作加速数(accelerator),加速系数为资本增量与产量增量之比。

$$加速系数 = \frac{资本增量}{产量增量}$$

在这里资本增量就是投资。因此,加速系数 $= \frac{投资}{产量增量}$。

用 α 表示加速系数,I 表示投资,ΔY 表示产量增量,则上式可表示为:

$$\alpha = \frac{I}{\Delta Y}$$

根据加速原理的作用可从以下几点来进一步说明。①投资并不是产量(或收入)的绝对量或其变动的绝对量的函数,而是产量(或收入)的变动率的函数,即投资的变动取决于产量(或收入)的变动率,而并非取决于产量(或收入)的绝对量或变动的绝对量。②投资的波动大于产量(或收入)的波动。产量(或收入)的轻微变动,使投资支出会有较大的变动。③要使投资水平不至于下降,产量(或收入)就必须继续增长。如果产量(或收入)的增长率放慢了,投资也会大幅度下降。这意味着,即使产量(或收入)并未绝对下降,而只是相对放慢了增长速度,也可能引起经济衰退。④由此可知"加速"一词的含义。"加速"是指当产量（或收入）增长时，投资是加速增长的；当产量（或收入）停止增长或下降时，投资是加速减少的。⑤加速原理必须在没有生产资源闲置的条件下才能起作用。如果企业处于开工不足和机器设备闲置的条件下，那么，当收入增长后，企业不必要添置新的机器设备，只需要动用闲置的机器设备就行了。

四　哈罗德－多马模型

英国经济学家哈罗德和美国经济学家多马于20世纪40年代先后提出了各自的经济增长模型。由于他们所提模型含义相同，所以在经济学中一般将他们的模型合称为哈罗德－多马模型。哈罗德－多马经济增长模型，集中研究了再生产过程中收入增长率、储蓄率、资本产量比率三个变量的关系。其假设前提是：①全社会只生产一种产品；②储蓄是国民生产总量的函数；③生产过程中只使用两种生产要素，即劳动和资本，而劳动力按照一个固定不变的比率增长；④不存在技术进步，也不存在资本的折旧问题；⑤生产的规模效应不变。模型的基本表达式为：

$$G = \frac{s}{k} = s\sigma$$

式中，G 表示收入（或产量）的增长率，即经济增长率；k 表示投资与产量增量的比率；s 表示收入中的储蓄率；σ 表示产量与投资增量的比率，即 k 的倒数。

该模型中的投资与产量的比率，定量地反映出投资供给对经济增长的推动作用。这一模型为测度投资供给效应提供了一种方法。

关于哈罗德－多马经济增长模型有几点说明：①哈罗德－多马模型是从凯恩斯的 $S=I$（储蓄＝投资）的平衡公式出发，认为要使经济均衡增长下去，那么，一个国家每一时期的储蓄应当全部转化为投资；②由于储蓄率与资本生产率共同决定经济增长率，这样既可以在资本生产率为既定的条件下，用改变储蓄率或投资率的办法来达到所要求的经济增长率，也可以在储蓄率不变的前提下，用改变资本生产率的办法来达到所要求的经济增长率。

20世纪30年代末期到50年代末期，是以哈罗德－多马模型为代表的凯恩斯学派的经济增长理论占统治地位的时期。在这一时期，许多发展经济学家都特别强调高投资率对于促进经济增长的关键作用和低储蓄率对生产的束缚作用。

五　新古典增长模型

由于哈罗德-多马经济增长模型存在明显的缺陷，一些经济学家便试图建立一个考虑工资率和利息率的变动以及劳动力与资本的替代更为复杂和比较完整的理论。索洛是最早在这方面进行探索的经济学家之一。

索洛以柯布-道格拉斯生产函数为基础，推导出一个新的增长模型。这个模型假定：①资本—产出比率是可变的，资本和劳动可以互相替代；②市场是完全竞争的，价格机制发挥主要调节作用；③不考虑技术进步，技术变化不影响资本—产出比率，因而规模收益不变。[①] 用 α 和 $1-\alpha$ 分别代表资本和劳动对总产出的贡献，$\Delta K/K$ 为资本增长率；$\Delta L/L$ 为劳动增长率，该模型用公式可以表示为：

$$G = \alpha \Delta K/K + (1-\alpha) \Delta L/L$$

从上式可以看出，经济增长率 G 由资本和劳动增长率及其边际生产力决定。依据这一模型，人们可以通过调节生产要素投入的边际生产力，即调整资本和劳动的配合比例，来调节资本—产出比率，以实现理想的均衡增长。索洛模型通过引入市场机制和改变资本—产出比率为常数的假定，发展了哈罗德-多马模型，但索洛仍然没将技术进步作为重要因素纳入模型，这是一个重大缺陷，因为技术进步在促进经济增长中的重要作用是现实中一个明显的事实。1960 年，索洛和米德对该模型进行补充，在原有模型中引入了技术进步和时间因素。修正后的模型被称为"索洛-米德模型"，其基本公式为：

$$G = \alpha \Delta K/K + (1-\alpha) \Delta L/L + \Delta T/T$$

上式中 $\Delta T/T$ 代表技术进步。索洛模型和之后的索洛-米德模型不仅体现了凯恩斯主义，而且体现了新古典学派的经济思想，常被称为新古典

[①] 李北伟主编：《投资经济学》，清华大学出版社 2009 年版，第 20 页。

增长模型，该模型所阐述的增长理论被称为新古典增长理论。[①]

新古典增长模型与哈罗德－多马模型的最主要区别在于，它引入了变动的相对要素价格和生产率，以改变生产过程中投入要素组合的比例。从某种意义上看，新古典学派的经济增长理论处于同哈罗德－多马经济增长理论相反的另一端。

六 新剑桥经济增长模型

新剑桥学派的经济增长理论是将古典价值理论、分配理论与凯恩斯储蓄—投资理论结合在一起的经济增长模型。它的特点是，把经济增长同收入分配结合起来进行分析，一方面阐述了如何通过收入分配的改变来实现经济的稳定增长；另一方面说明在经济增长过程中收入分配的变动趋势。

新剑桥理论的主要代表人物是英国剑桥大学的琼·罗宾逊和N.卡尔多等。

新剑桥经济增长模型的基本假设有：①资本—产出比率保持不变，即常数；②均衡时储蓄等于投资；③社会成员分为工资收入者和利润收入者，两者的储蓄率都是固定的，而且利润收入者的储蓄率大于工资收入者的储蓄率。

以 P 代表资本利润，W 代表工资，Y 代表国民收入，则
$$Y = P + W \text{ 或 } W = Y - P$$

以 s_p 代表利润收入者的储蓄率，s_w 代表工资收入者的储蓄率，s 代表总储蓄率，k 代表资本产出比率，则有
$$s = P/Y \times s_p + W/Y \times s_w = P/Y \ (s_p - s_w) \ + s_w$$
$$k = K/Y$$

将以上二式带入哈罗德－多马模型得 $G = s/k$，到
$$G = [P/Y \ (s_p - s_w) \ + s_w] / k = P/K \ (s_p - s_w) \ - s_w/k$$

P/K 即是利润率，以 π 为代表，则
$$G = \pi \ (s_p - s_w) \ - s_w/k$$

上式即是新剑桥经济增长模型。该模型的含义是：在既定的技术水平下，经济增长率决定于利润率的高低以及资本家和工人两个阶级的储蓄倾

---

① 李北伟主编：《投资经济学》，清华大学出版社2009年版，第20页。

向。社会经济若想保持稳定的增长，一定要保持工资收入与利润收入之间的比例关系稳定，而在经济发展的过程中，真实工资率下降的事实，将会导致经济的不平稳发展。当利润收入者的收入比重明显大于工资收入者的收入比重，投资将增长很快，会导致经济过热；相反，工资收入占国民收入的比重明显大于利润收入占国民收入的比重，储蓄率将会减少，进而经济增长率必然降低，可能会导致经济萧条。因此，强调社会可采取调整收入比重的办法来实现经济长期稳定的增长。新剑桥理论认为，投资并非取决于储蓄倾向，而是取决于企业家们的决策，而这些决策又依赖于他们在不久前的经验、政府的政策、对承担风险的意愿和社会文化影响之类的因素。

七　内生经济增长理论

内生经济增长理论产生于20世纪80年代中期，其核心思想是认为经济能够不依赖外力推动实现持续增长，内生的技术进步是保证经济持续增长的决定因素。强调不完全竞争和收益递增。

内生增长理论认为，长期增长率是由内生因素解释的，也就是说，在劳动投入过程中包含着因正规教育、培训、在职学习等等而形成的人力资本，在物质资本积累过程中包含着因研究与开发、发明、创新等活动而形成的技术进步，从而把技术进步等要素内生化，得到因技术进步的存在要素收益会递增而长期增长率是正的结论。内生增长理论认为，一国的长期增长是由一系列内生变量决定的，这些内生变量对政策（特别是财政政策）是敏感的，并受政策的影响。

内生增长模型主要有罗默模型、卢卡斯模型、格鲁斯曼－赫普曼模型以及金和罗伯森的知识传播内生增长模型、阿格赫恩和豪威特的模仿与创造性消化内生增长模型以及杨国际贸易内生增长模型。这些模型表明，知识和积累过程会出现外部性或知识外溢效应，需要政府政策的干预：各种政策旨在扶持研究与开发、革新、人力资本形成甚至关键性产业部门。

第四节　投资波动与经济周期理论

纵观世界各国经济发展的历史，投资在经济运行中总是波动起伏，表现为一种周期性的运动过程。投资波动与经济增长波动密切相关，投资是导致经济增长波动的一个重要原因；反过来，经济增长的波动也会影响投资增长的波动。

一 经济周期的概念与分类

在西方经济学中，经济周期又称经济循环或商业循环，是指社会生产和再生产过程中，周期性出现的经济扩张或经济紧缩交替更迭循环往复的一种经济现象。一个经济周期一般可划分为四个阶段，即经济繁荣（或扩张）阶段、萧条（或紧缩）阶段、危机阶段和复苏阶段，或者分为两个阶段和两个转折点。在经济繁荣（或扩张）阶段，投资高涨，生产就业大量增加，市场旺盛，货币信贷活动频繁，物价上升，利润增加。但是，当经济扩张经历一定时期到达其顶峰以后，危机爆发，随之而来的是累积性的经济紧缩或萧条阶段，生产下降，失业增加，货币流通量和货币增长率减少，利息率下跌，市场萧条，物价下降，利润减少。当经济萧条经历一定阶段到达其谷底后又逐步转向经济的复苏和高涨。作为经济周期四个阶段之一的危机阶段通常历时较短，但反应突出。在西方国家过去的经济周期中，危机爆发通常首先表现在货币金融领域，银行挤兑、黄金枯竭、银根奇紧、股价狂跌，许多银行和工商企业由于资金周转不灵宣告破产、倒闭。复苏阶段只是表示经济萧条到达谷底后转向经济重新扩张的转折点，它与繁荣阶段只是表示经济扩张的程度不同，难以做出明显的划分。事实上，把一个经济周期划分为四个阶段或两个阶段、两个转折点，是一种理论上的概括和统计上的归纳。在不同的国家和一个国家的不同时期，经济周期的具体表现也会有很大差别。[①] 关于经济周期的分类或划分标准，经济学家们提出了许多理论，主要的有两种。

第一种，按周期对经济发展的影响程度及发生的时间长短分类。按此标准，周期有四种类型。①小周期，平均约 4 年。由美国经济学家基钦（Josenh Kitchin）在 1923 年提出，常称"基钦周期"。这种周期包括了那种对经济发展的影响相对较小时间较短的周期，故又称"次要周期"。②大周期，平均约 8 年。由法国经济家朱格拉（Clement Juglar）于 1860 年提

---

① 罗乐勤、陈泽聪主编：《投资经济学》（第 3 版），科学出版社 2011 年版，第 28 页。

出,也称为"朱格拉周期"。该种周期对经济发展的影响较为重要,故亦称为"主要周期"。一个朱格拉大周期大约包含两个基钦小周期。(3)中长周期,平均约 20 年。由美国经济学家库兹涅茨(Simon Kuznets)于 1930 年提出,常称"库兹涅茨周期"。这种周期一般发生在房屋建筑业等部门,亦称"建筑周期"。一个库兹涅茨周期,含 2—3 个朱格拉周期。这种周期往往和两个大周期中的一个重合,对经济发展有较大的影响。④长周期,平均约 50 年。由苏联经济学家康德拉梯也夫(Nikolai Kondratief)于 1925 年提出,常称"康德拉梯也夫周期"。该种周期发生的时间很长,故亦称"长期波动"或"久远波动"。一个康德拉梯也夫周期约含 6 个朱格拉周期。

第二种,按经济波动的性质分类。按此标准,周期有两种类型。①古典型周期:经济波动的高峰和低谷为绝对量即 GDP 总量的上升和下降。②增长型周期:经济波动的高峰和低谷是经济增长率的相对上升或减缓。

二 经济周期理论

经济学家从不同角度来解释经济周期形成的机制,因而产生了不同的经济周期理论。

1. 创新性经济周期理论

经济学家熊彼特认为经济周期是由创新所引起的旧均衡破坏,向新均衡过渡而导致的经济发展的周期性波动。他认为创新能为创新者带来利润,促使其他企业效仿,掀起创新浪潮,引起对银行信贷资金和生产资料的需求的增加,从而刺激经济扩张,形成经济繁荣。但是随着创新的普及,盈利机会逐步消失,对银行信贷资金和生产资料的需求亦逐步减少,引起经济收缩,形成经济萧条。当下一次创新浪潮重新出现时,经济将再次繁荣。因此,创新是引发经济周期的基本原因。他还认为,小创新引发短周期,中创新引发中周期,大创新引发大周期。

2. 政治性经济周期理论

政治性经济周期理论认为经济周期与政治周期密切相关,政治家为了赢得选票或体现政绩而制定的经济政策是引发经济周期的主要原因。例如,政党为了赢得连选连任,往往在执政后期或选举前采用扩张性的财政政策、货币政策和投资政策来刺激经济扩张，形成经济繁荣，但在赢得连任后，为了控制经济扩张带来的经济过热、通货膨胀等问题，又不得不采取紧缩性的财政政策、货币政策和投资政策，从而引起经济收缩或出现经济萧条。政治家经济政策的可变性和周期性调整是引发经济周期的重要原因。

3. 心理性经济周期理论

心理性经济周期理论认为任何一种原因刺激投资活动而引起经济扩张后，投资者对未来经济增长的乐观会超过合理的程度，这种过分乐观又会引起投资过度，形成经济极度繁荣。当人们发现投资过度使收益下降后，又会产生不合理的悲观预期，从而减少投资，引起投资迅速萎缩，导致经济收缩或出现经济萧条。在经济萧条一段时期后，投资者的信心逐渐恢复，又会引起投资逐渐增加和经济复苏，从而使经济进入下一轮的扩张。

4. 农业波动性经济周期理论

农业波动性经济周期理论认为太阳黑子周期性出现和农业本身的周期波动是引起经济周期波动的重要原因。该理论认为太阳黑子的活动是有周期性的，太阳黑子的出现会引起农业减产，进而引起工业、商业和投资等活动减少，形成经济萧条；太阳黑子的消失会使农业增产，进而引起工业、商业和投资等活动增多，形成经济繁荣。因此，太阳黑子活动的周期性是导致农业收获周期变动的直接原因。

5. 投资波动性经济周期理论

投资波动性经济周期理论认为固定资产投资的波动是引起经济周期波动的重要原因。固定资产投资持续增加会导致对资本品需求的持续扩大，从而刺激资本品生产的持续扩张，形成经济繁荣。但是资本品生产的持续扩张会导致资本品生产过度，迫使消费品生产减少，使经济结构失衡。若大量压缩固定资产投资规模，又会使过剩的资本品由于投资资金缺乏而滞销，进而出现生产过剩的危机，使经济进入萧条阶段。经济的稳定与否与固定资产投资波动的关系最为密切。此外，住房投资和存货投资的波动对经济周期波动亦有重要的影响。

6. 消费波动性经济周期理论

消费波动性经济周期理论认为引起经济周期波动的原因是消费起伏波动。经济繁荣的出现是消费需求的增长快于消费品生产增长的体现，有效需求持续增大,可刺激消费品生产持续扩大,形成经济繁荣。经济萧条的出现则是消费需求增长赶不上消费品生产增长的体现,消费需求不足会导致消费品生产过剩或社会储蓄过大。因此,消费需求扩张和消费需求不足的交替出现是引发经济周期波动的重要原因。消费需求不足的成因主要是人们收入的增长落后于生产的增长;或者是收入分配严重不平等,致使少部分富人储蓄过度,而大部分中下和低收入阶层消费不足;或者是社会保障机制不健全,人们不敢放心消费。

7. 信贷波动性经济周期理论

信贷波动性经济周期理论认为引起经济周期波动的原因是银行信贷资金起伏波动。银行信贷资金持续膨胀引起投资规模持续扩张、投资品价格上涨,进而刺激资本品生产规模持续扩大,形成经济繁荣。但投资品生产的持续护张会导致资本品生产过度,使原材料、燃料、动力和农产品等的供给严重不足,消费品生产出现相对不足,经济结构失衡。为此,国家不得不控制银行信贷资金的扩张,而银行信贷资金的大量压缩,又会使过剩的资本品由于缺乏资金而滞销,从而出现生产过剩的危机,使经济进入萧条阶段。

8. 货币供给波动性经济周期理论

货币供给波动性经济周期理论认为引起经济周期波动的原因是货币供给起伏波动。当银行体系扩大货币供给时,生产者就会增加银行借款,以扩大投资,增加生产和经营收入;消费者就会因货币收入的增加而扩大消费或增加储蓄,使经济进入繁荣阶段。但是,银行货币供给是有限的,受黄金储备、外汇储备、存款准备金以及国家的货币政策和财政政策等方面的约束,银行体系迟早要放慢货币供给或停止信贷扩张,而货币供给或信贷的紧缩,又会使投资规模压缩,减少订货,从而使生产出现过剩,使经济进入萧条阶段。在萧条阶段,资金逐渐回到银行,又为银行体系的下一轮货币供给或信贷扩张提供条件。[①]

9. 乘数—加速系数模型理论

美国经济学家保罗·萨缪尔森把投资乘数原理和加速原理结合起来,用建立的乘数—加速系数模型来说明经济周期波动的必然性。当投资增加

---

① 赵彦云主编:《宏观经济统计分析》(第二版),中国人民大学出版社 2014 年版,第 207—209 页。

时，投资乘数会使产出成倍地增大，投资减少时，投资乘数会使产出成倍地减小。产出的变动又会通过加速系数的作用影响投资，投资乘数与加速系数的交互作用是造成经济周期波动的原因。即当收入增长时，人们会购买更多的产品和劳务，从而整个社会的产品和劳务销售数量增加。销售量的增长会促进投资以更快的速度增长，而投资的增长又使国民收入成倍增长，从而销售数量再次上升。如此循环往复，国民收入不断增大，于是使社会处于经济周期的扩张阶段。然而，社会的资源总是有限的，收入的增长迟早会达到资源所能容许的峰顶。一旦经济达到经济周期的峰顶，收入不再增长，从而销售量也不再增长。销售量增长的停止意味着投资量的下降。由于投资的下降，收入减少，从而销售量也因之而减少。又根据加速原理，销售量的减少使得投资进一步地减少，而投资的下降又使国民收入进一步下降。如此循环往复，国民收入会持续下降。这样，社会便处于经济周期的衰退阶段。收入的持续下降使社会最终达到经济周期的谷底。这时，由于衰退阶段的长时期负投资，生产设备的逐年减少，仍在经营的一部分企业会感到有必要更新设备，这样，投资开始增加，收入开始上升，上升的国民收入通过加速原理又一次使经济进入扩张阶段，于是，一次新的经济周期又开始了。①

三 投资周期与经济周期关系

（一）投资周期波动的含义

投资周期波动是经济运行中的一种客观现象。通常表现为投资增长率以若干年为周期起伏相间的周而复始的变动，即投资增长率从高到低，再从低到高的循环往复的变动。投资的迅速增长与低速运行交替进行，就是投资周期波动或循环变动的表现。

（二）投资波动对经济周期的影响

相对于经济总量增长周期波动而言，投资周期波动往往在程度上更加剧烈，在时间上具有一定的超前性，即投资增长的波动领先于经济增长的波动，投资增长的波动是经济增长波动的主要原因。

---

① 赵彦云主编：《宏观经济统计分析》（第二版），中国人民大学出版社 2014 年版，第 207—209 页。

投资周期波动的过程一般表现为先是投资规模的持续扩张，继而带来物价上涨、通货膨胀、总供求失衡和经济生活的紊乱，于是政府不得不采取行政、经济和法律的手段来压缩投资规模。因而，投资规模的扩张和投资规模的压缩必然导致投资增长率具有若干年为周期起伏相间的周期性波动。

投资规模扩张的主要原因是微观投资主体为了扩大生产规模、追求利润最大化而对投资具有不断扩张的需求；地方政府为了追求地方经济利益和业绩，而对投资需求具有盲目扩张的冲动等。因此，建立健全投资主体多元化机制、投资预算机制、投资风险机制和投资调控体系，是防止投资规模盲目扩张，避免投资周期波动过大的重要举措。

从周期波动看，中国的固定资产投资波动与经济波动有显著的相关性。投资波动决定着经济波动，并大于经济波动幅度。由于中国还处于工业化过程之中，投资对中国经济有着重要的影响。长期以来，投资是中国经济波动的主要震源。一方面，投资体现企业对市场前景和未来利润水平的预期，如果未来宏观经济发展有较好的前景，企业便会主动加大投资；另一方面，由于投资具有加速和乘数作用，投资增加除了会直接导致 GDP 的增加外，通过加速和乘数作用会刺激更多的投资和消费。经济扩张最终会受到供求约束，从而依照扩张时的传导链条，相应导致直接需求和间接需求的萎缩，国民经济增长也就出现了波动。

第二章

固定资产投资规模

投资是拉动经济增长的主要驱动力。投资规模是否适度，直接影响一国经济发展的速度。本章主要介绍投资规模度量指标及变化规律，阐述投资规模的调控原则、方法及判别标准。

第一节　投资规模概述

一　投资规模的概念

投资规模是指一定时期内一个国家或一个部门、一个地区的有关单位在固定资产再生产活动中投入的以货币形态表现的物化劳动和活劳动的总量。

投资规模与一国经济发展水平密切相关，一定时期的投资规模必须与一国经济发展水平相适应。在促进经济增长的各因素中，投资是极为重要的因素。由于投资活动的二重性，即投资同时具有创造有效需求和创造生产力的效果。因此投资规模可按照供给和需求两个侧面划分为投资供给规模和投资需求规模。投资供给规模是指一定时期全社会实际提供的投资品总量，投资需求规模是指对投资品的货币购买能力的总和。在现实经济活动中，如果投资需求规模大于投资供给规模，投资的货币购买能力过大，可能导致投资品价格上涨。如果投资需求规模小于投资供给规模，投资有效需求不足，可能导致投资品积压生产萎缩，整个经济出现滑坡、不景气状态。

衡量投资规模的指标有年度投资规模、建设总投资规模、在建总投资规模和在建净投资规模。年度投资规模是指一年内一个国家或一个部门、一个地区的有关单位投入到固定资产再生产方面的资金总量，是一个国家或地区在一年内实际完成的固定资产投资额，反映了一年内投入到固定资产再生产上的人力、物力、财力的数量。年度投资规模应与当年的国力相适应。建设总投资规模是指一国或一地区在年度内所有施工项目的计划总投资。这个指标和施工项目相对应，所以该指标包括了续建项目和新开工项目交付使用时所需要的全部投资总额。即当年施工项目在以前年度已完成的投资，以及本年度和以后年度继续建设所需要的投资，反映了一定时期实际铺开的建设项目的投资总规模。建投资规模应与一定时期的国力相适应。在建总投资规模是指一国或一地区在年末所有在建项目的计划总投资。在建净投资规模是指一国或一地区年末所有在建项目建成投产尚需的投资总量。建设总投资规模、在建净投资规模和在建总投资规模三个指标之间的数量关系可以用公式表示为：

在建总投资规模 = 建设总投资规模 – 当年所有施工项目已完成投资额

在建净投资规模 = 在建总投资规模 – 期末在建未完成施工项目累计完成投资额

二　影响投资规模的因素

由于投资的目的是取得资本增值，所以投资要受投资效益递减规律的制约，在一个既定的社会环境中，即便是资金充裕，也不能无限制地投资，当边际投资效益等于 0 时，继续投资将无利可图，人们会停止投资。在边际收益率等于 0 这个临界点之前的累计劳动资本投入存量称为资本容量。一国在一定时期内，所能吸收的投资规模就是其资本容量和资本存量之间的差额。如果这个差额大，在资金充裕的条件下，就可以扩大投资规模。

影响投资规模的因素主要有以下几个方面。

（1）资金因素。国民总储蓄是投资的资金来源。一个社会的投资规模与其所能筹集到的资金数量有密切关系。一个国家的国民总储蓄率越高、总储蓄量越大，可用于投资的资金就越多，投资的规模就可能扩大。同时，由于资金具有流动性，即资金不仅可以从一国或地区内部的国民总储蓄形成，也可以从国外大量引进。可供投资的资金 = 国民总储蓄 +（国外资金流入－国内资金流出）。因此，当一个国家或地区的投资环境好，就会吸引资金流入，可供投资的资金越大，相应地投资规模就可以扩大。

（2）技术因素。一个社会要取得较快的经济增长速度，就必须有可供积累的储蓄转化为生产力的投资对象。早在农业社会，由于生产力水平低下，不存在可以大量吸纳资本的技术并转化生产力的投资对象。这正是工业革命前长期经济增长缓慢的一个主要原因。工业革命以后，新技术的发明使财富有了新的用途。新技术可以吸纳大量资本建工厂、造机器、修铁路等，而且工业生产的聚集效应也使得人口趋于集中，大量农民流入城市，城市建设需要大量资本，这一切都导致投资规模扩大。

（3）社会环境因素。社会环境是指地理环境、基础设施与社会文化、法律制度、宗教、风俗习惯相结合的环境。社会环境因素是使劳动、资金因素和技术因素得以结合，并形成现实生产力的一个关键因素。劳动、资金因素和技术因素都具有流动的性质，尤其是资金、技术因素的流动性很大，而社会环境不具有流动性，但它是投资得以实现的地理空间。在社会环境适合投资的地区，即使资金不足，却完全有可能在国际、国内资本流动中吸引资金流入。相反，在社会环境不适合投资的地区，即使社会资金充盈，却不法实现投资，投资规模受到限制。

（4）经济发展阶段。一国或一地区在一定时期投资规模的大小，与该国或地区经济发展阶段有关。1949 年中华人民共和国成立后，百废待兴，亟须重建基础设施、恢复生产建设，社会资本的容量很大，基于这种客观的现实情况，中国经济实行高投资率。随着生产力的发展，经济水平的提高，人们在物质消费上的需求基本得到满足，对物质生产资本的积累需求就会逐渐下降。

第二节　投资规模变化的规律

一　年度投资规模和建设总规模的联系

年度投资规模和建设总规模是反映社会投资规模大小的两个重要指标。它们之间的关系可以用下式概括：

$$建设总规模 = 年度投资规模 \times 项目平均建设周期$$

1. 年度投资规模是建设总规模的基础

扩大年度投资规模，一般会波及建设总规模的扩大，反之亦然。如果一定年度投资安排过多，新开工项目大量增加，最终会导致建设总规模的扩大。也就是说，只有国家每年能够完成较多的投资，能够实现较大的年度投资规模，才能有较大的建设总规模投资，因此合理的年度投资规模是确定建设总规模合理数量的基础。

2. 建设总规模又会影响年度投资规模

年度投资规模的大小也要受建设总规模的制约。建设总规模扩大，一定时期的投资需求就大，必然要求年度投资规模与其相适应。在建设总规模过大的年份内就可能有更多的新项目，容易引发年度投资规模膨胀。要保持年度投资规模合理，主要有以下两种选择：①停（缓）建一部分在建项目，以保证其余项目按期完工；②各个项目所需资金都供应不足，尽管不需要停（缓）建一部分项目，但项目的建设周期就会拉长。为了避免这两种情况，各个项目都会想方设法争取投资资金，最终导致年度投资规模膨胀。因此，适度的建设总规模是保证年度投资规模的客观前提。

影响建设总投资规模和年度投资规模的几个主要因素。①经济发展的总体态势。当经济持续稳定发展时，由于可用于投资的资金和物质较充裕，则建设总投资规模可以相应扩大；反之，当经济不景气时，由于资金和物质匮乏，则必然导致投资规模缩小。②投资和消费的比例。虽然消费是生产的最终目的，但在一定的时期内，收入总是一定时，消费和投资存在此消彼长的关系。③对外开放程度。积极引进外资，可以有效扩大建设总投资规模。此外，宏观经济政策的指导思想是影响建设总投资规模的重要原因。

二　年度投资规模的衡量与变化规律

（一）年度投资规模的衡量

衡量年度投资规模大小的指标，主要有两种。一是绝对数指标投资额。年度投资额是指一个年度内建造和购置固定资产的资金量以及与此相关的全部费用，年度投资额越大，说明投资规模越大。二是相对数指标投资率和投资增长率。在封闭的经济条件下，收入 = 消费 + 储蓄，储蓄等于投资。在开放经济条件下，由于资本在国际间流动，投资就可能大于或小于储蓄。投资率是指年度投资额与当年国内生产总值之比。投资率越高，说明投资规模占 GDP 的比重越大；其增长率越高，说明投资规模增长越快。投资率高低应根据一国的总供求状况、消费水平状况、就业水平、物价水平等因素确定。

(二) 年度投资规模的变动规律

概括地讲，年度投资规模具有波动增长的规律，即从短期来看表现为波动性，从长期来看表现为增长性。

1. 年度投资规模的短期波动性

年度投资规模的短期波动性，其特点表现为波动方向与国民经济波动方向相同，但波动的幅度要比经济波动的幅度大得多。

年度投资规模的短期波动性的原因如下。①国民经济的波动使投资规模波动。国民经济受各种因素的影响，在各个年度可能会出现一定的波动，有的年度增长得快一些，有的年度增长得慢一些，有的年度甚至会出现负增长。在经济增长快的年份，增加的大部分收入除用于消费基金满足人民生活之外，主要用于投资。由于消费增长弹性相对较小，投资增长就会以比经济增长更快的速度增长；相应地，在经济零增长或负增长的年份，为了确保人民群众的生活水平有所提高，会大量削减投资、压缩投资规模，在国民收入分配过程中，由于消费增长弹性相对较小，投资将以比经济更快的速度下降，年度投资规模呈现出波动性。②分配政策和分配结构的变化使投资规模波动。在经济总量既定的情况下，年度间可能会出现分配政策和分配结构的变化。例如，改变国民收入中用于积累和消费的分配比例，以增加或减少国家的积累基金；或是在积累使用额中，改变流动基金积累与固定资产投资比重，增加或减少固定资产投资来源；此外，国家引导社会资金流向的手段是否有力，也会对投资规模产生一定的影响。例如，调整利率、刺激资本市场等，会使一部分消费基金转化为投资资金，从而影响投资规模的大小。③技术经济政策以及折旧政策的变动使投资规模波动。折旧基金是固定资产投资的一个重要资金来源，折旧基金的数量直接影响投资规模。而折旧基金的数量取决于现有计提折旧的固定资产总额和折旧率的高低。在折旧率既定的条件下，折旧基金提取的数量依据计提折旧固定资产总额的变动而变动。国家的技术经济政策以及折旧政策的变化，将直接影响现有计提折旧的固定资产总额。国家的技术经济政策中所规定的技术标准、技术规范等,将影响年度折旧基金的提取数量,进而会影响投资规模。①

2. 年度投资规模的长期增长性

年度投资规模之所以有稳定的增长性,其原因如下。一方面,从长期看,随着国家经济的发展和整个社会的固定资产存量不断增加,在折旧率既定的情况下,每年提取的折旧基金数量越来越多,折旧基金将不断增加,从而使社会利用折旧基金进行投资的规模不断增加。另一方面,从长期看,经济是不断增长的,而消费的增长速度相对比较迟缓,投资增长会相对较快,因此使得投资呈现出稳定增加的趋势。此外,随着金融市场的不断发展,金融创新品种的不断涌现也会直接或间接地推动投资规模的增加。

总之,年度固定资产投资规模呈现出短期波动和长期增长的态势。年度投资规模的增长将比经济增长得更快并且随经济增长率的变化而波动。

相对于经济总量增长周期波动而言,投资周期波动往往在程度上更加剧烈,在时间上具有一定的超前性,即投资增长的波动领先于经济增长的波动,投资增长的波动是经济增长波动的主要原因。从表2-1、图2-1可看出,1981—2019年中国全社会固定资产投资规模呈现出短期波动和长期增长的态势,且其波动幅度大于国内生产总值波动幅度,并具有超前性。

表2-1　　　　1981—2019年中国国内生产总值及其增长速度、
全社会固定资产投资及其增长速度

年份	国内生产总值（亿元）	全社会固定资产投资（亿元）	国内生产总值增长速度（%）	全社会固定资产投资增长速度（%）
1981	4935.8	961	—	—
1982	5373.4	1230	8.87	27.99
1983	6020.9	1430	12.05	16.26
1984	7278.5	1833	20.89	28.18
1985	9098.9	2543	25.01	38.73
1986	10376.2	3121	14.04	22.73

---

① 任淮秀:《投资经济学》(第五版),中国人民大学出版社2017年版,第20页。

第二章　固定资产投资规模

续表

年份	国内生产总值（亿元）	全社会固定资产投资（亿元）	国内生产总值增长速度（%）	全社会固定资产投资增长速度（%）
1987	12174.6	3792	17.33	21.50
1988	15180.4	4754	24.69	25.37
1989	17179.7	4410	13.17	-7.24
1990	18872.9	4517	9.86	2.43
1991	22005.6	5595	16.60	23.87
1992	27194.5	8080	23.58	44.41
1993	35673.2	13072	31.18	61.78
1994	48637.5	17042	36.34	30.37
1995	61339.9	20019	26.12	17.47
1996	71813.6	22914	17.07	14.46
1997	79715	24941	11.00	8.85
1998	85195.5	28406	6.88	13.89
1999	90564.4	29855	6.30	5.10
2000	100280.1	32917.73	10.73	10.26
2001	110863.1	37213.49	10.55	13.05
2002	121717.4	43499.91	9.79	16.89
2003	137422	55566.61	12.90	27.74
2004	161840.2	70477.4	17.77	26.83
2005	187318.9	88773.62	15.74	25.96
2006	219438.5	109998.2	17.15	23.91
2007	270092.3	137323.9	23.08	24.84
2008	319244.6	172828.4	18.20	25.85
2009	348517.7	224598.8	9.17	29.95
2010	412119.3	251683.8	18.25	12.06
2011	487940.2	311485.1	18.40	23.76
2012	538580	374694.7	10.38	20.29
2013	592963.2	446294.1	10.10	19.11
2014	643563.1	512020.7	8.53	14.73
2015	688858.2	561999.8	7.04	9.76

续表

年份	国内生产总值（亿元）	全社会固定资产投资（亿元）	国内生产总值增长速度（%）	全社会固定资产投资增长速度（%）
2016	746395.1	606465.7	8.35	7.91
2017	832035.9	641238.4	11.47	5.73
2018	919281.1	645675	10.49	0.69
2019	990865.1	560874.3	7.79	-13.13

资料来源：国家统计局网站，http://data.stats.gov.cn/easyquery.htm?cn=C01。

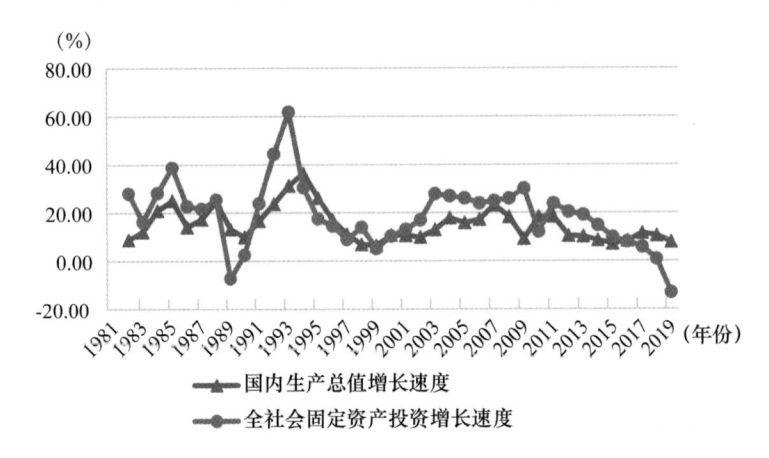

图 2-1　1981—2019 年中国国内生产总值及全社会固定资产投资增长速度

资料来源：国家统计局网站，http://data.stats.gov.cn/easyquery.htm?cn=C01。

根据这一特点可以从以下两方面指导现实工作。

第一，正确评价投资规模的增长速度。任何一个经济规律的存在都有其特定的条件。认识这一点，就可以根据一国经济发展阶段的特性和 GDP 的规模和客观条件，适当安排投资规模，正确评价投资规模是否和国力相适应。

第二，合理安排中长期投资计划。认识年度投资规模具有比 GDP 更快增长的规律，有利于适当安排建设总规模，实现预期的投资结构。一般说来，能源、交通等基础工业、基础设施投资项目前期工作需要的时间长，建设工期长，投资回收慢，为了保持其投资的适当比重，必须适当安排中长期投资项目。

投资率在不同国家或地区，在不同的经济发展阶段具有不同的发展变化趋势。与发达国家相比，中国是一个典型的高储蓄率、高投资率、低消费的国家。从表2-2和图2-2可看出2000—2019年中国资本形成率和固定资本形成率在33.7%—47%和32.73%—44.32%间波动，表明中国目前投资率较高。中国投资率较高的原因主要有以下几个方面。一是中国经济正处在起飞阶段，为了尽快实现工业化、现代化，有大量的投资机会。二是改革开放使中国由生产力落后的农业国向生产力较高的工业化国家转变，投资率随着社会剩余产品的增多和国家积累能力的增强而上升。发达国家早已实现工业化进入后工业化时代，拥有大量固定资产，全社会技术装备水平达到相当的高度，所以投资率较低。三是传统文化的影响，中国居民受儒家传统文化的影响，比较节俭，注重储蓄和投资。

表2-2　　　2000—2019年中国支出法生产总值及构成比例

时间	支出法生产总值（亿元）	最终消费（亿元）	资本形成总额（亿元）	固定资本形成总额（亿元）	存货变动（亿元）	货物和服务净出口（亿元）	最终消费率（%）	资本形成率（%）	固定资本形成率（%）
2000	99799	63748.9	33667.1	32668.7	998.4	2383	63.9	33.7	32.73
2001	110388.4	68661.1	39402.5	37087.6	2314.9	2324.7	62.2	35.7	33.60
2002	121326.7	74227.5	44005	42672.1	1332.9	3094.2	61.2	36.3	35.17
2003	137146.7	79735	54446.8	52574.5	1872.3	2964.9	58.1	39.7	38.33
2004	161355.6	89394.4	67725.6	63974.9	3750.7	4235.6	55.4	42	39.65
2005	187657.5	101872.5	75576	73852	1724	10209.1	54.3	40.3	39.35
2006	219597.5	115364.3	87578.6	84978.6	2600	16654.6	52.5	39.9	38.70
2007	270499.4	137737.1	109339.3	102344.6	6994.6	23423.1	50.9	40.4	37.84
2008	318067.6	158899.2	134941.6	124700.7	10240.9	24226.8	50	42.4	39.21
2009	347650.3	174538.6	158074.5	152691.1	5383.4	15037.1	50.2	45.5	43.92
2010	408505.4	201581.4	191866.9	181041.1	10825.8	15057.1	49.3	47	44.32
2011	484109.3	244747.3	227673.5	214017.2	13656.3	11688.5	50.6	47	44.21
2012	539039.9	275443.9	248960	238320.7	10639.3	14636	51.1	46.2	44.21
2013	596344.5	306663.7	275128.7	263979.9	11148.8	14552.1	51.4	46.1	44.27
2014	646548	338031.2	294906.1	282241.6	12664.4	13610.8	52.3	45.6	43.65
2015	692093.7	371920.7	297826.5	289970.2	7856.3	22346.5	53.7	43	41.90
2016	745980.5	410806.4	318198.5	310144.8	8053.7	16975.6	55.1	42.7	41.58

续表

时间	支出法生产总值（亿元）	最终消费（亿元）	资本形成总额（亿元）	固定资本形成总额（亿元）	存货变动（亿元）	货物和服务净出口（亿元）	最终消费率（%）	资本形成率（%）	固定资本形成率（%）
2017	828982.8	456518.2	357886.1	348300.1	9586	14578.4	55.1	43.2	42.02
2018	915774.3	506134.9	402585.1	393847.9	8737.3	7054.2	55.3	44	43.01
2019	994927.4	551494.6	428627.8	422018.8	6609	14805	55.4	43.1	42.42

资料来源：国家统计局网站，http：//data.stats.gov.cn/easyquery.htm？cn = C01。

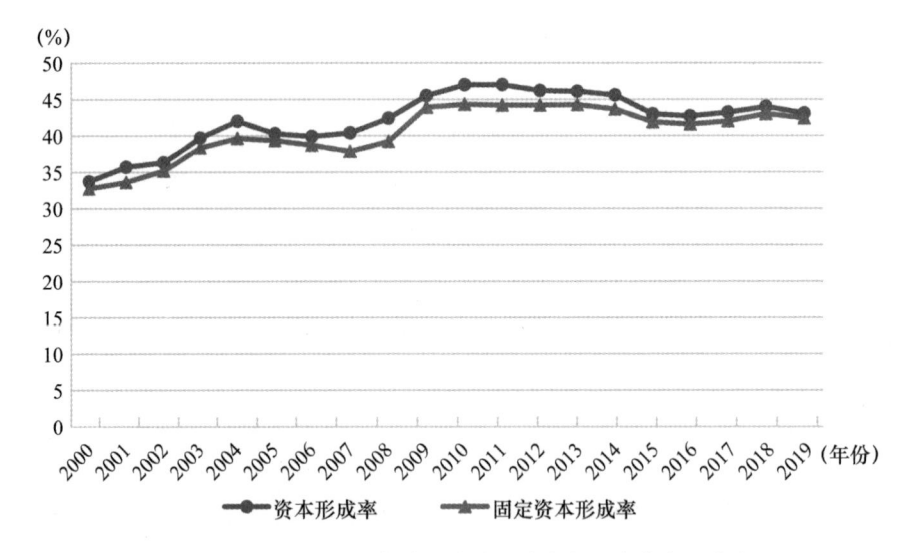

图 2-2 2000—2019 年中国资本形成率与固定资本形成率

资料来源：国家统计局网站，http：//data.stats.gov.cn/easyquery.htm？cn = C01。

三 建设总规模的衡量与变化规律

（一）建设总规模的衡量

建设总规模的衡量指标主要有：投资比率、建设周期、资金占用率、新增规模扩大率等。其中：

$$投资比率 = 建设总规模/GNP$$

$$建设周期 = 建设总规模/年度投资规模$$

$$资金占用率 = 在建项目累计完成投资/建设总规模$$

$$新增规模扩大率 = 新开工项目投资总额/在建项目当年投资额$$

（二）建设总规模的变动规律

一定时期建设总规模等于年度投资规模和项目平均建设周期的乘积，因此可以从年度投资规模和建设周期两方面来研究建设总规模的变化规律。

1. 年度投资规模对建设总规模的影响

年度投资规模表现出长期呈增长趋势和短期内波动的特点，但建设总规模却表现为长期稳定增长的趋势。其原因是建设总规模为一定时期的投资总规模，投资在年度之间的波动，基本上被年度之间此消彼长所抵消，使建设总规模的波动比年度投资规模小得多。表现出相对稳定增长的规律。同时，又由于一定年度内社会固定资产原值是一定的，新增固定资产受年度投资影响而表现在年度间的波动与整个社会固定资产相比又极小，所以固定资产净投资的增长是稳定的，加之固定资产综合折旧率在一定时期内是不变或稳定增长的，这就决定了固定资产建设总规模增长是相对稳定的。

2. 建设周期对建设总规模的影响

建设周期是一个国家/地区或行业按一定的年度规模完成其建设总规模平均所需要的时间。用公式表示为：

$$建设周期 = 建设总规模/年度投资规模$$

建设周期与建设总规模的关系呈正比，在年度投资规模一定的情况下，建设周期越长，建设总规模就越大。由于社会扩大再生产逐步由外延向内涵发展，更新改造项目在投资中的比重会逐年加大，而更新改造项目的施工工期一般较短，这就必然会使建设周期逐步缩短。与此同时，建设施工的手段、模式正以科学技术型逐步取代简单机械手工操作的劳动密集型。建设施工的现代化必然使施工工期缩短，所以使得建设周期的缩短成为一个必然的趋势。

以上分析说明年度投资规模从长期看是相对稳定增长的，而建设周期呈缩短的趋势。在这种条件下，若年度投资规模增长速率快于建设周期缩短速率，建设总规模表现为相对稳定上升；若年度投资规模增长速率与建设周期缩短速率相同，建设总规模则保持原有水平；若年度投资规模增长速率低于建设周期缩短速率，建设总规模就会呈稳定下降趋势。

第三节 投资规模的宏观调控

一 投资规模调控的必要性

投资是拉动经济增长的主要力量,一个国家/地区一定时期内投资规模是否适度,直接影响该国/地区经济发展的速度。实践证明,投资规模过大或过小,都会引起社会总供给和总需求的不平衡,影响社会经济的稳定发展和人们生活水平的提高。因此,必须制定合理的投资规模,推进经济增长方式转变。从主要依靠高投入实现高经济增长的粗放经营方式,转变为主要依靠提高经济效益实现经济增长的集约化经营方式,有效避免投资规模膨胀的问题。

二 投资规模的确定原则

国家在一定时期内投资规模的大小要与能够用于投资的资金来源相适应,合理的投资规模要求投资总量适度。投资总量是以货币表示的在一定时期内固定资产建造与购置的工作总量以及与之有关的费用的总额。投资规模的适度与否是影响国民经济稳定发展的一个重要因素。

(一)根据需要与可能确定投资规模

安排的投资总量要适度,要从国情出发,根据国力的承受能力,与国民经济的发展速度相适应。

1. 要根据社会供求状况确定投资规模

由于投资部门在投资过程中只有投入,没有产出,是国民经济的净消耗部门,而一定时期内国民经济各部门能够提供的资金需求是有限的,投资规模安排过大,超过了一定时期内人力、财力、物力的承受能力,就会导致社会物资供求关系失衡,使得经济建设无法正常进行,影响国民经济健康发展。

2. 要根据经济发展的要求确定投资规模

合理安排投资规模是促进经济增长的重要因素,经济增长与投资规模的相互关系如下。一方面,经济增长是投资增长的基础,经济的发展程度直接制约着投资的数量。经济增长速度越快,对投资的需求就越大,同时它提供的可供投资的产品也就越多,一切用于投资的资金都是社会总产品价值的货币表现，经济发展为投资规模的扩张提供了必要的物质、资金保证。另一方面，投资规模的扩大又是经济增长的必要前提，企业的发展、部门的发展、地区的发展、国家的发展都需要有相应的投资规模来保证，投资规模越大，经济增长速度越快。确定投资规模时，应充分考虑到经济发展的需要。

3. 要根据人民生活水平提高程度的需要确定投资规模

社会主义生产的目的就是最大限度地满足人民日益增长的物质文化需要。人民生活水平和生活质量的提高，需要有一定的物质基础。在确定投资规模时，也要考虑衣、食、住、行方面的需要。根据社会在一定时期内可能提供的剩余物资量，通过安排合理的投资规模，满足人民物质文化生活的需要。

（二）根据先消费、后投资的顺序确定投资规模

这里的消费包括人民的生活消费和现有企业的生产消费。在国民收入一定的情况下，积累和消费存在着此消彼长的关系。在处理消费与投资的关系上：首先，要保证生活消费的需要，保证人民群众的生活水平不会降低，并应逐年提高；其次，要保证现有的固定资产得到充分利用；再次，要保证增加的流动资金和随着生产的扩大而增加的储备资金的需要，即要保证现有企业生产的需要和生产增长的需要；最后，考虑增加固定资产的投资。这样既能保证当前生产，又能满足经济发展的长远需要。

（三）周密考虑、留有余地的原则

由于大多数的建设项目是要跨年度建设的，各年之间、各月之间所需的投入不尽相同，因此不能单从当年或某一年的经济状况来确定投资规模，而应考虑整个计划期内财力、物力的保证程度，既要满足新开工项目的需要，又要满足在建工程投资的需要；既要考虑当年的需要，又要考虑未来的需要。在安排投资时要正确运用投资增长规律，合理兼顾年度之间的投资衔接，使投资保持稳定增长。在坚持瞻前顾后的同时，还应坚持留有余地的原则。投资是一项消耗大、周期长的经济活动，不可预见因素很多，风险很大。为了增强抵御风险的能力，留有一定余地是必要的，这样可以避免投资规模扩张所带来的人、财、物的紧张，保证国民经济健康持续地发展。[1]

---

[1] 任淮秀：《投资经济学》（第五版），中国人民大学出版社2017年版，第22—23页。

三 投资规模的确定方法

（一）年度投资规模的确定方法

1. 国民经济积累率法

该方法是计算投资资金的数额，然后加总，得出年度投资规模。公式为：

年度投资规模 = 国民收入使用额 × 积累率 × 固定资产投资占积累的比重
　　　　　　　+ 固定资产原值 × 折旧率
　　　　　　　+ 消费基金转化额 + 利用外资部分

2. 投资率法

投资率是指直接在当年国民收入额中确定年度投资额的适当比例。该方法是在确定投资率的基础上，通过测算 GDP 得出年度投资规模。公式为：

年度投资规模 = 计划年度 GDP 测算数 × 投资率

式中，投资率 = 年度固定资产投资 / GDP × 100%

投资率是一个变量，影响投资率的因素在较长时期里和每个具体年份是不相同的。从长期发展趋势来看，固定资产投资与国民收入的相对增长速度是影响投资率的两个因素：如果固定资产投资比国民收入的增长速度快，投资率上升；反之，则投资率下降。

3. 年增长率法

该方法是通过确定年度投资规模的合理增长率来确定年度投资规模的一种方法。公式为：

计划年度投资规模 = 基年年度投资规模 × （1 + 年度投资规模合理增长率）

式中，

年度投资规模合理增长率 = 年度投资增加额 / 基年年度投资总额 × 100%

年增长率法的关键因素是年度投资规模合理增长率的确定。在确定近期适度年度投资规模时，可以把适度年度投资规模的平均增长率近似看作与国民收入的平均增长率相等。而年度投资规模增长率的确切数值要根据计划年度的具体情况进行科学的分析计算确定。

（二）在建投资规模的确定方法

1. 建设周期法

建设周期是一定时期内所有在建项目全部建成投产所需要的时间。建设周期分为实际建设周期和合理建设周期两种：实际建设周期是按一定年度实际铺开的在建投资规模和实际完成的年度投资规模计算的；合理建设周期是指在现有的技术条件和组织管理条件下，实际的在建项目需要多少年完成。如果实际建设周期长于合理建设周期，说明在建投资规模过大，或者年度投资规模过小；如果实际建设周期短于合理建设周期，说明年度投资规模过大，或者在建投资规模过小。

该方法首先要确定合理的建设周期，然后找出合理的年度投资规模，再将两者相乘即可。公式为：

$$在建投资总规模 = 年度投资规模 \times 合理建设周期$$

式中，年度投资规模为一定时期内平均的适度年度投资规模，而不是某一特殊年份的投资规模。

2. 年增长率法

该方法的思路与年度投资规模增长率法相同。两者不同的是，一旦基期的适度在建投资规模确定之后，可以基本按照国民收入的年均增长率来确定考察期间适度在建投资规模每年的增长率。公式为：

$$在建投资总规模 = 基年的在建投资规模 \times (1 + 在建投资规模的合理增长率)。$$

四 适度投资规模的判别标准

（一）合理投资规模的数量标准

我国合理投资规模的数量标准主要有以下几个。

1. 积累增长率与国民收入增长率比较

国民收入分为积累和消费两部分，两者是此消彼长的关系，在国民收入的价值分配中，必须保证投资资金和消费资金有一个合理的比例。

（1）积累增长率等于国民收入增长率，积累速度与国民收入相适应。

（2）积累增长率小于国民收入增长率，积累速度较慢。

（3）积累增长率大于国民收入增长率，积累速度较快。

2. 投资增长率与国民生产总值增长率比较

(1) 投资增长率等于国民生产总值增长率,投资增长与经济增长速度一致。

(2) 投资增长率小于国民生产总值增长率,投资增长较慢。

(3) 投资增长率大于国民生产总值增长率,投资增长较快。

3. 投资品供给与投资品需求平衡关系比较

(1) 投资品供给增长率等于投资品需求增长率,投资需求增长适度。

(2) 投资品供给增长率小于投资品需求增长率,投资需求增长相对过高。

(3) 投资品供给增长率大于投资品需求增长率,投资需求增长相对不足。

4. 积累率水平

积累率是一定时期内积累基金占国民收入的比例,积累基金是国民收入中用于社会扩大再生产的生产资料和消费资料的价值。积累率用公式可表示为:

$$积累率 = (积累基金/国民收入使用总额) \times 100\%$$

$$消费率 = 1 - 积累率$$

(1) 积累率 < 25%,低积累水平。

(2) 25% ≤ 积累率 ≤ 30%,合理积累水平。

(3) 积累率 > 30%,高积累水平。

5. 投资率水平

(1) 投资率 < 25%,低投资率水平。

(2) 25% ≤ 投资率 ≤ 30%,合理投资率水平。

(3) 投资率 > 30%,高投资率水平。[1]

(二) 适度投资规模的理论标准

(1) 有利于社会总供求的平衡。由于投资的弹性大、可控性强,一直是我国调节社会总供求最主要的手段,因此脱离社会总供求的平衡谈投资规模的合理性没有任何意义。投资规模只要有利于社会总供求平衡就是合理的,否则就是不合理的。追求社会总供求的平衡是投资规模调控的最重

---

[1] 任淮秀:《投资经济学》(第五版),中国人民大学出版社2017年版,第27页。

要目标。

（2）投资增长率等于或者略大于 GDP 增长率。如果投资增长率低于 GDP 增长率，就会影响经济的发展速度；如果投资增长率大大高于 GDP 增长率，就会使投资规模超出国力所承受的能力，导致主要生产要素价格上涨，引发通货膨胀。

（3）投资与消费比例关系协调。一定时期内的积累率要适度合理：如果积累率过高，积累基金占国民收入的比例过大，就会挤占消费，降低人民的实际生活水平；如果积累率过低，则不利于国民经济的持续发展。

（4）财政、信贷、外汇和物资基本平衡。适度的投资规模还要保证投资品的供求平衡。如果投资规模过大，必然要扩大财政、信贷、外汇和物资的支持力度，有可能引发财政赤字、信贷出现逆差，投资规模扩大也可能使得所需物资供不应求。此外，在过度引进外资的情况下还会对国际收支平衡造成一定的影响。

（5）投资效益能够不断提高。投资规模对投资效益的影响，主要表现在投资膨胀、建设工期拖长，从而降低固定资产交付使用率，使得投资效益不能显著提高。适度的投资规模要避免上述问题的出现，能够促进投资效益不断提高。

（6）积累增长率等于国民收入的增长率。

（7）消费和投资增长相协调。适度的投资规模要保持消费和投资的适度增长相协调，努力提高消费对经济增长的贡献率，使投资的增长率与经济的增长率保持一致。

第三章

固定资产投资结构

投资规模和投资结构是宏观投资管理中两个重要的问题。投资规模从总量上研究投资与国民经济的关系和对国民经济发展的影响；投资结构则从构成上研究投资与国民经济的关系，研究投资各组成部分之间的比例，以及这种比例关系对国民经济发展所产生的影响。本章介绍投资结构的含义、分类及与经济结构的关系，阐述投资结构优化的标准、原则及投资结构的演变机制等。

第一节 投资结构概述

一 投资结构的含义和分类

（一）投资结构的含义

投资结构是指一定时期的投资总量中所含各要素的构成及其数量的比例关系。投资结构是决定经济结构的重要方面，是决定和影响国民经济发展状态和态势的一个基本因素。投资结构研究的任务就是揭示在一定生产关系下，由生产力发展状态决定的投资结构的变化规律及其调节机制，建立合理的投资结构。

（二）投资结构的分类

投资结构是一个多层次有机的系统，可以从投资来源和投资分配两个角度考察其内部构成要素。

1. 投资来源结构

投资来源结构是指不同来源渠道投资资金在投资总量中所占的比例。

从价值构成和再生产的角度看，投资资金主要来源于社会总产值中的 c 和 m 中用于积累及补偿的部分，一部分消费基金也可以转化为积累基金用于投资，投资来源结构在这里通常表现为新增投资与折旧再投资的比例关系；从国民经济资金运行的角度看，投资来源结构主要表现为国家预算内资金、国内贷款、利用外资、自筹资金、其他资金。或者简单地表现为预算内投资与预算外投资。

2. 投资分配结构

投资分配结构主要反映投资资金在投资总体各构成因素之间的分配比例关系，投资资金既可以是存量，也可以是增量，由于可从不同角度对投资总体构成要素进行划分，投资分配结构可有多种形式。

（1）投资产业结构。投资产业结构是指投资资金在三次产业中的分配比例关系。三次产业是由英国著名经济学家和统计学家科林·克拉克于1940年提出的产业划分方法，其划分依据是：第一次产业的属性是取之于自然，通常包括农业（指种植业）、畜牧业、林业、渔业和狩猎业等，即广义农业；第二次产业是加工取之于自然的生产物，包括采矿业、制造业、建筑业、煤气、电力、供水等工业部门，即广义工业；第三次产业则被解释为繁衍于有形物质财富生产活动之上的无形财富的生产部门，一般包括商业、金融及保险业、运输业、服务业、公益事业和其他各项事业，即广义服务业。

（2）投资部门结构。投资部门结构是指投资资金在各部门之间的分配比例关系。国民经济可以分为众多部门，主要有两大类，即物质生产部门和非物质生产部门。物质生产部门又可分为生产资料生产部门和消费资料生产部门，生产资料生产部门和消费资料生产部门还可进一步细分。把投资资金分配于不同的部门，形成不同层次的投资部门结构。

（3）投资地区结构。投资地区结构是指投资资金在各地区之间的分配比例关系。投资地区结构通常可以分为两种情况：第一种是根据社会经济特征、生产要素禀赋以及人文地理条件等来划分的投资地区结构；第二种是根据行政区划所划分的投资地区结构。

（4）投资主体结构。投资主体结构是指各种投资主体之间投资的数量比例关系。投资主体也可以作多种划分，如从所有制形式和经济成分的角度，投资主体可以分为国有资本、集体资本，以及包括私人资本在内的非公有资本。

（5）投资再生产结构。投资再生产结构是指投资资金在更新改造投资和新增建设投资之间的分配比例关系。社会再生产是一个持续不断的过程，不仅需要外延性投资（通过投资提供各种新的固定资产和流动资产），还需要内涵性投资（通过投资维护、改造原有的资产）。投资资金在二者之间的分配比例构成投资再生产结构。

二 投资结构的决定因素

投资结构是人类社会再生产过程中的资源配置方式，不同的资源配置方式会形成不同的投资结构，影响投资结构形成的因素很多，这些因素存在着相互制约、相互促进的关系。

1. 自然条件

自然条件主要是指一国/地区所处的地理位置、气候条件、国土面积与可耕种面积、各种资源的种类和储存量。无论是在封闭的社会中还是在开放的社会中，自然条件都是投资结构的主要决定因素之一。例如，由于中东地区地下蕴藏丰富石油资源，则使该地区建立了开发原油的投资结构和经济结构。

2. 经济发展阶段

一国/地区的经济发展阶段与一国/地区的经济结构、产业结构存在着高度的相关性。一般来说，一国/地区的经济发展从一个较低水平的阶段（通常以人均 GDP 水平为标准）转向一个较高水平的阶段时，一国/地区的经济结构、产业结构也随之发生变化。发展经济学家钱纳里对 150 个发展中国家经济发展水平和产业结构的分析表明，当人均产值处于较低水平时，初级产业的比重就较高；当人均产值水平上升到 1000 美元时，初级产业的比重就会下降，工业、服务业的比重就会上升到一个较高的水平（见表 3-1）。

3. 技术进步

考察经济发展的历史，新的产业部门、新的能源、新的材料和新的工艺的出现，都是技术进步的结果。技术进步使人类社会由农业社会走向工业社会，继而迈入信息社会。技术进步推动投资结构的演变，表现在以下几个方面。首先，技术进步扩大了社会资本容量，带来了新的投资机会，吸收了大量的投资,新兴投资部门的产生和发展是技术进步的直接结果。新的产品和新的生产领域以及新的生产联系方式,形成系列投资部门。其次,技术进步使传统投资部门发生量和质的深刻变化。即技术进步不仅使得传统投资部门的生产效率提高,投资下降,而且促使其产生了新的替代品。

表3-1　　　　　不同发展水平的生产结构的正常变化　　　　　单位:%

产业＼收入	100美元以下	100美元	200美元	300美元	400美元	500美元	800美元	1000美元	1000美元以上
初级产业	52.2	45.2	32.7	22.6	22.8	20.2	15.6	13.8	12.7
工业	12.5	14.9	14.9	25.1	27.6	29.4	33.1	34.7	37.9
公共产业	5.3	6.1	6.1	7.2	8.5	8.9	9	10.2	10.9
服务业	30	33.8	33.8	38.5	41.1	41.5	41.6	41.3	38.6

资料来源:[美]钱纳里等:《发展的格局:1950—1970》,李小青等译,中国财政经济出版社1989年版,第22—23页。

4. 对外开放

对外开放是对国际市场的利用,在全球经济日益趋向一体化的大环境下,通过国际贸易和国际资本流动利用外资,对本国的投资结构有很重要的作用。扩大对外开放,可以减少对本国劳动、自然资源、技术、国民储蓄等的依赖。例如,发达国家通过对外贸易,进口劳动力密集型的纺织产品等,可以避免其投资这些技术含量低而劳动成本高的矛盾。发展中国家通过对外开放,在引进国际直接投资的同时引进国外的先进技术,可以降低本国技术水平对产业结构的制约作用,建立有利于本国经济发展的投资结构。

第二节　投资结构与经济结构关系

一　经济结构含义及其对经济增长的影响

国民经济结构简称经济结构,是指国民经济组成要素之间相互关联和相互制约的数量比例关系。其内涵包括:①国民经济的组成要素,以及这些要素的性质和特点；②国民经济诸要素的相互依赖关系和相互联系方式，包括比例关系；③国民经济诸要素的相互作用；④国民经济诸要素及其相互关系的发展变化。

经济结构是否合理，直接影响到经济增长的速度。合理的经济结构是国民经济健康持续发展的条件。经济结构主要从以下几方面影响经济增长。①经济结构通过两大部类之间的比例关系影响经济增长。只有经济结构合理，才能保证满足扩大再生产对两大部类比例关系的要求。②经济结构通过两大部类各自内部的比例关系影响经济发展速度。两大部类各自内部的比例关系是否合理，也会影响经济增长，如第二部类内部必需消费资料和奢侈品的关系，第一部类内部不同生产资料的关系等。③经济结构通过生产过程和流通过程影响经济增长速度，只有合理的经济结构才能保证生产过程和流通过程的顺利进行，从而促进经济增长。④经济结构通过生产资料和劳动力的利用影响经济增长。只有根据资金、劳动力、技术等情况正确配置资金、技术和劳动力等要素资源，才能保证生产资料和劳动力的充分利用，促进经济持续增长。⑤经济结构通过科学技术影响经济增长。合理的经济结构能保证科学技术较快地发展，并使科学技术较快地转变为现实的生产力，从而促进经济增长。⑥经济结构通过经济效果影响经济增长。经济结构从多方面影响经济效果，而经济效果对经济增长的影响是显而易见的。⑦经济结构从生产目的方面影响经济增长。合理的经济结构能保证生产目的的实现，提高劳动者的积极性，从而促进经济增长。

从以上分析可见，经济结构对经济增长的影响作用是不容忽视的。当然，经济增长同样制约着经济结构的转换。各种经济结构的变化，如农轻重比例、积累和消费的比例等，都是经济增长的结果。经济增长是经济结构变动的基础。由于经济结构与经济增长之间存在密切的关系，所以说研究投资与经济构的关系，事实上也是从一个侧面考察投资与经济增长的关系。

二 投资结构与经济结构的关系

投资结构与经济结构的关系表现为两个方面：一方面，投资影响甚至决定着经济结构；另一方面，现存的经济结构又在相当程度上决定着投资的总量和投资比例。即投资总量与投资结构又是经济结构演变的原动力，同时，经济结构制约着投资总量与投资结构。

投资对经济结构的决定作用可以从两个方面考察：①投资存量是经济组结构形成的决定因素；②投资增量是经济结构演变的决定因素。

经济结构一般是从产出角度来考察的，是国民经济各组成要素对国民经济总产值贡献的大小及比例关系；而投资一般是从投入的角度来考察的，投资结构是指一定时期投资总量中所含各类投资的构成及在不同部门、不同地区、不同产业之间的分配比例关系。因此，投入与产出之间的因果关系，也就决定了投资与经济结构之间的决定与被决定的关系。

投资对经济结构的作用主要是通过资源配置来实现的。从本质上讲，投资是资源配置的途径和方式，经济结构则是资源配置的结果。所谓资源配置，是指经济中的各种资源在不同使用方向之间的分配，它可以分为两个层次：较高的层次是指资源如何分配于不同部门、不同地区、不同生产单位，其合理性反映在如何使每种资源能够有效地配置到最佳使用方面。较低的层次是指在资源既定的条件下，一个生产单位、一个地区、一个部门如何组织并利用这些资源，其合理性反映在如何有效地利用资源，使之发挥最大的作用。研究投资与经济结构的关系，主要是通过分析较高层次的资源配置来实现的。

投资结构对于整个国民经济具有举足轻重的影响，在很大程度上决定看国民经济的发展速度和长远的经济效益。投资结构是促进经济结构演进的巨大动力。投资结构的变化对经济结构的影响是多方面的，如产业结构和部门结构、生产力布局以及企业规模和生产技术结构等。优化投资结构是实现产业结构优化的重要途径，也是实现投资规模适度合理的重要保证。

第三节　投资结构的选择

一　投资分配标准

投资结构事实上代表着资源配置的格局，投资结构合理化也就意味着资源的最优分配。所谓资源的最优分配，根据帕累托最优理论，是指资源配置达到最有效率的状态，资源在不同产业、部门之间的任何转移都不能再进一步提升实际国民收入。因此,在完全竞争的市场经济中,达到资源的最优分配应成为投资结构合理化的标准,而衡量资源分配是否最优,主要看可供选择的活动中各种投入的边际生产率是否相等。因此,当各产业、各部门之间的投资活动所带来的边际收益率相等时,投资结构便达到理论上最为合理的状态。但是,在现实世界中并不存在真正意义上的完全竞争的市场经济,受市场失灵和非经济因素的影响,使资源配置难以采用上述的边际标准。有限的资源如何在产业部门之间分配,主要取决于经济发展目标、经济发展战略和其他各种因素的制约,从而也就产生了各种不同的投资分配标准。

1. 本期产出和消费最大化或将来产出和消费最大化标准

(1) 资本周转率标准:本期产出和消费最大化

哈罗德-多马模型($G=s/k$)认为,本期产出增长速度的最大化取决于两个因素:一是储蓄与收入的比例 s;二是资本产出比率 k。经济增长率 G 与 s 成正比,与 k 成反比。因此为了提高经济增长率,有两个途径:或是提高储蓄率(s),或是降低资本产出比率(k)。行业部门之间由于自然、技术等因素的差异,其资本产出比率存在很大的差别。例如,重工业部门的资本产出比率通常低于轻工业部门,资本周转速度慢于轻工业。由于资本产出比率和资本周转速度的差别,不同部门的投资效果系数(单位投资的产出)也存在差别。资本产出比率和投资效果系数互为倒数,资本产出比率低的部门投资效果系数就高。因此根据资本周转率标准,先将资本分配到资本产出比率低或投资效果系数高的部门,必然能在短期内收到较好的投资效果,从而促进本期的经济增长和消费的最大化。此外,采用资本周转率标准来分配资源,也将有利于劳动密集型产业形成,可以较大限度地吸收劳动就业。

(2) 可供投资的剩余产品率最大化标准:将来的产出和消费最大化

可供投资的剩余产品率最大化标准,强调在未来某个时期的实际产出和消费最大化目标。所以社会资源在不同行业部门和项目之间的分配应侧重于那些可能产生高的再投资率的行业部门。这些行业部门的特点是资本的有机构成高,按照一般的价值分配标准,其产出的价值分配中折旧和投资的利润所占的份额就会提高,同时劳动所得的份额占的比例就比较低,从而能够提高积累基金的比例进行再投资,使产出和消费在将来的一个时期内最大化。

2. 投资的均衡分布与非均衡分布标准

（1）均衡的投资分布。

均衡投资分布是指投资结构与需求结构相适应的投资分配。投资结构和需求结构相适应的标准，所依据的是产品的需求收入弹性系数。产品需求收入弹性系数为：

$$E_i = \frac{\Delta D_i / D_i}{\Delta Y / Y} \quad (3-1)$$

式中，E_i 表示行业或部门产品的需求收入弹性系数；ΔD_i 和 D_i 分别表示报告期社会对该产品的需求增量和基期的需求量，包括消费需求、投资需求和出口需求的总和；ΔY 和 Y 分别表示报告期生产的增量和基期的生产总量。

如果 $E_i < 1$，表明社会对该产品的需求慢于生产的增长，应减少对它的投资；$E_i > 1$ 表明对该产品的需求快于生产的增长，应增加对它的投资；$E_i = 1$，表明对该产品的投资应保持与经济增长率相同的速度。

如果报告期出现许多短线产品，那么就需要再引进产出收入弹性系数，并根据需求收入弹性和产出收入弹性系数的差额的情况，来进行投资分配。

产出收入弹性系数为：

$$Q_i = \frac{\Delta P_i / P_i}{\Delta Y / Y} \quad (3-2)$$

式中，Q_i 表示产品的产出收入弹性系数；ΔP_i 和 P_i 分别表示报告期该产品的生产增量和基期的生产总量。

这样，某产品的需求收入弹性系数与产出弹性系数的差（用 C_i 来表示）为：

$$C_i = E_i - Q_i \quad (3-3)$$

如果 $C_i < 0$，则表示该产品供不应求，若 C_i 的数值偏高，则表明该产品是短线产品，供不应求，应增加对其投资；反之，如果 $C_i > 0$（而 $Q > 0$），则表明该产品供过于求，应减少对其投资。

（2）非均衡的投资分布。

所谓的非均衡的投资分布，就是超越需求结构的变动进行投资分布，向主导产业、高科技产业或生产率高的产业倾斜。

①赫希曼基准。投资分配向主导产业倾斜是美国经济学家艾伯特·赫希曼提出的,被称作赫希曼基准。它的实质是根据各产业之间的关联效应或产业关联度的大小来选择重点需要扶持的产业。产业关联度是产业之间相互联系和彼此依赖的程度。在产业结构中,产业之间的联系有两种,即需要从其他产业购买以作为自己的投入要素、需要向其他产业销售以作为其他产业的中间投入要素。前者为后向联系,说明某些部门对其他部门的"带动"作用,后者为前向联系,表示某部门对其他部门的"推动"作用。

赫希曼向人们展示了产业关联差异的四种情况:第一种情况是前向联系和后向联系程度都很高的产业,如钢铁、石油制品、化学品等;第二种情况是前向关联度高,后向关联度低的产业,如能源、农业、石油和天然气等;第三种情况是前向关联度低后向关联度高的产业,如食品、服装以及日用品等;第四种情况是前向和后向关联度都很低的产业,如运输、商业和服务业等。①

赫希曼基准的首要目标是选择一个"投资标准",就是选择一个具有主导地位的投资部门结构。针对发展中国家的情况,投资分配的先后次序应该是:前后向关联度都比较高的产业;后向关联度高的产业;前向关联度高的产业;前、后向关联度都比较低产业。

②筱原基准法。按生产率上升率高的基准来分配投资,是日本经济学家筱原三代平在20世纪50年代提出的,这种方法被称作筱原基准法。某产品的生产率上升率反映着该种产品生产率上升的快慢程度。以 R 表示某一部门的生产率上升率,以 P_0 表示该部门基期的生产率,以 P_i 表示报告期的生产率,生产率上升率计算公式为:

$$R = (P_i - P_0)/P_0 \qquad (3-4)$$

$R > 0$ 表明生产率上升。

生产率上升率基准的前提是各个产业部门生产率提高的差别。造成这种差别的原因有资源状况、劳动力的技术构成等因素,但根本的原因在于技术进步的速度不同。一般说来,生产率上升快,即技术进步快的产业,成本下降也快,能创造的产品就多。优先向这些部门投资,就可以推动资

---

① 罗乐勤、陈泽聪:《投资经济学》(第3版),科学出版社2011年版,第59—62页。

源从生产率低的部门向生产率高的部门转移,以提高国民经济的资源使用效益,促进经济增长。筱原基准法提出后,很快为日本政府采纳。日本产业结构审议会在1963年制定产业结构政策时,以及在1965年制订"中期经济计划"中,具体规定了近期促其发展的战略产业(家用电器、光学仪器和合成纤维等)和中远期促其发展的战略产业(小轿车、石油化工、大型工业设备等)。

值得注意的是,部门和产业的平衡是经济发展的内在要求。非均衡投资标准的应用,需要时时考虑均衡和非均衡的协调。非均衡投资分配标准一般不是长期的投资分配标准。

3. 政治和军事等非经济标准

一个国家一定时期的政治和军事活动,对资源的配置具有不可忽视的影响。因此,当国内国际环境不安定时,投资分配必然偏重于军事工业及其相关的重工业,而在和平的国际国内环境下,投资分配就必然向经济建设倾斜,使经济发展速度加快。

二 投资结构优化的标准

投资结构优化是指投资结构与经济社会发展的客观要求达到高度契合的动态过程。投资结构优化的静态标准是在一定投资规模基础上能达到最大产出或利润的投资结构;动态标准是能够使国民经济在较长时期取得最快增长的结构比例。判断投资结构优化的主要标准有以下几个方面。

(一) 合理的投资结构必须与需求结构相适应,保证国民经济协调发展

国民经济各部门要保证与社会需求相适应的比例关系。如果投资结构与需求结构不相适应,必然导致一些产业部门的产品供不应求,同时另一些产业部门的产品供过于求。优化的投资结构能够把投资需求控制在合理的范围,形成适度的投资规模,进而有利于控制社会总需求,使社会总需求与社会总供给保持平衡,保证国民经济各产业、各部门之间协调发展。

(二) 合理的投资结构必须与资源结构相适应,有利于促进社会生产力的发展

投资结构的形成是对包括人力资源和资本资源的综合运用,合理的投资结构要求合理分配和运用各种投资要素。投资结构与资源结构相适应,

可以充分发挥各种资源的优势，可以以最少的劳动耗费获得最大的投资效益，有利于发展社会生产力。

（三）合理的投资结构有利于投资要素的合理组合和运用，实现投资效益最大化

投资要素是指从事投资活动所必需的物质条件和生产要素，包括现金、机器设备、房屋和各种无形资产。合理的投资结构要注意做到合理运用各种投资要素，力争以最少的劳动耗费取得最大的投资效益。同时，合理的投资结构不仅要获得投资项目本身的最大效益，还要做到促进产业、部门经济结构的合理化，实现国民经济各产业和部门之间的均衡发展。

三 投资结构优化的原则

（一）关键产业重点投资的原则

在国民经济产业以及产业内部行业与行业之间存在着密切的相关性，表现为某一产业或行业的发展制约着另一产业或行业的发展。在国民经济发展的一定时期，客观上存在着某种制约和带动整个经济发展的产业部门，进而成为该时期内经济建设的重点。因此，为促进国民经济按比例协调发展，要加强在国民经济发展过程中具有关键、重要意义的部门、领域或地区的投资力度。关键产业主要包括以下两类。

1. 瓶颈产业部门

瓶颈产业是指在产业结构体系中未得到应有发展而已严重制约其他产业和国民经济发展的产业。瓶颈产业的存在，会使产业结构体系的综合产出能力受到较大的限制。因为伴随着瓶颈必然有其他产业部门生产能力的闲置和浪费。瓶颈产业并不一定是主导产业，但却是国民经济结构中发展跟不上的产业，因而也是关键的产业。因此，优化产业结构，提高产业的综合产出能力，就应该克服产业的瓶颈限制，优先发展瓶颈产业。

2. 新兴产业部门

新兴产业部门主要包括生物医药和高科技，是属于技术和资金相对密集型的产业。新兴产业由于利用了高科技，能够迅速提高劳动生产率，并且可以带动其他产业的发展，具有产业关联效应，成为国民经济发展的先导。

贯彻关键产业重点投资的原则，要集中力量有重点地加强对制约国民

经济发展的瓶颈产业和新兴产业的投资力度,优化投资结构,确保国民经济按比例协调发展。

(二) 基础部门超前发展的原则

基础部门是指农业部门、城市基础设施建设和教育科技部门,这些部门是国民经济发展的基础。贯彻基础部门超前发展的原则,要求我们保证投资在这些部门的一定比例。

1. 农业

农业是一国国民经济发展的基础,农业的丰歉直接影响国民经济其他部门的发展。由于农业的基础地位,要求在安排投资时必须予以充分的考虑。中国改革开放后,随着农村家庭联产承包责任制的全面推开,第一产业投资焕发新生机。1982—2018 年,第一产业投资年均增长 18.1%。第一产业投资的较快增长,极大提高了中国农业生产力水平。2018 年,全国农业机械总动力达 10 亿千瓦,比 1949 年增长 1.2 万倍;耕地灌溉面积达 6810 万公顷,比 1949 年增长 3.3 倍。

2. 基础设施

基础设施是指为社会生产和居民生活提供公共服务的物质工程设施,是用于保证国家或地区社会经济活动正常进行的公共服务系统。它是社会赖以生存发展的一般物质条件。基础设施包括交通、邮电、供水供电、商业服务、科研与技术服务、园林绿化、环境保护、文化教育、卫生事业等市政公用工程设施和公共生活服务设施等。在现代社会中,经济越发展,对基础设施的要求越高;完善的基础设施对加速社会经济活动,促进其空间分布形态演变起着巨大的推动作用。建立完善的基础设施往往需较长时间和巨额投资。

3. 教育和科技

教育和科技是保证一国经济持续发展的重要因素。在当今社会经济生活中,科学技术发挥着越来越重要的作用,教育的发展水平和普及程度也是决定劳动者素质的重要因素,因此在安排投资时必须予以充分考虑。《中华人民共和国国民经济和社会发展第十三个五年规划纲要》(以下简称《"十三五"发展规划》)指出,要发挥科技创新在全面创新中的引领作用,坚持战略和前沿导向,集中支持事关发展全局的基础研究和共性关键技术研究,加快实施已有国家重大科技专项,部署启动一批新的重大科技项目。要坚持教育优先发展，加快完善现代教育体系，全面提高教育质量，促进教育公平，培养德智体美全面发展的社会主义建设者和接班人。要把人才作为支撑发展的第一资源，加快推进人才发展体制和政策创新，构建有国际竞争力的人才制度优势，提高人才质量，优化人才结构，加快建设人才强国。

（三）推进技术进步的原则

依靠科技进步提高劳动生产率，并由此推动社会经济的发展是当今社会发展的必然趋势，而增加投资无疑是推动技术进步的重要因素。国家《"十三五"发展规划》指出，要发挥科技创新在全面创新中的引领作用，着力增强自主创新能力，为经济社会发展提供持久动力。要加快突破新一代信息通信、新能源、新材料、航空航天、生物医药、智能制造等领域核心技术。加强深海、深地、深空、深蓝等领域的战略高技术部署。围绕现代农业、城镇化、环境治理、健康养老、公共服务等领域的瓶颈制约，制定系统性技术解决方案。强化宇宙演化、物质结构、生命起源、脑与认知等基础前沿科学研究。积极提出并牵头组织国际大科学计划和大科学工程，建设若干国际创新合作平台。要瞄准国际科技前沿，以国家目标和战略需求为导向，布局一批高水平国家实验室。加快能源、生命、地球系统与环境、材料、粒子物理和核物理、空间和天文、工程技术等科学领域和部分多学科交叉领域国家重大科技基础设施建设，依托现有先进设施组建综合性国家科学中心。

（四）存量调整与增量调节配套进行的原则

"存量"是指原有的固定资产，"增量"是指计划年度新增的固定资产投资。调整产业结构可以采取两种方法：一是存量调整，即通过资产重组，实现将一定时点上原有的资产存量在不同产业部门之间的转移；二是增量调节，即将一定时期内的新增投资在不同产业部门之间进行合理的分配。通过存量调整既可以加强短线产业，又可压缩长线产业，而实行增量调节只能加强短线产业，不能压缩长线产业；同时，增量调节还会受到一定时期国家财力状况的制约。因此，要实现合理的投资结构，应贯彻存量调整与增量调节配套进行的原则。当前鼓励企业通过并购的方式调整资本存量，实现产业结构的合理化；同时，通过增量调节的方式实现产业升级，使两种调节方式发挥应有的作用，取得最大的效益。

四 投资结构的演变机制

进行投资结构选择，不仅要确立投资结构合理化的标准，而且需要了解投资结构的演变机制，只有这样，才能在进行投资结构选择时既有明确的目标，又能抓住问题的关键。

投资结构合理化并不是一个静态的概念，而是一个动态的演变过程，它永远处于由不合理向合理的调整转变之中。实现投资结构演变的动力，从根本上讲，在于社会经济结构和需求结构的变动。国民经济的发展、科学技术的进步以及社会制度的变迁，会使社会经济结构和需求结构，尤其是使其中的居民消费需求结构发生变动。而这种变动必然要求投资结构发生相应的变动，以适应社会经济结构和需求结构的变化。

从经济政策的角度看，各种经济政策对投资结构的演变都有着直接或间接的影响。如产业政策通过税收、信贷、行业准入等方面的支持和限制直接影响着投资结构，国家的财政政策、金融政策、外贸政策等也会间接影响投资结构。

在社会主义市场经济体制下，投资结构的演变主要是通过市场机制来实现的，这主要表现在两个方面：一方面，国家的宏观投资结构调控政策要通过市场来实现；另一方面，企业的投资行为根据市场需求的变动而变动。

第四章

固定资产投资对经济增长的影响效应

固定资产投资对经济增长发挥着双重效应,即投资的需求效应和投资的供给效应。投资增长的波动是经济增长波动的主要原因。本章在阐述固定资产投资与经济增长关系的基础上,以甘肃省为例,首先,采用协整检验、格兰杰因果关系检验、脉冲响应与方差分解方法,分析了固定资产投资对经济增长的总效应;其次,采用面板数据模型,分析了各地区固定资产投资对经济增长的差异效应;最后,采用分布滞后模型,分析了固定资产投资对经济增长的长期效应。

第一节 固定资产投资与经济增长关系分析

一 固定资产投资对经济增长的作用

在宏观经济中,固定资产投资对经济增长发挥着双重效应:投资的需求效应和投资的供给效应。投资的需求效应是指在投资过程或投资项目的建设过程中,不断运用货币资金,购买生产资料如钢材、水泥、电力、支付工资等,从而引起对投资品和消费品的大量需求,导致国民经济对生产资料和消费资料的需求扩张,引起国民经济中需求总量的增加,推动相应行业扩大生产规模,并引起一系列的连锁反应,从而促进经济增长,影响经济周期波动。投资的供给效应是指在投资项目建成后投入使用,会扩大社会的生产能力,通过生产劳动,再生产出新的产品提供给社会,从而引起国民经济供给总量的增加。

二 经济增长对固定资产投资的作用

经济增长是投资的基础。追溯人类经济发展史，投资活动是随着人类经济活动的发展而产生发展起来的。在人类历史上，最初只有维持人们生存的简单再生产，社会产品没有剩余，所以不可能发生投资活动。后来随着生产力的提高，开始出现剩余产品，才逐渐为投资提供了物质基础，使投资成为可能。

从理论上说，投资是对社会产品与价值的一种分配和运用，而经济增长是生产的发展。从价值分配角度来看，用于投资的资金主要来源于本国当年创造的价值，因此决定投资的一个十分重要的因素是一国的产出水平GDP。GDP的规模、水平和增长速度代表一国经济增长的水平和速度。GDP的总量大，可用于投资的产品就多。经济增长速度快，意味着GDP以较快的速度扩大。

所以经济增长的水平和速度决定着GDP的规模，进而决定投资总量。经济增长是投资赖以扩大的基础。

三 固定资产投资增长与经济增长的相对运动规律

经济增长与投资增长之间尽管存在着密切的依存关系，但从相对动态考察，二者并不总是保持一致。由于经济增长与投资增长受不同因素制约，每一个因素发生作用的条件又各不相同，它们的相对动态则表现出比较复杂的情况。从社会经济发展历史来看，经济增长与投资增长的对比关系大体上可以划分为两个过程。在生产方式的初创时期和经济起飞的准备时期，投资增长快于经济增长；当一个国家经过一个较长时期的投资增长快于经济增长的过程后，随着技术条件的变化，会出现一个或长或短的经济与投资同步增长的过程，随后便逐渐发展为投资慢于经济增长过程。

首先，投资增长快于经济增长的主要原因有以下两点。①奠定物质基础需要大量投资。一种新的生产关系建立起来后，经济上一般面临着建立和巩固新的经济秩序、调整原有产业结构和经济布局等任务，而原有的物质技术基础往往比较薄弱，这就需要增加投资。与此同时，社会存在大量的投资机会，大量有待建设的基础设施如公路、铁路、桥梁、堤坝等需要投资，可以吸纳大量的资金，客观上表现出投资增长快于经济增长的必然性。1952年，中国国营企业拥有的固定资产仅有240亿元，相对于中国当时的4亿多人口是很少的。而这些固定资产大部分分布在沿海的几个大城市，广大内地城市和农村地区拥有量很少甚至空白。为了迅速增强国家经济实力，调整经济布局和产业结构，填补空白，需要通过基本建设投资来实现。"一五"时期主要调整结构，奠定基础；"二五"时期建立独立的工业体系，工业化建设逐步展开等。所有这些建设都需要大量资金，在这一时期，中国的投资增长明显快于经济增长。②资本的有机构成随着科学技术的发展日益提高，这是一个发展趋势，而这又需要以加大投资作为条件。科技的发展，带动了生产方式的变化，工业发展初期的手工制造业不断被机器制造业所替代，使生产过程中的物质技术构成不断提高。进行生产所需要的机器设备等初始投资逐渐提高，装备劳动力所需的资本越来越高。这些也是决定投资增长快于经济增长的主要因素。

其次，投资增长慢于经济增长的过程。这主要是在经济起飞和经济振兴时期。当一个国家经过一个较长时期的投资增长快于经济增长的过程后，随着技术条件的变化，会出现一个或长或短的经济与投资同步增长的过程，随后便逐渐发展为投资慢于经济增长。引起这种转变的主要原因是，这一时期经济发展在很大程度上不再单纯依赖于固定资产投资。一方面，由于这个时期基础设施建设已经比较完备，公路、铁路、桥梁、堤坝等已经建设完成，社会基础设施建设已经不能吸纳过多的固定资产投资，经济增长依靠投资来拉动的客观条件已经发生了变化。因此，投资增长会慢于经济增长。另一方面，因为在对物质资本需求下降的同时，资本积累的重心会发生转移，例如，人力资本投资需求增加，对经济增长贡献的因素排序也会发生变化。社会经济进入比较发达的阶段后，除了投资以外的其他可以促进经济增长的因素已经大大改善。社会各方协调合作，如社会文明程度提高，劳动者文化和掌握的生产技能提高，社会法律制度趋于完善等社会环境因素的改善，都可能使同量的投资带动更多的生产，促进经济增长。

四 投资周期波动分析

(一) 投资周期波动的含义

投资周期波动是经济运行中的一种客观现象。通常表现为投资增长率

第四章 固定资产投资对经济增长的影响效应

以若干年为周期的起伏相间的周而复始的变动,即投资增长率从高到低,再从低到高的循环往复的变动。投资的迅速增长与低速运行交替进行,就是投资周期波动或循环变动的表现。相对于经济总量增长周期波动而言,投资周期波动往往在程度上更加剧烈,在时间上具有一定的超前性,即投资增长的波动领先于经济增长的波动,投资增长的波动是经济增长波动的主要原因。美国经济学家保罗·萨缪尔森把投资乘数原理和加速原理结合起来,用建立的乘数加速系数模型来说明经济周期波动的必然性。当投资增加时,投资乘数会使产出成倍增大,投资减少时,投资乘数会使产出成倍减小。产出的变动又会通过加速系数的作用影响投资,投资乘数与加速系数的交互作用是造成经济周期波动的原因。

(二)投资周期波动的测定

1. 投资周期的统计描述

一个完整的经济周期是由"谷底、峰值、谷底"三个要点、上升期和下降期两大阶段构成的。经济周期的统计描述涉及下列一些基本概念。①周期时间。指某一周期开始的具体时间到结束的具体时间。②周期长度。指某一周期从起点到终点所跨越的时间长度。③谷底值。指某一周期最低点的指标数值,一个经济周期有两个谷底,即起点的谷底和终点的谷底。④峰值。指某一周期达到顶点的指标数值。⑤扩张长度。指从周期起点谷底时刻到峰值时刻的时间长度,即上升期时间长度。⑥收缩长度。指从周期峰值时刻到终点谷底时刻的时间长度,即下降期的时间长度。⑦衰退转折点。指经济周期峰值所处的时刻。⑧扩张转折点。指经济周期谷底所处的时刻。⑨扩张差。指本次经济周期峰值与前次经济周期谷底(亦即本次经济周期起点的谷底)值的离差,又称扩张振幅。⑩收缩差。指本次经济周期峰值与下次经济周期谷底(亦即本次经济周期终点的谷底)值的离差,又称收缩振幅。[1]

2. 投资周期测度方法的选择

经济周期测度的方法主要有古典循环测度法、增长循环测度法、残差循环测度法三种,此外,还有经济周期图示辅助法。增长循环测度法和残

---

[1] 赵彦云主编:《宏观经济统计分析》(第二版),中国人民大学出版社2014年版,第212—213页。

差循环测度法可用于隐性周期波动的测度,其中增长循环测度法是最常用的方法。

由于投资周期波动一般表现为投资增长率的波动(隐性周期波动),因此,可计算投资的环比增长率和绘制周期波动曲线来测定隐性周期波动,当环比增长率具有明显的周期波动时,可把最小增长率(谷底)到最大增长率(峰值)时期称为上升期,把最大增长率到另一个最小增长率(谷底)的时期称为下降期。则可观察到周期波动的过程、形态和周期长度。若要考察周期波动的振幅,则可用最大增长率(峰值)减去最小增长率(谷值)求得。亦可用环比增长率求得周期比率,如果这个比率中包含随机波动,可取 3 项数据移动平均,以消除随机波动的影响,求得不含随机波动的周期比率。

五 固定资产投资与经济增长关系分析

现以甘肃为例,采用描述统计法分析固定资产投资与经济增长之间的关系。

(一) 固定资产投资与经济增长的趋势分析

改革开放以来,甘肃省经济快速增长。1978—2018 年甘肃省固定资产投资和地区生产总值变化趋势大体一致,两者都呈现指数增长趋势,其指数增长方程分别为:$y = 7.0639e^{0.1793x}$ 和 $y = 47.276e^{0.133x}$。投资和经济增长呈现高度正相关,相关系数 $R = 0.95$(见图 4-1 至图 4-3)。

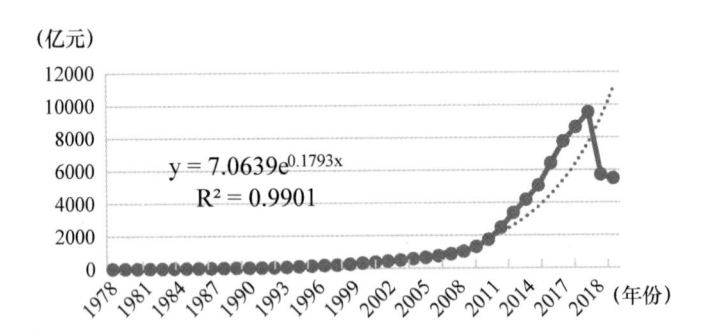

图 4-1 1978—2018 年甘肃省固定资产投资变动趋势

资料来源:2018—2019 年《甘肃发展年鉴》。

第四章 固定资产投资对经济增长的影响效应

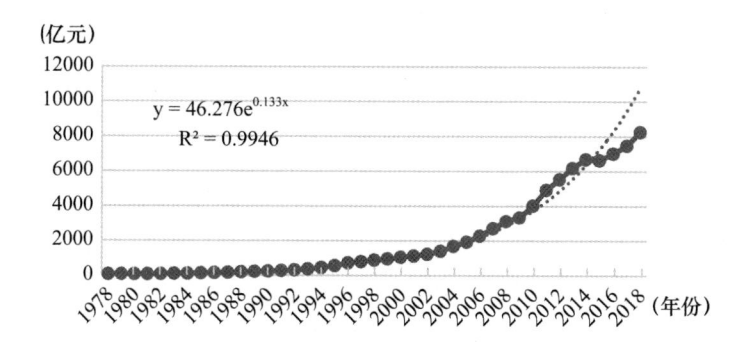

图4-2　1978—2018年甘肃省地区生产总值变动趋势

资料来源：2019年《甘肃发展年鉴》。

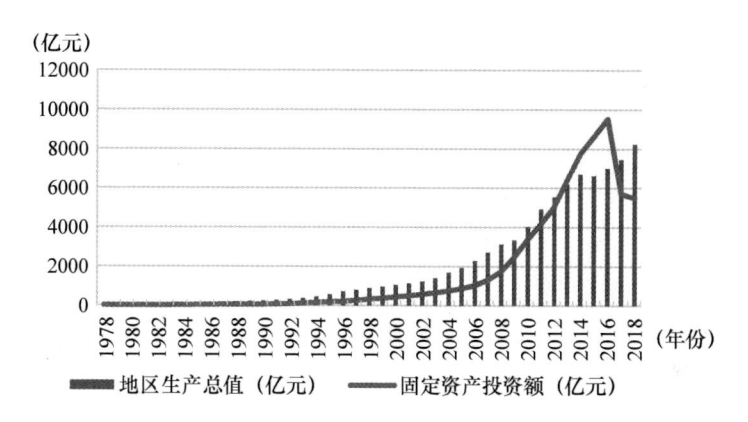

图4-3　1978—2018年甘肃省地区生产总值与固定资产投资额

资料来源：2018—2019年《甘肃发展年鉴》。

（二）固定资产投资对经济增长的影响分析

从改革开放40多年的发展历程看，投资是甘肃经济快速增长的主要动力。反映固定资产投资的增长对GDP增长的贡献和拉动作用的指标主要有固定资产投资贡献率、投资拉动率。投资贡献率是一定时期投资增长量与同期的GDP增量之比，反映GDP增量中投资增量所起的贡献作用。投资贡献率有以下两种计算口径：名义投资贡献率=投资名义增量/GDP名义增量，实际投资贡献率=投资实际增量/GDP实际增量。投资贡献率越大，投资对GDP增长的贡献就越大。可依据资本形成总额增量与支出法GDP增量计算总投资贡献率，亦可依据固定资产投资增量与GDP增量计算固定资产投资贡献率。投资拉动率是投资贡献率与GDP增长率的乘积,反映投资的增长对GDP增长的拉动作用,投资拉动率越大,对GDP的拉动越大。投资拉动率亦有名义和实际投资拉动率两种口径。名义投资拉动率 = GDP名义增长率 × 名义投资贡献率 = 名义投资增量/基期名义GDP,实际投资拉动率 = GDP实际增长率 × 实际投资贡献率 = 实际投资增量/基期实际GDP。投资贡献率和投资拉动率均可逐期计算,亦可按较长时期计算,应根据研究目的而定。需要说明的是,由于固定资产投资形成产品的生产能力需要一定的时间,因此,根据同期的固定资产投资增量和GDP增量计算的投资对GDP增长的贡献率和拉动率,只能说明当期的固定资产投资增长对GDP增长的贡献作用和拉动作用,而不能正确反映和说明固定资产投资增长对GDP增长的动态拉动作用。

从固定资本形成总额贡献率来看,2001—2017年18年间有15年甘肃省固定资本形成总额贡献率高于全国平均水平,且波动幅度显著大于全国平均水平,其中2016、2017年甘肃省固定资本形成总额贡献率为负值是因为这两年固定资本形成总额为负增长。从固定资产投资拉动率来看,2001—2017年18年间有16年甘肃省固定资本形成总额拉动率高于全国平均水平,且波动幅度显著大于全国平均水平,其中2017年拉动率为负值是因为该年甘肃省固定资本形成总额贡献率为负值(见表4-1)。可见固定资产投资是支撑甘肃省经济增长的直接而重要的关键因素。

表4-1　　2001—2017年全国与甘肃省投资贡献率与拉动率　　　　单位:%

时间	固定资本形成总额贡献率			固定资本形成总额拉动率		
	甘肃	全国	甘肃-全国	甘肃	全国	甘肃-全国
2001	123.09	41.73	81.36	8.47	4.43	4.04
2002	67.15	51.05	16.10	6.36	5.06	1.30
2003	49.39	62.59	-13.20	6.73	8.16	-1.43
2004	47.95	47.09	0.86	9.89	8.31	1.58
2005	48.27	37.55	10.72	7.02	6.12	0.90
2006	44.63	34.84	9.79	7.92	5.93	1.99
2007	45.51	34.12	11.39	8.53	7.91	0.62
2008	58.66	47.00	11.66	10.04	8.26	1.78
2009	133.58	94.62	38.96	9.31	8.80	0.51

续表

时间	固定资本形成总额贡献率			固定资本形成总额拉动率		
	甘肃	全国	甘肃-全国	甘肃	全国	甘肃-全国
2010	53.13	46.59	6.54	11.50	8.15	3.35
2011	56.45	43.62	12.83	12.32	8.07	4.25
2012	70.32	44.24	26.08	8.82	5.02	3.80
2013	84.24	44.78	39.46	9.21	4.76	4.45
2014	82.20	36.38	45.82	7.46	3.06	4.40
2015	-635.57	16.97	-652.54	4.32	1.20	3.12
2016	117.49	37.44	80.05	7.09	2.92	4.17
2017	-515.15	45.97	-561.12	-18.57	5.11	-23.68

资料来源：国家统计局网站，http://data.stats.gov.cn/easyquery.htm?cn=E0103&zb=A0201&reg=620000&sj=2019。

（三）固定资产投资与经济增长的周期波动分析

固定资产投资与经济增长之间存在相互依存、相互制约的关系。一方面，固定资产投资对经济增长具有长期的动态推动效应，并领先于经济增长的变化。另一方面，经济增长对固定资产投资需求具有动态决定效应。企业为了维持或扩大再生产必须进行固定资产投资，固定资产投资可以维护补偿和增加新的生产能力，进而促进经济增长。固定资产投资的规模、结构、效益直接影响经济增长的速度与质量。由于从固定资产投资到形成最终生产能力需要一个时间过程，因此，固定资产投资增长必然领先于经济增长。同时，经济规模的持续扩大能为固定资产投资的持续扩张提供条件。因为经济的增长可带来储蓄的增长，而储蓄转化为投资又是一个动态的过程，所以固定资产投资的形成和增长是经济持续增长的结果。

从固定资产投资的周期波动和经济增长的周期波动来看，由于投资具有加速和乘数作用，投资的增加不仅直接导致生产总值的增加，还会刺激更多的投资和消费，而经济的扩张最终会受到供求的约束，从而依照最初扩张时的传导链条，导致需求萎缩，进而导致经济增长的波动。因此，固定资产投资和经济增长会呈现周期性波动，且固定资产投资增长的波动领先于经济增长的波动，其程度上更加剧烈。

固定资产投资的周期波动是造成国民经济周期波动最直接的内在原因

之一。从周期波动看，中国的固定资产投资波动与经济波动有显著的相关性。投资波动决定着经济波动，并大于经济波动幅度。由于中国还处于工业化过程之中，投资对中国经济有着重要的影响。长期以来，投资是中国经济波动的主要震源。一方面，投资体现企业对市场前景和未来利润水平的预期，如果未来宏观经济发展有较好的前景，企业便会主动加大投资；另一方面，由于投资具有加速和乘数作用，投资增加除了会直接导致GDP的增加外，通过加速和乘数作用会刺激更多的投资和消费。由于经济扩张最终会受到供求约束，从而依照扩张时的传导链条，相应导致直接需求和间接需求的萎缩，国民经济增长也就出现了波动。图4-4是1982—2018年甘肃省固定资产投资增长率和地区生产总值增长率周期波动曲线，从图4-4可以看出固定资产投资增长率的波动和地区生产总值增长率的波动趋势基本吻合，而且固定资产投资增长率的波动幅度要远远大于地区生产总值增长率的波动。

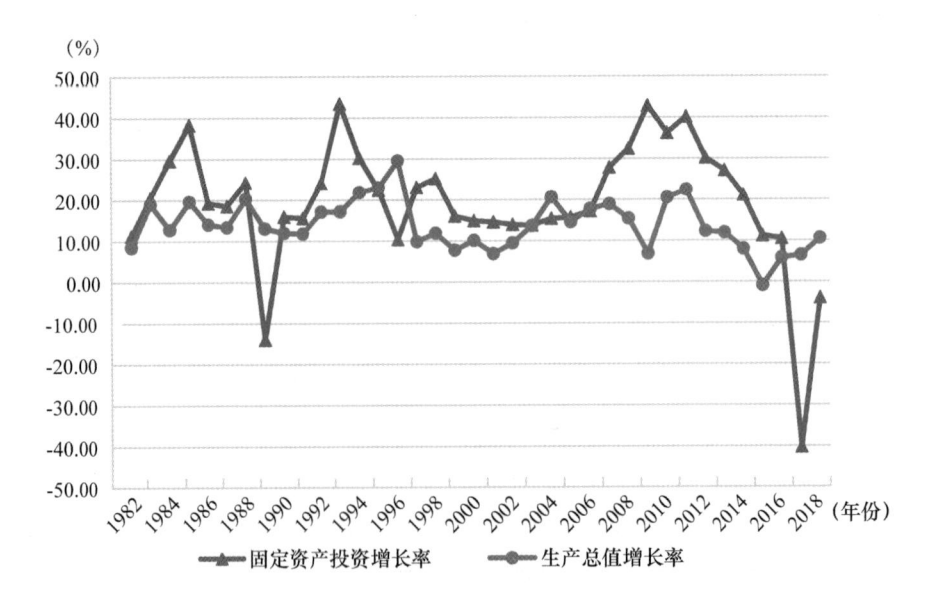

图4-4 1982—2018年甘肃省固定资产投资增长率和地区生产总值增长率周期波动曲线

数据来源：根据2018—2019年《甘肃发展年鉴》计算。

从图4-4可看出以下几点。①甘肃省固定资产投资增长率的波动与生产总值增长率的波动虽然不完全一致,但呈现的周期性波动趋势基本一致。若忽略随机波动的影响,1982—2017 年甘肃省固定资产投资的波动大致都可划分为 4 个周期。第一个为 1982—1989 年,第二个为 1989—1996 年,第三个为 1996—2003 年,第四个为 2003—2017 年,其中第四个周期的波动幅度最大。与此对应,甘肃省经济增长也呈现出大致相似的周期波动。②投资对经济增长供给效应的形成通常有一个滞后期,经济增长率曲线的波峰波谷出现的时间滞后于固定资产投资波峰波谷出现的时间。即投资增长率的变动领先于生产总值增长率的变动,经济增长略有滞后。例如,甘肃省固定资产投资波动第二个周期:波峰为 1993 年的 43.41%,波谷为 1996 年的 10.36%;甘肃省经济波动第二个周期:波峰为 1996 年的 29.54%,波谷为 2001 年的 6.88%,其固定资产投资波峰比经济增长波峰提前 3 年,波谷提前 5 年。③甘肃省固定资产投资增长率周期波动幅度更大,即固定资产投资的波动更为剧烈,经济增长的波动则较为平缓。如甘肃省固定资产投资波动第二个周期:波峰与波谷差值为 33.05 个百分点,而经济增长的波峰与波谷差值为 22.66 个百分点,即固定资产投资增长的振幅比经济增长率的高 10.39 个百分点。

甘肃省固定资产投资周期波动对经济增长具有重要的冲击和影响,投资增长对经济增长具有动态推动效应,投资增长是经济增长的主要推动力,同时,投资增长的波动是经济增长波动的主要原因,并且投资增长波动领先于经济增长波动。

第二节　固定资产投资对经济增长的影响效应分析

本节以甘肃省为例,采用协整检验、格兰杰因果关系检验和脉冲响应与方差分解法,分析固定资产投资对经济增长的影响效应。

1776 年,亚当·斯密在其所著的《国民财富的性质和原因的研究》中首次对投资和经济增长进行了研究。以他和大卫·李嘉图为代表的古典经济学派从不同角度揭示了资本积累为经济增长提供了重要推力。20 世纪 30 年代,"看得见的手"的国家干预经济主张应运而生。1936 年凯恩斯在其著作《就业、利息和货币通论》中阐释了投资乘数理论和有效需求理论。商品的总需求函数和总供给函数相等时的需求总量即是社会的总需求,而拉动经济增长的原始动力正是总需求,总需求表现为消费、投资和出口之和。作为三大动力之一的投资对经济增长有着重要的支撑作用。美国经济学家索洛在柯布-道格拉斯生产函数中引入了外生技术进步因素:$Y_t = Af(K_t, L_t)$,其中,Y_t为国民经济的产出量,A为TFP的技术进步因子,K、L为资本和劳动要素投资量。其含义是:经济增长取决于技术、资本和劳动力;由于劳动力需要长期的投入和培养,科学技术的进步在短期内充满随机性,可被视为不变因素,因此在影响经济增长的因素中可以任意改变的是资本;资本的形成主要来源于投资,本期的投资形成下一周期经济增长的资本。基于这个认识,可将投资视为经济增长的原动力。

一 模型构建

经济学研究中,实证分析投资对经济总量增长的影响,可以采用"新古典学派"的总量生产函数 $Y_t = Af(L_t, K_t)\mu_t$ 来表示,其中 Y 表示实际产出,A 表示技术变化参数,L 表示劳动人数,K 表示资本。基于该生产函数模型,假设甘肃省生产总值的增长是劳动力投入的增长、固定资产投资的增长和技术进步共同作用的结果,则相应的柯布-道格拉斯生产函数可以表示为:

$$Y_t = AL_t^\alpha K_t^\beta \mu_t \qquad (4-1)$$

其中,Y_t表示第 t 年甘肃省地区生产总值,A 表示技术进步水平,L_t 表示第 t 年劳动投入(采用就业人数来度量),K_t 表示第 t 年固定资产投入,α、β 分别表示劳动投入和固定资产投资的产出弹性系数。μ_t 为随机误差项。

对式(4-1)等号两边取对数,其线性形式为:

$$\ln Y_t = \ln A + \alpha \ln L_t + \beta \ln K_t + \mu_t \qquad (4-2)$$

二 变量选取与数据说明

(一)被解释变量与解释变量

为了分析固定资产投资对经济增长的影响效应,本书选取的被解释变量为地区生产总值,解释变量为固定资产投资、就业人员。

（1）被解释变量。国内生产总值（GDP）是指按国家市场价格计算的一个国家（或地区）所有常驻单位在一定时期内生产活动的最终成果，常被公认为是衡量国家经济状况的最佳指标。国内生产总值（GDP）是国民经济核算体系中一个重要的综合性统计指标，它反映了一国（或地区）的经济实力和市场规模。本书选取的被解释变量为生产总值。

（2）解释变量。凯恩斯在其著作《就业、利息和货币通论》中阐释了投资乘数理论和有效需求理论。投资乘数效应理论认为，在一定的边际消费倾向条件下，投资的增加可导致国民收入和就业量若干倍地增加。商品的总需求函数和总供给函数相等时的需求总量即是社会的总需求，而拉动经济增长的原始动力正是总需求，总需求表现为消费、投资和出口之和。作为三大动力之一的投资对经济增长有着重要的支撑作用。柯布－道格拉斯生产函数可以表示为：$Y_t = AL_t^\alpha K_t^\beta \mu_t$。其含义是：经济增长取决于技术、资本和劳动力；由于科学技术的进步在短期内充满随机性，可被视为不变因素，因此本书选取的解释变量为固定资产投资和就业人员数。

（二）数据说明

数据样本区间取为1990—2018年。数据来源于1991—2019年《甘肃发展年鉴》。

三 实证分析

（一）时间序列的平稳性经验分析

由于传统的时间序列模型只能描述平稳时间序列的变化规律，而大多数经济时间序列是非平稳的，因此，由20世纪50年代初Granger提出的协整概念，引发了非平稳时间序列建模从理论到实践的飞速发展。在实际应用中大多数时间序列是非平稳序列，通常采用差分法消除序列中含有的非平稳趋势，使得序列平稳后建立模型。因此，在模型分析前，有必要对时间序列数据进行平稳性检验。检验序列平稳性的标准方法是单位根检验法。单位根检验方法有 ADF 检验、DF 检验、PP 检验、KPSS 检验、ERS 检验、NP 检验等。单位根检验主要用来判定时间序列的平稳性。如果一个时间序列的均值或者协方差函数随着时间的变化而改变，那么这个序列就是不平稳的时间序列。如果该时间序列经过一阶差分后变为平稳序列，则称该序列为一阶单整序列，记作 D（1）；如果是经过 d 次差分后才平稳，则称为 d 阶单整序列，记作 D（d）。

本书利用 EViews 9.0 软件采用时间序列图和 ADF 检验方法对变量进行平稳性检验。从 $\ln Y$、$\ln L$、$\ln K$ 和 D（$\ln Y$）、D（$\ln L$）、D（$\ln K$）时间序列趋势图（图 4-5 至图 4-10）可看出，前 3 个曲线也都不是从原点出发，且含明显的上升趋势，即序列 $\ln Y$、$\ln L$、$\ln K$ 均为含截距和趋势的非平稳时间序列。后 3 个曲线也都不是从原点出发，偏离 0 而随机波动，没有上升或下降趋势，即序列 D（$\ln Y$）、D（$\ln L$）、D（$\ln K$）均为含截距的平稳时间序列。ADF 检验结果见表 4-2。

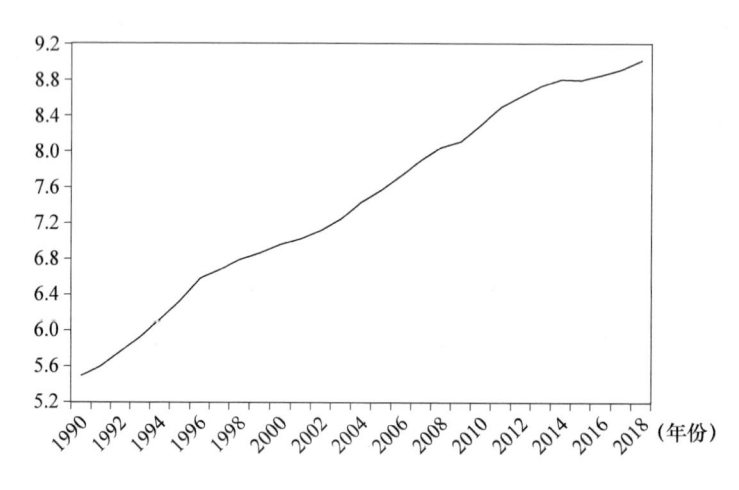

图 4-5 序列 $\ln Y$ 趋势

表 4-2 地区生产总值、就业人数、固定资产投资 三个变量 ADF 检验结果

序列名称	检验形式（C、T、P）	ADF 检验统计量	临界值	P 值	平稳性
$\ln Y$	(C、T、1)	-2.209651	-3.229230*	0.4657	不平稳
$\ln L$	(C、T、1)	-2.336708	-3.225334*	0.4021	不平稳
$\ln K$	(C、T、1)	-2.317403	-3.233456*	0.4107	不平稳
D（$\ln Y$）	(C、N、0)	-2.815888	-2.627420*	0.0693	平稳
D（$\ln L$）	(C、N、0)	-4.486519	-3.699871***	0.0015	平稳
D（$\ln K$）	(C、N、0)	-2.903311	-2.627420*	0.0581	平稳

注：(C、T、P) 表示检验时包括了常数项、趋势项，(C、N、P) 表示检验时包括了常数项，P 表示滞后阶数，*、**、*** 分别表示在 1%、5%、10% 显著性水平上 MacKinnon 的临界值。

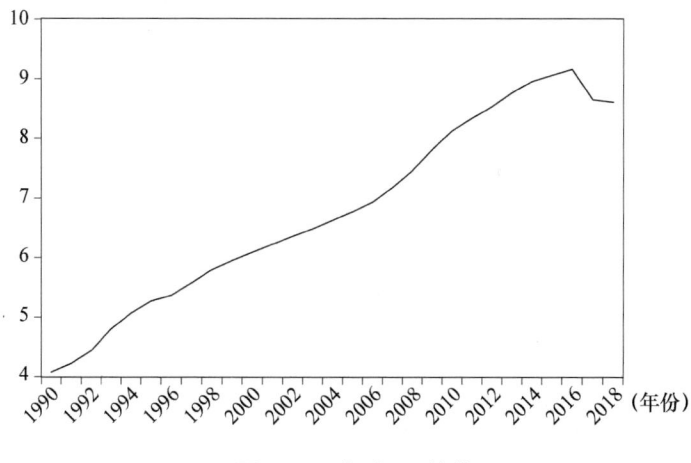

图 4-6 序列 lnK 趋势

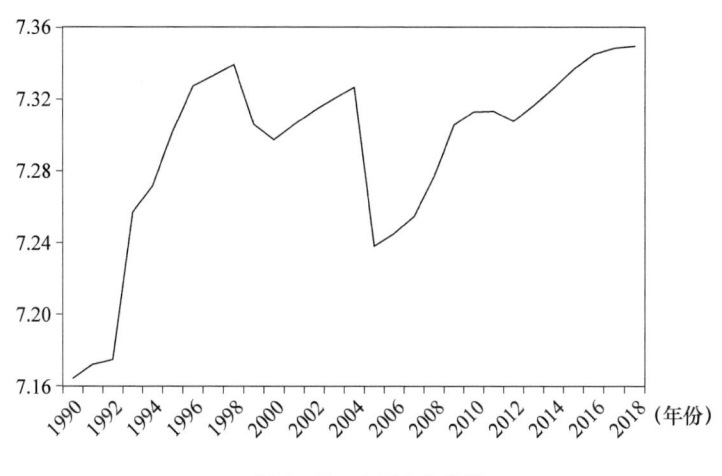

图 4-7 序列 lnL 趋势

单位根检验结果显示，lnY、lnL、lnK 的 ADF 检验统计量均大于 10% 显著性水平的临界值，因此不能拒绝原假设，表明原序列本身不平稳。分别检验各变量的一阶差分序列，结果显示 D（lnY）、D（lnK）的 ADF 检验统计量均小于 10% 显著性水平的临界值，D（lnL）的 ADF 检验统计量小于 1% 显著性水平的临界值，因此拒绝原假设，表明原序列的一阶差分是平稳的，即原序列 lnY、lnL、lnK 为 D（1）序列。因此，不能用传统的回归方法进行分析，需要进行协整检验，因为没有协整关系的单整变量的

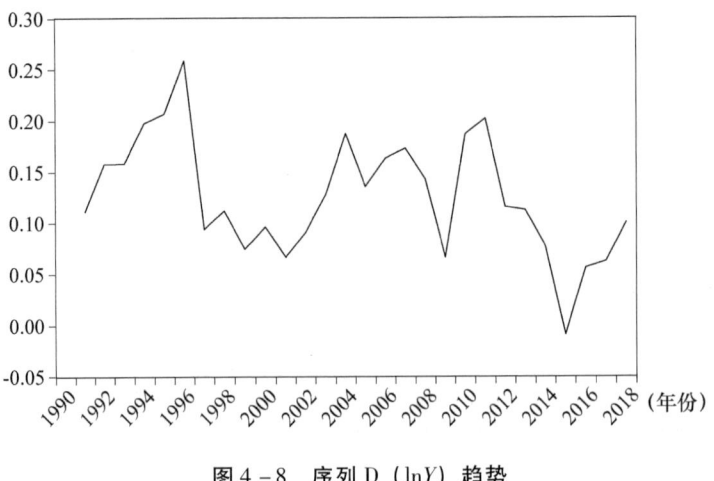

图 4-8　序列 D (ln$Y$) 趋势

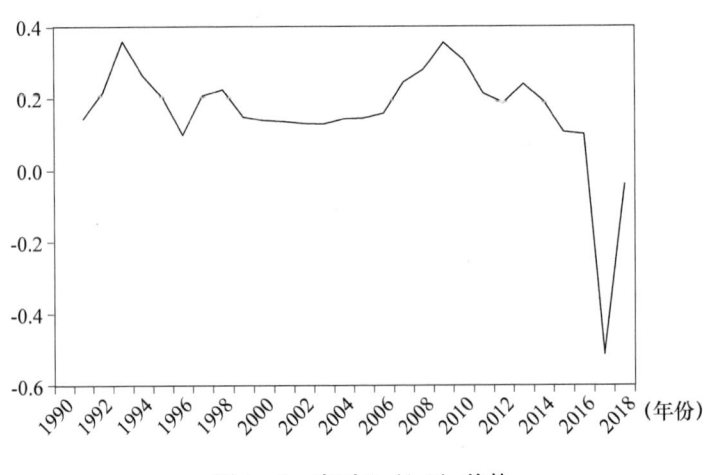

图 4-9　序列 D (ln$K$) 趋势

回归仍然是伪回归。

(二) 协整检验分析

经典回归模型是建立在平稳序列基础上的，而非平稳序列容易导致伪回归。Engle 和 Granger 提出的协整理论和方法，为非平稳序列建模提供了一种途径。虽然一些经济变量的本身是非平稳序列，但它们的线性组合却有可能是平稳序列，这种平稳的线性组合称为协整方程，且可解释为变量

图4-10 序列 D（lnL）趋势

之间的长期稳定的均衡关系。协整检验根据检验对象不同分为基于模型回归系数的协整检验和基于模型回归残差的协整检验。对两个变量之间的协整关系检验采用 EG 两步检验法，对于多个变量之间的协整关系检验采用 Johansen 协整检验方法（亦称 JJ 检验法）。本书采用 Johansen 协整检验法。

本书中各原序列的一阶差分序列均是平稳的，所以可以进行协整关系检验。检验结果见表4-3。

表4-3　　　　　　　　　Johansen 协整检验结果

原假设 （方法4）	特征根	迹统计量	5%的 临界值	P 值	最大特征 根统计量	5%的 临界值	P 值
0 个协整关系*	0.59879	45.13525	42.91525	0.0295	24.65829	25.82321	0.0707
至多1个协整关系	0.364467	20.47697	25.87211	0.2027	12.23889	19.38704	0.3932
至多2个协整关系	0.262961	8.238081	12.51798	0.2328	8.238081	12.51798	0.2328

注：*表示在5%的显著性水平上拒绝原假设。

从表4-3可知，$\ln Y$、$\ln L$、$\ln K$ 之间存在一个协整关系，其方程为：

$$\ln Y = 0.688457 \ln K + 0.380006 \ln L$$
$$(0.016059) \quad (0.015325)$$

$$R^2 = 0.986369 \quad SE = 0131689 \quad DW = 0.683297$$

从方程可以看出，固定资产投资的产出弹性为正，每增加1单位的固定资产投资自然对数将使甘肃省地区生产总值自然对数平均增加0.688457个单位，表明固定资产投资对于甘肃省经济总量增长具有积极促进作用。反之，固定资产投资减少，产出减少，会抑制经济总量增长。劳动对经济总量增长的影响也为正，每增加1单位的固定资产投资自然对数将使甘肃省就业人员自然对数平均增加0.380006个单位，即劳动投入的增加会促进甘肃省经济的增长。

（三）脉冲响应函数和方差分解分析

脉冲响应是研究一个系统中，当一个扰动项发生时，系统随后的变动有多大程度是受到该系统扰动的影响。脉冲响应函数用于衡量来自某个内生变量的随机扰动项的一个标准差冲击对VAR模型中所有内生变量当前值和滞后值的影响。在实际应用中，由于VAR模型是一种非理论性的模型，它无须对变量作任何先验性约束，因此在分析VAR模型时，往往不分析一个变量的变化对另一个变量的影响如何，而是分析当一个误差项发生变化，或者说模型受到某种冲击时对系统的动态影响。这种分析方法称为脉冲响应函数方法。脉冲响应函数分析方法可以用来描述一个内生变量对由误差项所带来的冲击的反应，即在随机误差项上施加一个标准差大小的冲击后，对内生变量的当期值和未来值所产生的影响程度。

本书在建立$\ln Y$、$\ln K$、$\ln L$三个变量的VAR模型基础上利用脉冲响应函数分析固定资产投资对经济总量增长的动态影响。固定资产投资对经济总量增长的脉冲相应结果见图4-11，横轴表示冲击作用的滞后期间数，纵轴表示脉冲相应函数，实线表示随着预测期的增加，$\ln Y$对于$\ln K$的一个标准差信息的脉冲响应，虚线表示正负两倍标准差偏离带。从图4-11可看出，当固定资产投资冲击发生后，生产总值随机做出响应，呈现正向反应，且此影响有较长的持续性，在第4期达到最大值，第6期下降到最低值，然后逐渐上升并趋于平稳。从第4期开始，固定资产投资每增长1个单位，生产总值增加约0.08个单位。说明固定资产投资对生产总值一直保持正向影响，并趋于稳定。从图4-12可看出，当在本期给固定资产投资一个正冲击后，也会给劳动投入带来正向影响，且此影响有较长的持续性，在第3期达到最大值，从第6期趋于平稳。在第3期，固定资产投资

第四章 固定资产投资对经济增长的影响效应

每增长 1 个单位，劳动力增加约 0.013 个单位。说明固定资产投资对劳动投入保持正向影响，且此影响有较长的持续效应，即固定资产投资对就业有长期的拉动效应。

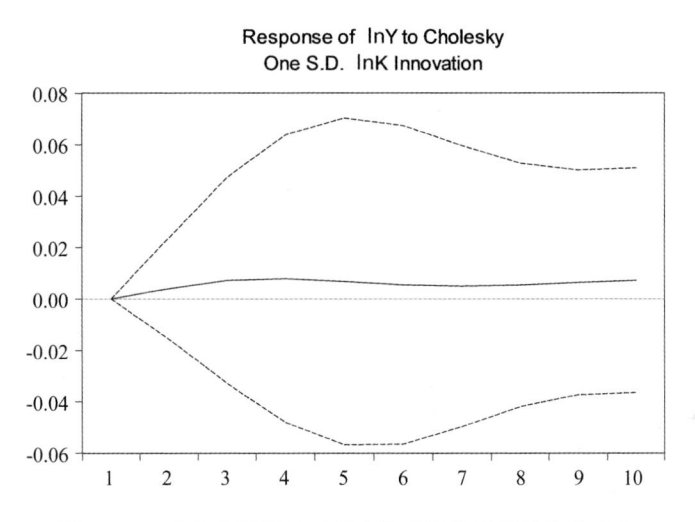

图 4-11　生产总值增长对固定资产投资增长的脉冲响应

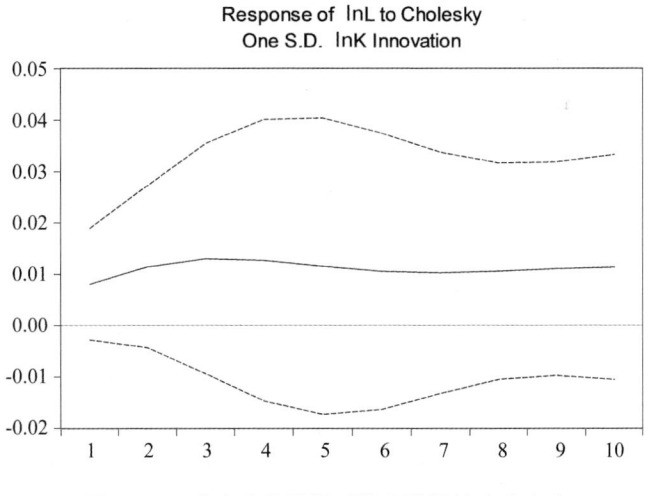

图 4-12　生产总值增长对就业增长的脉冲响应

方差分解是研究 VAR 模型动态特征的另一种方法。脉冲响应函数描述的是 VAR 模型中一个内生变量的冲击给其他内生变量所带来的影响。而方差分解是通过分析每一结构冲击对内生变量变化（通常用方差来度量）的贡献度，进一步评价不同结构冲击的重要性，即固定资产投资 VAR 模型中的方差分解可以给出随机误差项的相对重要程度。它是通过分析每个结构冲击对内生变量变化产生影响的程度来评价不同结构冲击的重要性。方差分解的基本思想是，把系统中的全部内生变量（K 个）的波动按其成因分解为与各个方程信息相关联的 K 个组成部分，从而得到信息对模型内生量的相对重要程度。固定资产投资对生产总值的方差分解见表 4-4。

表 4-4 　　　　　　甘肃省地区生产总值方差分解结果

时期	标准误	ln$Y$	ln$K$	ln$L$
1	0.053204	100.0000	0.000000	0.000000
2	0.090683	99.73219	0.194999	0.072816
3	0.121237	99.33757	0.458639	0.203788
4	0.146682	99.04861	0.600780	0.350612
5	0.168408	98.89154	0.618924	0.489531
6	0.187258	98.79339	0.586584	0.620028
7	0.203723	98.69007	0.555263	0.754662
8	0.218162	98.54701	0.545709	0.907279
9	0.230914	98.35117	0.562474	1.086357
10	0.242299	98.10700	0.599538	1.293459

表 4-4 包括 5 列，第一列为预测期，第二列为变量 ln$Y$ 的各期预测标准误。后三列均是百分数，分别表示以 ln$Y$、ln$K$、ln$L$ 为因变量的方程信息对各期预测误差的贡献度，显然每行结果相加是 100。由于 ln$Y$ 是模型出现的第一个内生变量，根据算法要求，第一步预测误差全部来自该方程的信息。由输出结果可见，生产总值第 1 期预测标准误为 0.053204，第 2 期为 0.090683，第 2 期标准误比第 1 期大，其原因是第 2 期预测包含了固定资产投入和劳动投入在第 1 期预测的不确定性影响。随着预测时期数的推移，生产总值的标准误增加，到第 10 期增大为 0.242299。在第 1 期预测中，生产总值预测标准误全部由自身扰动引起，在第 2 期预测中，生产总值预测标准误有 99.73219% 由自身扰动引起，有 0.194999%、0.072816% 由固定资产投资和劳动投入所引起。随着时间推移，生产总值

预测标准误中由非生产总值变量扰动引起的部分增加,而由生产总值自身扰动引起的部分下降,但其所占百分比仍然很大。在第10期,生产总值的分解结果基本稳定,其预测标准误有98.107%的部分是由自身扰动引起的,0.599538%的部分是由固定资产投资所引起的,1.293459%是由劳动投入所引起的。

(四)格兰杰因果关系检验分析

Granger因果关系检验可以用来确定经济变量之间是否存在因果关系以及影响的方向,其检验思想为:如果X的变化引起了Y的变化,则X的变化应当发生在Y的变化之前。即格兰杰因果关系检验不是检验逻辑上的因果关系,而是检验变量间的先后顺序,是否一个变量的前期信息影响了另一个变量的当期信息。格兰杰定理表明:存在协整关系的变量至少存在一个方向上的格兰杰因果关系,在非协整关系情况下,任何原因推断都将是无效的。格兰杰因果关系检验的前提是变量序列为平稳序列,格兰杰因果关系检验最重要的是滞后时间长度的确定,如果随机确定,会导致检验结果出现错误。

根据前文分析得出$\ln Y$、$\ln L$与$\ln K$变量均为一阶差分平稳序列,$\ln Y$、$\ln L$与$\ln K$之间存在一个协整关系,采用AIC和SC信息准则判断滞后时间长度为5期。固定资产投资对经济总量增长效应变量的格兰杰因果关系检验结果如表4-5所示。

表4-5　　　　　　　格兰杰因果关系检验结果

原假设	F统计量	P值	结论
D$\ln K$不是D$\ln Y$变化的格兰杰原因	4.06656	0.0216	拒绝原假设
D$\ln Y$不是D$\ln K$变化的格兰杰原因	3.35794	0.0397	拒绝原假设
D$\ln L$是D$\ln Y$变化的格兰杰原因	0.86539	0.5316	不能拒绝原假设
D$\ln Y$不是D$\ln L$变化的格兰杰原因	0.27285	0.9193	不能拒绝原假设
D$\ln L$不是D$\ln K$变化的格兰杰原因	0.23374	0.9402	不能拒绝原假设
D$\ln K$不是D$\ln L$变化的格兰杰原因	0.83662	0.5484	不能拒绝原假设

从表4-5可看出,在5%的显著水平下拒绝"D$\ln K$不是D$\ln Y$变化的格兰杰原因"和"D$\ln Y$不是D$\ln K$变化的格兰杰原因",即在样本区间内固定资产投资变化是生产总值变化的格兰杰原因,同时,生产总值变化也

是固定资产投资变化的格兰杰原因。DlnK 与 DlnY 存在双向格兰杰因果关系。说明固定资产投资对经济增长有拉动作用,另一方面经济增长对固定资产投资又有推动作用。

(五)结论

总结以上甘肃省固定资产投资对经济增长效应的实证分析结果,可得出以下几点结论。①协整检验分析表明甘肃省固定资产投资与经济增长总量之间存在长期均衡关系。②脉冲响应函数表明,当固定资产投资冲击发生后,生产总值与劳动投入都呈现正向反应,且影响都有较长的持续性,生产总值在第 4 期达到最大值,劳动投入在第 3 期达到最大值。即固定资产投资对经济总量增长和就业都有长期的拉动效应。方差分解分析表明,随着预测期的推移,生产总值方差中由其自身扰动项所引起的部分的百分比缓慢下降,而由非生产总值变量,即固定资产投资和劳动投入扰动所引起的部分的百分比则缓慢增加。③格兰杰因果关系检验表明,DlnK 与 DlnY 存在双向格兰杰因果关系。即固定资产投资对经济增长有拉动作用,另一方面经济增长对固定资产投资又有推动作用。

第三节 固定资产投资对区域经济增长影响效应的差异分析

本节以甘肃省为例,采用固定效应模型,分析各地区固定资产投资对经济增长的差异效应。

一 模型构建

为了分析甘肃省不同地区的固定资产投资对经济的增长效应,本书采用柯布-道格拉斯生产函数。柯布-道格拉斯生产函数回归方程为:

$$Y_t = AL_t^{\alpha} K_t^{\beta} \tag{4-3}$$

其中,Y_t 表示第 t 年甘肃省地区生产总值,A 表示技术进步水平,L_t 表示第 t 年劳动投入(采用就业人数来度量),K_t 表示第 t 年固定资产投入,α、β 分别表示劳动投入和固定资产投资的产出弹性系数。

对等式两边取对数,其线性形式为:

$$\ln Y_t = \ln A + \alpha \ln L_t + \beta_1 \ln K_t + \mu_t \qquad (4-4)$$

等式两边同时减去 $\ln L_t$，则：

$$\ln(Y_t/L_t) = \ln A + \beta \ln(K_t/L_t) + \mu_t \qquad (4-5)$$

设 $y_t = Y_t/L_t$，为人均地区生产总值，$k_t = K_t/L_t$，为人均固定资产投资，则上式表现为：

$$\ln y_t = \beta_0 + \beta_1 \ln k_t + \mu_t \qquad (4-6)$$

其中，β_0、β_1 分别表示技术进步和固定资产投资的产出消费弹性，μ_t 为随机扰动项。

二 研究方法选择

面板数据是指包含若干个截面个体成员在一段时间内的样本数据集合，其每一个截面成员都具有很多观测值。面板数据比截面数据和时间序列数据具有许多优点。基于面板数据的回归模型称为面板数据模型。其可分为基于横截面特定系数的面板数据模型和基于时期特定系数的面板数据模型。根据对截矩项和解释变量系数的不同限制，可将基于横截面特定系数的面板数据模型分为混合回归模型、变截矩模型和变系数模型，其中后两种模型又可分为固定效应模型和随机效应模型。

为了进一步对甘肃省固定资产投资效应的区域差异性进行分析，本部分选取 2000—2018 年甘肃省 14 个地州市的面板数据作为样本，拟采用固定效应模型或随机效应模型进行分析。通过 Hausman 检验得出，在 1% 显著性水平上拒绝"随机效应模型有效"的原假设。因此，本书选择固定效应模型进行分析。面板数据模型为：

$$\ln y_{it} = \beta_{i0} + \beta_{i1} \ln k_{it} + \mu_{it} \qquad (4-7)$$

其中，t 表示时间，i 表示各地州市，y_{it} 表示第 t 年 i 市的人均地区生产总值，k_{it} 表示第 t 年 i 市的人均固定资产投资，β_{i0} 表示技术水平，β_{i1} 表示固定资产投资的产出弹性系数，μ_{it} 为随机扰动项。

三 变量选取与数据说明

（一）被解释变量与解释变量

为了分析固定资产投资对甘肃省各地区经济增长的影响效应，本书选取的被解释变量为人均生产总值，解释变量为人均固定资产投资。

（二）数据说明

本书数据为 2000—2018 年甘肃省 14 个地州市的面板数据。数据来源于 2001—2019 年《甘肃发展年鉴》。

四　模型实证结果分析

本书采用固定效应变系数模型，选择截面似不相关回归方法（Cross - section SUR）进行方程估计。估计结果如表 4 - 6 所示。

表 4 - 6　2000—2018 年甘肃 14 个地州市固定资产投资对经济的增长效应的变系数模型结果

地区	系数	标准误	t 统计量	P 值	系数排序
嘉峪关市	0.960637	0.052571	18.27312	0.0000	1
临夏州	0.764123	0.060531	12.6236	0.0000	2
兰州市	0.758972	0.013805	54.97859	0.0000	3
张掖市	0.692544	0.015949	43.42238	0.0000	4
金昌市	0.644391	0.023448	27.48149	0.0000	5
庆阳市	0.638955	0.016972	37.64714	0.0000	6
甘南州	0.617504	0.014487	42.62517	0.0000	7
白银市	0.572255	0.014633	39.10749	0.0000	8
定西市	0.557619	0.007587	73.49428	0.0000	9
酒泉市	0.55044	0.009187	59.91575	0.0000	10
平凉市	0.543661	0.011542	47.10344	0.0000	11
武威市	0.54026	0.011917	45.33403	0.0000	12
陇南市	0.532537	0.015773	33.76298	0.0000	13
天水市	0.450689	0.026617	16.93244	0.0000	14

资料来源：根据 2001—2019 年《甘肃发展年鉴》计算所得。

方程总体估计的 $R^2 = 0.999084$，调整可决系数 $R^2 = 0.99785$，说明方程拟合度很高，DW 统计量 = 1.89993，接近 2，表明方程的残差序列不存在一阶序列自相关。从统计结果可知，所有变量均通过 1% 的显著性水平检验，说明甘肃省各地区的固定资产投资均对经济的增长起到积极的促进作用。从具体的区域来看（见图 4 - 13），各地区固定资产投资对经济增长影响存在显著差异，最高是嘉峪关市，系数为 0.960637，说明嘉峪关市的人均固定资产投资每增加 1 个百分点，带动经济增长 0.960637 个百分点。最低为天水市，系数为 0.450689。说明天水市的人均固定资产投资每增加 1 个百分点，带动经济增长 0.450689 个百分点（见图 4 – 13）。嘉峪关市的系数是天水市的 2.13 倍，说明各地区固定资产投资对经济增长影响差异较大。

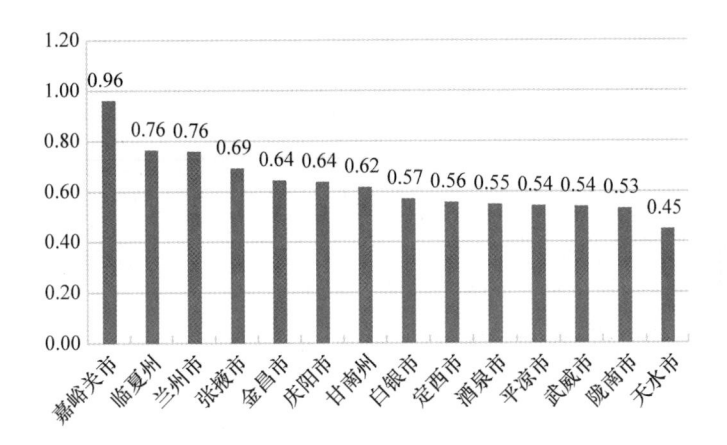

图 4 – 13　2000—2018 年甘肃 14 个地州市固定资产投资对经济的增长效应的系数

资料来源：根据 2001—2019 年《甘肃发展年鉴》计算所得。

第四节　固定资产投资对经济增长的长期影响效应分析

本节以甘肃为例，采用分布滞后模型，分析固定资产投资对经济增长的长期效应。

一　模型选择

投资对经济增长的作用，从根本上讲是由投资的两大效应决定的，即投资的需求效应和投资的供给效应。投资的需求效应是与投资过程同时产生的，具有即时性特点，而投资供给效应是在固定资产交付使用并与流动资产结合之后才能显现，具有滞后性特点。因此，当期的经济增长不仅取决于当期的投资，还将受到前1期、前2期、……前 t 期的投资影响。本书应用分布滞后模型分析固定资产投资对经济增长的影响。

传统时间序列模型，一般先从已知相关理论出发设定模型形式，再由样本数据估计模型中的参数。这种方法使得建模过程对理论有很强的依赖性。从20世纪70年代末起，以英国计量经济学家Hendry为代表的一部分学者，将理论和数据信息有效结合，提出了动态计量经济学模型的理论和方法，为时间序列模型带来了重要发展。Hendry认为，模型建立应该从一个能够代表数据生成过程的自回归分布滞后模型逐步简化，最后得到包含变量之间长度稳定关系的简单模型。在涉及时间序列数据的回归分析中，如果回归模型中不仅包括解释变量当前值，还含有其滞后值，则称该模型为分布滞后模型，表示为：

$$Y_t = \alpha + \beta_0 X_t + \beta_1 X_{t-1} + \beta_2 X_{t-2} + \cdots + \mu_t \qquad (4-8)$$

式（4-8）中若滞后长度为有限数，则称为有限分布滞后模型；若滞后长度为无穷大，则称为无限分布滞后模型。根据对模型中系数约束限制方法不同，将分布滞后模型分为几何分布滞后模型（考伊克方法）和多项式分布滞后模型（阿尔蒙多项式方法）。前者假定诸系数按几何级数衰减，其优点是模型与数据有较好的一致性，后者运用一个多项式去拟合模型中各系数，其模型灵活性较强。

二　变量选取与数据说明

（一）被解释变量与解释变量

为了分析固定资产投资对甘肃省经济增长的长期影响效应，本书选取的被解释变量为国内生产总值（Y），解释变量为固定资产投资（K）与就业人数（L）。

（1）被解释变量。国内生产总值，是指在一定时期内（一个季度或一年），一个国家或地区的经济中所生产出的全部最终产品和劳务的价值，常被公认为衡量国家经济状况的最佳指标。所以本书选取的被解释变量为生产总值。

（2）解释变量。投资乘数效应理论认为，在一定的边际消费倾向条件下，投资的增加可导致国民收入和就业量若干倍地增加。柯布－道格拉斯生产函数可以表示为：$Y_t = AL_t^\alpha K_t^\beta \mu_t$。其含义是：经济增长取决于技术、资本和劳动力；由于科学技术的进步在短期内充满随机性，可被视为不变因素，因此，本书选取的解释变量为固定资产投资和就业人员数。

（二）数据说明

本书数据样本区间取 1988—2018 年，数据来源于 1989—2019 年《甘肃发展年鉴》。

三 实证分析

本书采用多项式分布滞后模型。其模型为：

$$\ln Y_t = \alpha_0 + \alpha_1 \ln L_t + \alpha_2 \ln K_t + \alpha_3 \ln K_{t-1} + \alpha_4 \ln K_{t-2} + \cdots + \mu_t \quad (4-9)$$

其中，Y 表示地区生产总值，K 表示固定资产投资，L 表示就业人数，t、$t-1$、$t-2$ 分别表示第 t 期、滞后 1 期、滞后 2 期，μ 表示随机扰动项。

由于多项式分布滞后模型，需要确定模型的滞后长度和多项式次数，根据 AIC 信息准则和 SC 信息准则并结合模型的可决系数 R^2 和各变量的显著性检验，经过对多个模型的比较，选择模型的滞后期数为 10 期，多项式次数为 4，施加近端约束的多项式分布滞后模型。模型估计结果为：

$$\ln Y_t = 0.467492 \ln L_t + 0.518865 \ln K_t - 0.391016 \ln K_{t-1} + 0.100486 \ln K_{t-2}$$
$$- 0.010707 \ln K_{t-3} + 0.000405 \ln K_{t-4}$$

模型估计结果显示，各变量都通过 1% 显著性水平的 t 检验，模型可决系数与调整可决系数分别为 0.997 和 0.996，模型拟合效果较好。模型表明，1988—2018 年，甘肃省当期与前 1 期、2 期、3 期、4 期固定资产投资，以及当期劳动力就业对当期生产总值具有显著的决定效应。其中当期的固定资产投资对当期生产总值的短期决定效应最大，即当期固定资产投资对数每增加 1 个单位，生产总值对数将平均增加 0.52 个单位。前 1 期、2 期、3 期、4 期固定资产投资对数每增加一个单位，生产总值对数将平均增加 -0.3910、0.1005、-0.0107 和 0.0004 个单位。影响效应随时间推移逐年递减。固定资产投资对经济的总影响效应为 0.7284，即固定资产投资对数每增加 1 各单位，由于时滞效应而形成的对经济的总的长期影响效应约为 0.7284 个单位。

第五章

固定资产投资对调整经济结构的影响效应

投资结构与经济结构之间存在相互制约关系。投资对经济结构的作用主要是通过资源配置来实现的。投资存量与增量是经济结构形成、演变的决定因素。本章在阐述投资与经济结构关系基础上，以甘肃省为例，首先，采用描述统计法分析了甘肃省固定资产投资结构与产业结构的变动趋势；然后，采用协整检验方法、格兰杰因果关系检验法，分析了固定资产投资对产业结构的影响效应。

第一节 投资与经济结构关系分析

一 投资结构与经济结构的含义

投资结构是指一定时期的投资总量中所含各要素的构成及其数量的比例关系。投资结构的分类可以从不同的角度进行考察，主要有投资的资金来源结构、投资产业结构、投资部门结构、投资地区结构、投资主体结构、投资再生产结构等。影响投资结构的因素主要有：自然条件、经济发展阶段、技术进步、对外开放度、经济发展战略与实施方式。

国民经济结构简称经济结构，是指国民经济组成要素之间相互关联和相互制约的数量比例关系。其内涵包括：①国民经济的组成要素，以及这些要素的性质和特点；②国民经济诸要素的相互依赖关系和相互联系方式，包括比例关系；③国民经济诸要素的相互作用；④国民经济诸要素及其相互关系的发展变化。经济结构包含的范围很广，既包括生产力范畴，也包括生产关系范畴。就其主要方面，包括所有制结构、区域经济结构和产业结构。

二 投资结构与经济结构之间相互制约关系

投资结构与经济结构的关系表现为两个方面。一方面，投资总量与投资结构是经济结构演变的原动力，投资影响决定着一国的经济结构。另一方面，现存的经济结构又在相当程度上决定着投资的总量和投资比例，即经济结构制约着投资总量与投资结构。

三 投资结构对经济结构的作用

如果从投入与产出的角度考察，投资与经济结构之间的关系是决定与被决定的关系。从投入的角度考察，投资结构是指一定时期投资总量中所含各类投资的构成及在不同部门、不同地区、不同产业之间的分配比例关系。从产出角度考察，经济结构是国民经济各组成要素对国民经济总产值贡献的大小及比例关系。国民经济总产出是国民经济各组成要素产出的总和。

投资结构对经济结构的影响可以从两方面考察：第一，投资存量是经济结构形成的决定因素；第二，投资增量是经济结构演变的决定因素。

投资对经济结构的作用主要是通过资源配置来实现的。从本质上讲，投资是资源配置的途径和方式，经济结构则是资源配置的结果。所谓资源配置，是指经济中的各种资源在不同使用方向之间的分配，它可以分为两个层次。较高的层次是指资源如何分配给不同部门、不同地区、不同生产单位，其合理性反映在如何使每一种资源能够有效地配置到最佳使用方面；较低的层次是指在资源既定的条件下，一个生产单位、一个地区、一个部门如何组织并利用这些资源，其合理性反映在如何有效地利用资源，使之发挥最大的作用。研究投资与经济结构的关系，主要是通过分析较高层次的资源配置来实现的。

第二节 固定资产投资结构与产业结构变动趋势分析

本节在介绍有关产业结构的概念、理论基础上,以甘肃为例,采用描述统计法,分析固定资产投资与产业结构变动的趋势。

一 产业结构的概念、分类及影响因素

产业结构是经济结构的主要形式之一,产业结构有狭义和广义之分。狭义的产业结构是指产业之间的比例关系,广义的产业结构还包括产业内的企业之间的关系。

产业结构分类的方法和标准主要有以下几种。①两大部类分类法。第一部类为生产生产资料的部门;第二部类为生产消费资料的部门。②农业、轻工业、重工业分类法。③三次产业分类法。我国的三次产业分类法,第一产业是指农、林、牧、渔业;第二产业是指采矿业、制造业、电力、燃气及水的生产与供应业;第三产业是指除第一、第二产业以外的其他行业。④资源密集程度分类法。劳动密集型产业、资本密集型产业、技术密集型产业。

影响产业结构的因素主要有:需求结构,包括中间需求与最终需求的比例、社会消费水平和结构、消费和投资的比例、投资水平与结构等;资源供给结构,包括劳动力和资本的拥有状况和它们之间的相对价格、一国自然资源的禀赋状况;科学技术因素,包括科技水平和科技创新发展的能力、速度,以及创新方向等;国际经济关系,包括进出口贸易、引进外国资本及技术等因素。

二 产业结构演化理论

产业结构演化有明显的阶段特征,对于发展中国家,主要是工业化过程的结构演化,即从传统农业向现代工业的发展过程;而对于发达国家,则主要是向后工业化社会的结构演化,主要特点是信息产业、服务业的迅速成长和发展。产业结构演化理论主要包括配第-克拉克定理、库兹涅茨的人均收入影响论及比较劳动生产率、霍夫曼定理、钱纳里的阶段理

第五章　固定资产投资对调整经济结构的影响效应

论等。

(一) 配第-克拉克定理

配第-克拉克定理是关于经济发展中就业人口在三次产业中分布结构变化的理论。1691年,英国经济学家威廉·配第发现:随着经济的不断发展,产业中心将逐渐由有形财物的生产转向无形的服务性生产。他指出:工业往往比农业、商业往往比工业的利润多得多。因此,劳动力必然由农转工,而后再由工转商。英国经济学家克拉克在威廉·配第的研究成果之上,研究得出:随着时间的推移和社会在经济上变得更为先进,从事农业的人数相对于从事制造业的人数趋于下降,进而从事制造业的人数相对于从事服务业的人数趋于下降。克拉克认为,劳动力在产业之间变化移动是由经济发展中各产业间的收入出现了相对差异造成的。配第-克拉克定理在实践中得到印证,即人均国民收入水平越低的国家,农业劳动力所占份额相对越大,第二、第三产业劳动力所占份额相对越小;反之,人均国民收入越高的国家,农业劳动力在全部就业劳动力中的份额相对越小,而第二、第三产业的劳动力所占份额相对越大。

(二) 库兹涅茨的人均收入影响论及比较劳动生产率

库兹涅茨利用现代经济统计体系,进一步证实了配第-克拉克定理,提出产业结构的变动受人均国民收入变动影响的规律,称为库兹涅茨人均收入影响论。即随着时间的推移,第一产业的国民收入在整个国民收入中的比重与该产业中劳动力的相对比重一样,呈不断下降趋势;第二产业的国民收入相对比重和劳动力相对比重的基本趋势是不断上升;第三产业的劳动力相对比重几乎在所有的样本国家都呈上升趋势,但国民收入的相对比重却未必与之同步。综合来看,国民收入的相对比重在这些样本国家大体不变或略有上升,工业在国民经济中的比重将经历由上升到下降的倒"U"形变化。库兹涅茨运用比较劳动生产指标通过对20多个国家的实证分析得出结论,农业比较劳动生产率普遍低于1,工业比较劳动生产率上升,服务业比较劳动生产率下降。

(三) 霍夫曼定理

霍夫曼定理是德国经济学家霍夫曼在1931年提出的,它解释了一个国家或区域的工业化进程中工业结构演变的规律。通过设定霍夫曼比例得到的结论是:各国工业化无论开始于何时,一般具有相同的趋势,即随着一国的工业化,消费品部门与资本品部门的净产值之比逐渐趋于下降,霍夫曼比例呈现不断下降的趋势,这就是著名的霍夫曼定理。整个工业化过程,就是资本品工业在制造业中所占比重不断上升的过程,其净产值将大于消费品工业。随着工业品的升级,霍夫曼比例是逐步下降的。霍夫曼根据对近20个国家的时间序列数据的计算分析,依据霍夫曼比例的变化趋势,把工业过程分成依次发展的四个阶段,其霍夫曼比例分别为5(±1)、2.5(±1)、1(±0.5)、1以下。

(四)钱纳里的阶段理论与统计标准

钱纳里利用第二次世界大战后发展中国家,特别是其中的9个准工业化国家(或地区)1960—1980年的历史资料,通过回归方程建立了国民总收入市场占有率模型,提出了标准产业结构,即根据人均国内生产总值,将不发达经济到成熟工业经济整个变化过程划分为三个阶段六个时期(见表5-1),从任何一个发展阶段向更高阶段的跃进都是通过产业结构转化来推动的。

表5-1　　　　　　　　钱纳里标准工业化阶段

时期	人均收入变动范围 (1982年美元)	发展阶段
1	364—728	初级产品生产(食品、皮革、纺织等)
2	728—1456	
3	1456—2912	工业化(非金属矿产品、橡胶制品、木材加工、石油、化工、煤炭制品等)
4	2912—5460	
5	5460—8736	发达经济(服装和日用品、印刷出版、粗钢、纸制品、金属制品和机械制造等)
6	8736—13104	

三　甘肃省产业结构与固定资产投资的变动分析

产业结构统计包括:产业结构产出统计、产业结构投入统计、产业结构的比较生产率统计。①产业结构产出统计是从产出角度衡量产业结构水平,有两种方法,一是依据各个产业的总产出计算各个产业总产出占所有产业总产出合计比重,二是依据各个产业的增加值计算各个产业增加值占所有产业增加值合计比重。某产业比重越高,其地位和作用就越大。②产业结构投入统计是从产业生产要素投入的角度衡量产业结构水平,可以分别依据劳动力投入和资本投入进行分析。③产业结构的比较生产率是把产业结构的产出统计与投入相结合，建立比较生产率的产业结构统计，具体包括比较劳动生产率和比较资本生产率。

（一）甘肃省三次产业占GDP的比重变化统计分析

从表5-2、图5-1可看出，1978—2018年甘肃省三次产业占GDP的比重变动方向不同。其中第一产业和第二产业占GDP的比重呈现持续降低趋势，分别由1978年的20.41%、60.31%降为2018年的11.17%、33.89%，分别降低了9.24个百分点、26.42个百分点；第三产业占GDP的比重呈现持续增长趋势，由1978年的19.28%增长为2018年的54.94%，增长了35.66个百分点。虽然甘肃省第三产业占GDP的比重呈现持续增长趋势，且2017年开始，已经略高于全国平均水平，但与世界各国工业化过程的"一般模式"相比，其第三产业GDP占比仍较低（见图5-2、表5-3）。

表5-2　1978—2018年甘肃省三次产业占GDP的比重变化统计分析

年份	生产总值（亿元）	第一产业（亿元）	第二产业（亿元）	第三产业（亿元）	第一产业占GDP比重（%）	第二产业占GDP比重（%）	第三产业占GDP比重（%）
1978	64.73	13.21	39.04	12.48	20.41	60.31	19.28
1979	67.51	12.89	40.98	13.64	19.09	60.70	20.20
1980	73.90	16.46	39.85	17.59	22.27	53.92	23.80
1981	70.89	17.63	35.30	17.96	24.87	49.80	25.34
1982	76.88	19.68	38.54	18.66	25.60	50.13	24.27
1983	91.50	27.65	42.92	20.93	30.22	46.91	22.87
1984	103.17	27.83	49.98	25.36	26.97	48.44	24.58
1985	123.39	33.08	58.81	31.50	26.81	47.66	25.53
1986	140.74	38.02	65.27	37.45	27.01	46.38	26.61
1987	159.52	45.27	68.40	45.85	28.38	42.88	28.74
1988	191.84	52.77	81.33	57.74	27.51	42.39	30.10
1989	216.84	59.01	91.79	66.04	27.21	42.33	30.46
1990	242.80	64.06	98.33	80.41	26.38	40.50	33.12
1991	271.39	66.55	111.91	92.93	24.52	41.24	34.24

续表

年份	生产总值（亿元）	第一产业（亿元）	第二产业（亿元）	第三产业（亿元）	第一产业占GDP比重（%）	第二产业占GDP比重（%）	第三产业占GDP比重（%）
1992	317.79	74.20	128.66	114.93	23.35	40.49	36.17
1993	372.24	87.43	159.96	124.85	23.49	42.97	33.54
1994	453.61	103.87	198.67	151.07	22.90	43.80	33.30
1995	557.76	110.65	256.83	190.28	19.84	46.05	34.12
1996	722.52	188.12	311.98	222.42	26.04	43.18	30.78
1997	793.58	190.21	337.79	265.58	23.97	42.57	33.47
1998	887.67	202.76	373.43	311.48	22.84	42.07	35.09
1999	956.33	191.84	410.07	354.42	20.06	42.88	37.06
2000	1052.88	194.10	421.65	437.13	18.44	40.05	41.52
2001	1125.38	207.96	458.08	459.34	18.48	40.70	40.82
2002	1232.03	215.51	501.69	514.83	17.49	40.72	41.79
2003	1399.84	237.91	572.02	589.91	17.00	40.86	42.14
2004	1688.49	286.78	713.30	688.41	16.98	42.24	40.77
2005	1933.97	308.06	838.56	787.35	15.93	43.36	40.71
2006	2277.35	334.00	1043.19	900.16	14.67	45.81	39.53
2007	2707.41	390.98	1279.32	1037.11	14.44	47.25	38.31
2008	3123.15	418.60	1470.34	1234.21	13.40	47.08	39.52
2009	3337.82	447.31	1527.24	1363.27	13.40	45.76	40.84
2010	4023.20	501.73	1984.97	1536.50	12.47	49.34	38.19
2011	4923.70	558.26	2390.70	1974.74	11.34	48.55	40.11
2012	5527.60	626.71	2617.72	2283.17	11.34	47.36	41.30
2013	6186.74	658.10	2767.94	2760.70	10.64	44.74	44.62
2014	6680.93	695.77	2952.83	3032.33	10.41	44.20	45.39
2015	6621.98	733.37	2521.99	3366.62	11.07	38.09	50.84
2016	7007.10	800.75	2515.56	3690.79	11.43	35.90	52.67
2017	7459.90	859.75	2561.79	4038.36	11.52	34.34	54.13
2018	8246.06	921.30	2794.67	4530.09	11.17	33.89	54.94

资料来源：2019年《甘肃发展年鉴》，中国统计出版社。

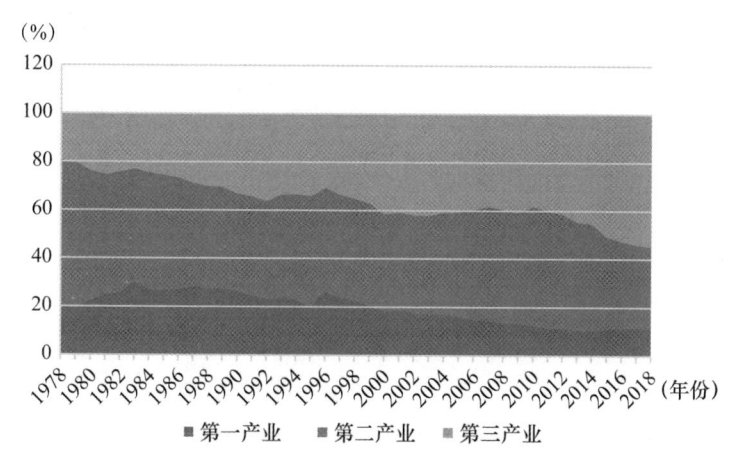

第五章 固定资产投资对调整经济结构的影响效应

图 5-1　1978—2018 年甘肃省三次产业占 GDP 比重变化趋势

资料来源：根据表 5-2 绘制。

表 5-3　　　　　2000—2018 年全国三次产业占 GDP 比重　　　　　单位：%

年份	第一产业占GDP比重	第二产业占GDP比重	第三产业占GDP比重	年份	第一产业占GDP比重	第二产业占GDP比重	第三产业占GDP比重
2000	14.7	45.5	39.8	2010	9.3	46.5	44.2
2001	14	44.8	41.2	2011	9.2	46.5	44.3
2002	13.3	44.5	42.2	2012	9.1	45.4	45.5
2003	12.3	45.6	42	2013	8.9	44.2	46.9
2004	12.9	45.9	41.2	2014	8.6	43.1	48.3
2005	11.6	47	41.3	2015	8.4	40.8	50.8
2006	10.6	47.6	41.8	2016	8.1	39.6	52.4
2007	10.2	46.9	42.9	2017	7.5	39.9	52.7
2008	10.2	47	42.9	2018	7	39.7	53.3
2009	9.6	46	44.4				

资料来源：国家统计局网站，http：//data.stats.gov.cn/easyquery.htm？cn=C01。

（二）甘肃省三次产业就业人员比重变动趋势分析

从表 5-4、图 5-3 可看出，1983—2018 年甘肃省三次产业就业人员比重变动方向不同。其中第一产业就业人员比重呈现持续降低的趋势，由 1983 年的 80.21% 降为 2018 年的 53.90%，降低了 26.31 个百分点；第二、

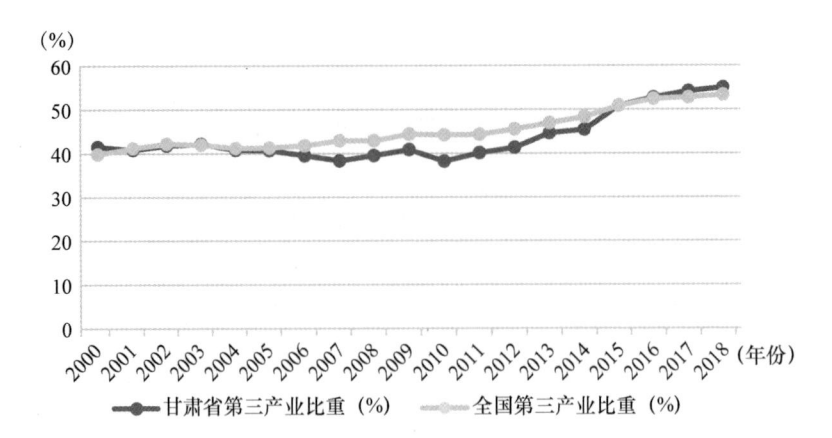

图 5-2　2000—2018 年全国及甘肃省三次产业占 GDP 比重变化趋势

资料来源：国家统计局网站，http：//data.stats.gov.cn/easyquery.htm？cn=C01。

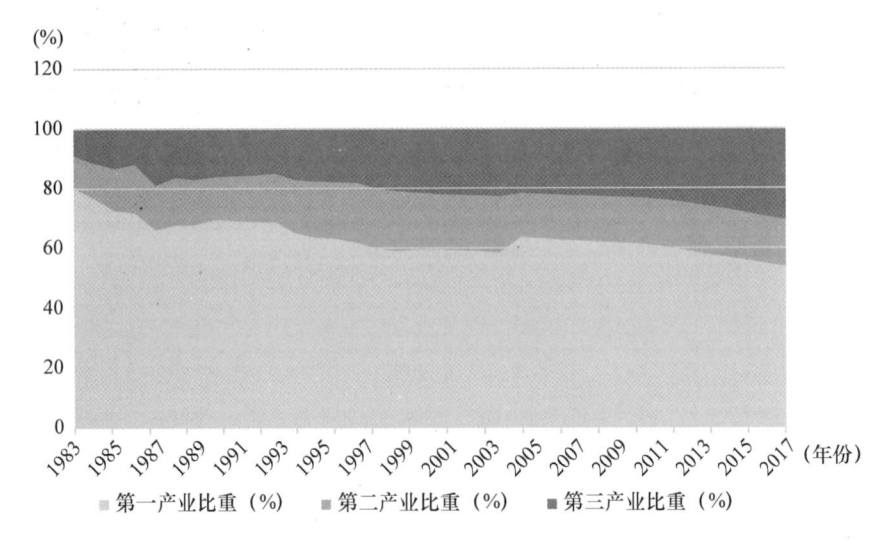

图 5-3　1983—2018 年甘肃省三次产业就业人员比重变化

资料来源：2019 年《甘肃发展年鉴》，中国统计出版社。

第三产业就业人员比重呈现持续增长趋势，分别由 1983 年的 10.88%、8.92% 增长为 2018 年的 15.50% 和 30.59%，分别增长了 4.62 个、21.67 个百分点。虽然甘肃省第一产业就业人员比重呈现持续降低趋势，第三产业就业人员比重呈现持续增长趋势，但与全国平均水平和世界各国工业化过程的"一般模式"相比,其第一产业就业比重严重偏高,第三产业就业比重偏低(见表5-5、图5-4)。

表5-4　　　　1983—2018年甘肃省三次产业就业人员比重变化

年份	就业人员（万人）	第一产业就业人员（万人）	第二产业就业人员（万人）	第三产业就业人员（万人）	第一产业就业人员比重（%）	第二产业就业人员比重（%）	第三产业就业人员比重（%）
1983	993.80	797.10	108.10	88.60	80.21	10.88	8.92
1984	1047.00	803.30	124.30	119.40	76.72	11.87	11.40
1985	1081.40	785.90	153.00	142.50	72.67	14.15	13.18
1986	1098.90	789.50	178.70	130.70	71.84	16.26	11.89
1987	1139.70	753.70	171.20	214.80	66.13	15.02	18.85
1988	1178.80	798.30	188.90	191.60	67.72	16.02	16.25
1989	1214.00	824.20	183.60	206.20	67.89	15.12	16.99
1990	1292.40	899.40	186.30	206.70	69.59	14.42	15.99
1991	1302.40	900.00	197.60	204.80	69.10	15.17	15.72
1992	1305.90	898.50	205.00	202.40	68.80	15.70	15.50
1993	1417.80	973.94	232.26	211.60	68.69	16.38	14.92
1994	1438.81	936.37	256.80	245.64	65.08	17.85	17.07
1995	1483.32	942.30	281.50	259.52	63.53	18.98	17.50
1996	1521.46	961.30	288.80	271.36	63.18	18.98	17.84
1997	1530.32	945.55	308.47	276.30	61.79	20.16	18.06
1998	1539.80	922.30	310.50	307.00	59.90	20.16	19.94
1999	1489.00	878.50	297.80	312.70	59.00	20.00	21.00
2000	1476.45	880.56	279.78	316.11	59.64	18.95	21.41
2001	1488.93	886.66	274.85	327.42	59.55	18.46	21.99
2002	1500.59	888.80	278.36	333.43	59.23	18.55	22.22
2003	1510.85	890.04	282.23	338.58	58.91	18.68	22.41
2004	1520.46	890.61	284.63	345.22	58.58	18.72	22.70
2005	1391.36	885.82	203.96	301.58	63.67	14.66	21.68
2006	1401.36	886.08	207.26	308.02	63.23	14.79	21.98
2007	1414.76	886.48	212.26	316.02	62.66	15.00	22.34
2008	1446.34	901.79	218.63	325.92	62.35	15.12	22.53

续表

年份	就业人员（万人）	第一产业就业人员（万人）	第二产业就业人员（万人）	第三产业就业人员（万人）	第一产业就业人员比重（％）	第二产业就业人员比重（％）	第三产业就业人员比重（％）
2009	1488.63	923.09	227.16	338.38	62.01	15.26	22.73
2010	1499.56	923.88	230.33	345.35	61.61	15.36	23.03
2011	1500.26	919.06	231.49	349.71	61.26	15.43	23.31
2012	1491.59	901.67	233.28	356.64	60.45	15.64	23.91
2013	1504.97	891.86	241.55	371.56	59.26	16.05	24.69
2014	1519.86	881.88	244.71	393.27	58.02	16.10	25.88
2015	1535.69	876.27	247.39	412.03	57.06	16.11	26.83
2016	1548.74	866.67	246.56	435.51	55.96	15.92	28.12
2017	1553.84	852.44	244.26	457.14	54.86	15.72	29.42
2018	1555.64	838.54	241.16	475.94	53.90	15.50	30.59

资料来源：2019年《甘肃发展年鉴》，中国统计出版社。

表5－5　2000—2018年全国三次产业就业人员比重变化

年份	就业人员（万人）	第一产业就业人员（万人）	第二产业就业人员（万人）	第三产业就业人员（万人）	第一产业就业人员比重（％）	第二产业就业人员比重（％）	第三产业就业人员比重（％）
2000	72085	36042.5	16219.1	19823.4	50.00	22.50	27.50
2001	72797	36398.5	16233.7	20164.8	50.00	22.30	27.70
2002	73280	36640	15681.9	20958.1	50.00	21.40	28.60
2003	73736	36204.4	15927	21604.6	49.10	21.60	29.30
2004	74264	34829.8	16709.4	22724.8	46.90	22.50	30.60
2005	74647	33441.9	17766	23439.2	44.80	23.80	31.40
2006	74978	31940.6	18894.5	24142.9	42.60	25.20	32.20
2007	75321	30731	20186	24404	40.80	26.80	32.40
2008	75564	29923.3	20553.4	25087.2	39.60	27.20	33.20
2009	75828	28890.5	21080.2	25857.3	38.10	27.80	34.10
2010	76105	27930.5	21842.1	26332.3	36.70	28.70	34.60
2011	76420	26594	22544	27282	34.80	29.50	35.70
2012	76704	25773	23241	27690	33.60	30.30	36.10

续表

年份	就业人员（万人）	第一产业就业人员（万人）	第二产业就业人员（万人）	第三产业就业人员（万人）	第一产业就业人员比重（%）	第二产业就业人员比重（%）	第三产业就业人员比重（%）
2013	76977	24171	23170	29636	31.40	30.10	38.50
2014	77253	22790	23099	31364	29.50	29.90	40.60
2015	77451	21919	22693	32839	28.30	29.30	42.40
2016	77603	21496	22350	33757	27.70	28.80	43.50
2017	77640	20944	21824	34872	26.98	28.11	44.91
2018	77586	20258	21390	35938	26.11	27.57	46.32

资料来源：国家统计局网站，http://data.stats.gov.cn/easyquery.htm?cn=C01。

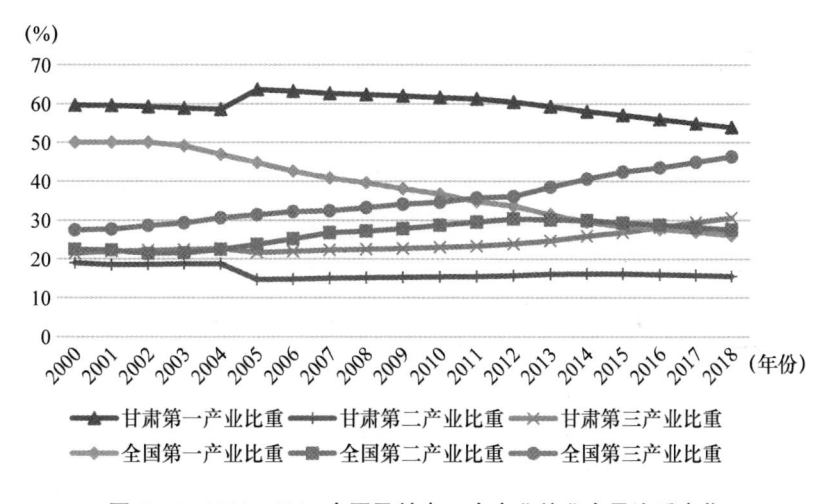

图 5-4 2000—2018 全国及甘肃三次产业就业人员比重变化

资料来源：国家统计局网站 http://data.stats.gov.cn/easyquery.htm?cn=C01，2019 年《甘肃发展年鉴》。

（三）甘肃省三次产业固定资产投资结构变动趋势分析

随着经济的发展和人均 GDP 的提高，社会最终需求结构与中间需求结构会随之发生变化，这种变化必然要求投资结构与之相适应。投资的产业结构合理与否直接影响国民经济产业能否升级。

从表 5-6、图 5-5 可看出，1995—2018 年甘肃省三次产业固定资产投资比重变动方向不同。其中第二产业固定资产投资比重呈波动降低趋势，由 1995 年的 50.1% 降为 2018 年的 19.3%，降低了 30.8 个百分点；第一产业、第三产业固定资产投资比重呈现波动增长趋势，分别由 1995 年的 4.7%、45.2% 增长为 2018 年的 8.3% 和 72.4%，分别增长了 3.6 个、27.2 个百分点。

表 5–6　　1995—2018 年甘肃省三次产业固定资产投资额比重　　单位:%

年份	第一产业	第二产业	第三产业
1995	4.7	50.1	45.2
1996	0.5	56.1	43.4
1997	0.5	53.4	46.1
1998	2.0	41.4	56.6
1999	4.6	34.7	60.7
2000	4.4	32.6	63.0
2001	4.1	34.7	61.2
2002	5.0	37.8	57.2
2003	6.2	40.5	53.3
2004	4.9	41.9	53.3
2005	4.8	40	55.2
2006	4.9	42.6	52.5
2007	5.3	45.6	49.1
2008	4.9	48.1	47.1
2009	5.2	48.6	46.1
2010	4.1	47.3	48.6
2011	4.6	48.6	46.8
2012	3.4	53.7	43
2013	3.6	50.6	45.7
2014	5.3	45.5	49.2
2015	6.2	39.8	54
2016	7.1	33.8	59.1
2017	6.7	20.9	72.4
2018	8.3	19.3	72.4

数据来源：1996—2019 年《甘肃发展年鉴》，中国统计出版社。

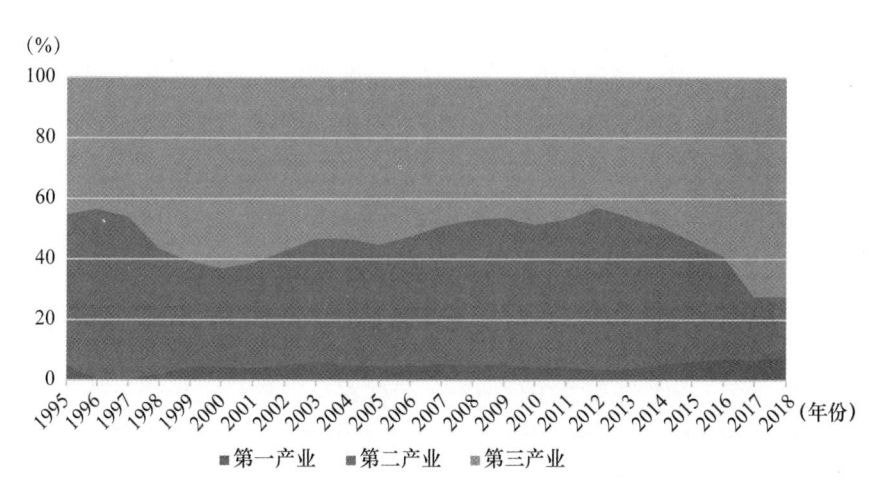

图 5-5　1995—2018 年甘肃省三次产业固定资产投资额比重

数据来源：根据表 5-6 绘制。

从产业结构看，甘肃省三次产业投资比值由 1995 年的 4.7∶50.1∶45.2 转变为 2018 年的 8.3∶19.3∶72.4，即甘肃省三次产业投资比重排序：1995 年为二、三、一，2018 年为三、二、一，且第三产业超第二产业比重幅度逐渐变大。说明甘肃省固定资产投资产业结构与甘肃省产业结构的升级变动方向一致。

第三节　固定资产投资对产业结构影响效应的实证分析

投资结构与经济结构之间存在相互制约关系。本节以甘肃省为例，采用协调校验、格兰杰因果关系校验法等，分析固定资产投资对产业结构的影响效应。

一　变量选取与数据说明

为了分析固定资产投资对产业结构的影响效应，本书选取的被解释变量分别为第一、二、三产业生产总值 GDP_1、GDP_2、GDP_3，解释变量分别为第一、二、三产业固定资产投资 K_1、K_2、K_3，变量均为年度数据。

（一）被解释变量

国内生产总值，简称 GDP，是指在一定时期内，一个国家或地区的经济中所生产出的全部最终产品和劳务的价值，常被公认为衡量国家经济状况的最佳指标。本书选取的被解释变量为第一产业生产总值 GDP_1、第二产业生产总值 GDP_2、第三产业生产总值 GDP_3。

（二）解释变量

本书选取的解释变量分别为第一、二、三产业固定资产投资 K_1、K_2、K_3，投资乘数效应理论认为，在一定的边际消费倾向条件下，投资的增加可导致国民收入和就业量若干倍地增加。柯布－道格拉斯生产函数可以表示为：$Y_t = AL_t^{\alpha} K_t^{\beta} \mu_t$。其含义是：经济增长取决于技术、资本和劳动力；由于科学技术的进步在短期内充满随机性，可被视为不变因素，因此本书选取的解释变量为第一、二、三产业固定资产投资。

（三）数据说明

本书数据样本区间取为 1990—2018 年，数据来源于 1991—2019 年《甘肃发展年鉴》。为了消除时间序列数据存在的异方差现象，对第一产业生产总值 GDP_1、第二产业生产总值 GDP_2、第三产业生产总值 GDP_3，第一、二、三产业固定资产投资 K_1、K_2、K_3 六个变量分别取自然对数，用 $\ln GDP_1$、$\ln GDP_2$、$\ln GDP_3$、$\ln K_1$、$\ln K_2$、$\ln K_3$ 表示。

二　方法选择

采用协整检验方法、格兰杰因果关系检验法。

三　实证分析

经典回归模型是建立在平稳序列基础上的，而非平稳序列容易导致伪回归。Engle 和 Granger 提出的协整理论和方法，为非平稳序列建模提供了一种途径。虽然一些时间序列，它们自身非平稳，但其某种线性组合却是平稳的，这种平稳的线性组合称为协整方程，且可解释变量之间的长期稳定的均衡关系。协整检验根据检验对象不同分为基于模型回归系数的协整检验和基于模型回归残差的协整检验。对两个变量之间的协整关系检验采用 EG 两步检验法，对于多个变量之间的协整关系检验采用 Johansen 协整检验方法。本书采用 EG 两步检验法。

第五章 固定资产投资对调整经济结构的影响效应

1. 平稳性检验

协整关系要求序列必须是同阶单整的。首先，对第一产业生产总值 GDP_1，第二产业生产总值 GDP_2，第三产业生产总值 GDP_3，第一、二、三产业固定资产投资 K_1、K_2、K_3 六个变量分别取自然对数，用 $\ln GDP_1$、$\ln GDP_2$、$\ln GDP_3$、$\ln K_1$、$\ln K_2$、$\ln K_3$ 表示。其次，采用 ADF 检验时间序列的平稳性。从表 5-7 可以看出，以上变量同为一阶单整，满足协整检验前提。

表 5-7 两个变量 ADF 检验结果

变量名	ADF 检验类型 (c, t, p)	T 统计量	DW 统计值	P 值	临界值 1%	临界值 5%	临界值 10%	是否平稳
$\ln GDP_1$	(c, 0, 0)	-1.244565	2.22477	0.6404	-3.689194	-2.971853	-2.625121	否
$D\ln GDP_1$	(c, 0, 1)	-5.49403	1.972377	0.0001	3.699871	-2.976263	-2.627420	是
$\ln K_1$	(c, 0, 2)	-0.519336	2.022561	0.8720	-3.711457	-2.981038	-2.629906	否
$D\ln K_1$	(c, 0, 2)	-5.266321	2.039884	0.0002	-3.711457	-2.981038	-2.629906	是
$\ln GDP_2$	(c, t, 1)	-1.822984	2.028964	0.3619	-3.699871	-2.976263	-2.62742	否
$D\ln GDP_2$	(c, 0, 1)	-2.708013	2.066878	0.0857	3.699871	-2.976263	-2.627420	是
$\ln K_2$	(c, 0, 2)	-1.987798	1.8702	0.2900	-3.711457	-2.981038	-2.629906	否
$D\ln K_2$	(c, 0, 1)	-2.715440	2.106878	0.0086	2.653401	-1.953858	1.609571	是
$\ln GDP_3$	(c, 0, 0)	-1.837574	2.287815	0.3555	-3.689194	-2.971853	-2.625121	否
$D\ln GDP_3$	(c, t, 1)	-5.133541	1.904537	0.0003	-3.699871	-2.976263	-2.627420	是
$\ln K_3$	(c, 0, 0)	-1.585488	1.912282	0.4765	-3.689194	-2.971853	-2.625121	否
$D\ln K_3$	(c, 0, 1)	-4.661440	1.976478	0.0010	-3.699871	-2.976263	-2.627420	是

注：c、t 分别表示的是常数项和趋势项，p 表示滞后阶数。

2. 协整检验

本书采用 EG 两步检验法分别对 $\ln GDP_1$ 与 $\ln K_1$、$\ln GDP_2$ 与 $\ln K_2$、$\ln GDP_3$ 与 $\ln K_3$ 进行检验，结果显示在 10% 显著性水平下三对变量存在一定的协整关系。其协整方程如下：

$$\ln GDP_1 = 4.318078 + 0.368303 \ln K_1 \quad (5.1)$$

$$\ln GDP_2 = 2.258197 + 0.729450 \ln K_2 \quad (5.2)$$

$$\ln GDP_3 = 1.859453 + 0.774501 \ln K_3 \quad (5.3)$$

从协整方程5.1、5.2、5.3可看出，1990—2018年甘肃省三次产业固定资产投资对三次产业生产总值都呈正影响，第一、二、三产业固定资产投资自然对数的回归系数分别为0.368303、0.729450、0.774501，即第一、二、三产业固定资产投资对第一、二、三产业生产总值的长期弹性分别为0.368303、0.729450、0.774501，说明第一、二、三产业固定资产投资自然对数每增加1个单位，第一、二、三产业生产总值分别平均增加0.368303、0.729450、0.774501个单位。相比较而言，第三产业的回归系数最大，第一产业的最小，说明固定资产投资对第三产业产出的影响最大，其次是第二产业，第一产业最小。

3. 格兰杰因果关系检验

格兰杰因果关系检验是用来分析两个变量之间是否存在因果关系。格兰杰因果关系检验的前提是两个变量序列为平稳序列，因此，利用EViews 9.0软件对$D\ln GDP$和$D\ln K$时间序列进行Granger检验，结果如表5-8所示。

表5-8　　　　　　　　　　Granger检验结果

原假设	样本量	滞后阶数	F统计量	P值	结论
$D\ln K_1$ does not Granger Cause $D\ln GDP_1$	23	5	5.91214	0.0056	拒绝
$D\ln GDP_1$ does not Granger Cause $D\ln K_1$			2.53983	0.0863	拒绝
$D\ln K_2$ does not Granger Cause $D\ln GDP_2$	7	1	0.004467	0.8344	接受
$D\ln GDP_2$ does not Granger Cause $D\ln K_2$			5.12914	0.0328	拒绝
$D\ln K_3$ does not Granger Cause $D\ln GDP_3$	5	3	1.407	0.2732	接受
$D\ln GDP_3$ does not Granger Cause $D\ln K_3$			5.18911	0.0093	拒绝

从表5-8可看出，在10%的显著水平下拒绝"$D\ln GDP_1$ does not Granger Cause $D\ln K_1$"和"$D\ln K_1$ does not Granger Cause $D\ln GDP_1$"的原假设，说明$D\ln K_1$和$D\ln GDP_1$之间存在双向格兰杰因果关系。在5%的显著水平下拒绝"$D\ln GDP_2$ does not Granger Cause $D\ln K_2$"的原假设，但不能拒绝"$D\ln K_2$ does not Granger Cause $D\ln GDP_2$"，说明$D\ln GDP_2$是$D\ln K_2$的变化的格兰杰原因，而$D\ln K_2$不是$D\ln GDP_2$变化的格兰杰原因，$D\ln K_2$和$D\ln GDP_2$之间存在单向的格兰杰因果关系。在1%的显著水平下拒绝"$D\ln GDP_3$ does not Granger Cause $D\ln K_3$"的原假设，但不能拒绝"$D\ln K_3$

does not Granger Cause $D\ln GDP_3$"，说明 $D\ln GDP_3$ 是 $D\ln K_3$ 的变化的格兰杰原因，而 $D\ln K_3$ 不是 $D\ln GDP_3$ 变化的格兰杰原因，$D\ln K_3$ 和 $D\ln GDP_3$ 之间存在单向的格兰杰因果关系。

综合以上实证分析结果，可得出以下几点结论。①协整检验分析表明甘肃省一、二、三产业固定资产投资分别与一、二、三产业经济增长总量之间存在长期均衡关系，且相比较而言，固定资产投资对第三产业产出的影响最大，其次是第二产业，第一产业最小。②格兰杰因果关系检验表明，首先，$D\ln K_1$ 和 $D\ln GDP_1$ 之间存在双向格兰杰因果关系。说明第一产业固定资产投资对第一产业生产总值增长有拉动作用，另一方面第一产业生产总值增长对第一产业固定资产投资又有推动作用。其次，$D\ln GDP_2$ 和 $D\ln K_2$、$D\ln GDP_3$ 和 $D\ln K_3$ 分别存在单向格兰杰因果关系，即 $D\ln GDP_2$ 是 $D\ln K_2$ 的变化的格兰杰原因，$D\ln GDP_3$ 是 $D\ln K_3$ 的变化的格兰杰原因，说明第二、三产业生产总值增长对第二、三产业固定资产投资具有显著推动作用。

第六章

固定资产投资对居民消费的影响效应

消费、投资和净出口是拉动一国经济增长的"三驾马车"。投资对消费具有"挤入效应"和"挤出效应"。本章在阐述固定资产投资与居民消费的关系基础上,以甘肃省为例,首先,采用描述统计法、相关与回归法分析固定资产投资与居民消费的变动趋势及关系;其次,采用面板数据模型分析固定资产投资对居民消费的影响效应。

第一节 固定资产投资与居民消费关系概述

一 投资与消费是经济增长的动力,投资增长的根本目的是促进最终消费增长

从支出角度看,GDP 是最终需求——投资、消费、净出口这三种需求之和,即核算 GDP 的公式为:国内生产总值=最终消费支出+资本形成总额+(货物和服务出口-货物和服务进口)。从上述公式可看出,投资和消费都是经济增长的动力。

消费是指使用货物和服务来满足人们物质、文化和精神生活的需要。在任何社会中,消费始终是社会生产的最终目的。消费是社会总需求的主体,也是经济增长的动力。消费需求包括公共消费需求和居民消费需求。影响消费的因素很多,包括收入水平、利率高低、消费习惯等。

投资增长的根本目的是促进最终消费增长。投资增长对消费增长的拉动效应表现为投资增长对最终消费增长具有直接和间接的动态拉动效应,投资增长往往领先于最终消费增长,并且一定时期的投资额中有一部分将

转化为消费资金,从而能在一定程度上促进最终消费的增长。投资增长并不完全取决于最终消费的增长,但最终消费增长是投资增长的重要诱因,特别是短期投资更关注消费需求,因而,消费增长对投资增长具有一定的拉动效应。

二 投资对消费的"挤入效应"和"挤出效应"

政府支出会对居民消费产生影响,从影响的方向来看可分为两类:"挤入效应"和"挤出效应"。如果政府支出增加带来居民消费总水平的下降,则称政府支出对居民消费具有"挤出效应",反之,则称之具有"挤入效应"。

目前学术界对于投资对消费的影响是"挤入效应"还是"挤出效应"还没有统一的结论。凯恩斯主义、新古典主义和新凯恩斯主义对此有不同的观点。

凯恩斯主义对政府支出与居民消费之间关系虽然没有进行直接的论述,但其理论思想表明,政府支出的增加通过乘数效应带动国民收入的成倍增长,在居民边际消费倾向稳定的情况下,居民消费也会随之增加,于是产生了挤入效应。

新古典主义认为政府支出的增加会减少私人家庭的持久收入和实际工资,家庭为了减少居民消费的剧烈下降,会增加其劳动供给量,但这种替代效应并不足以弥补财富下降所带来的全部负面效应,因此居民消费总量仍会减少,从而政府支出将对居民消费产生挤出效应。新凯恩斯主义认为如果价格保持黏性,政府支出的增加会导致总需求的增加进而提高实际工资水平。高的工资收入会刺激依照经验规则进行决策的家庭的消费水平。如果这部分消费者在总人口中所占的比重足够大的话,那么消费总量就会增加。[①]

总之,目前国内外学术界对于政府支出会否挤出私人消费并没有给出完全一致的结论,这就使得实证研究成为检验各种理论正确与否的恰当方式。

---

① 胡蓉、劳川奇、徐荣华:《政府支出对居民消费具有挤出效应吗?》,《宏观经济研究》2011年第2期。

第二节 固定资产投资与居民消费变动趋势及关系分析

本节以甘肃省为例,采用描述统计法和相关与回归分析法,分析固定资产投资与居民消费的变动趋势及其关系。

一 甘肃省固定资产投资与消费变动分析

反映一地区的投资率与消费率变动趋势指标主要有总投资率、固定资产投资率和最终消费率。其中总投资率是资本形成总额(总投资)占支出法国内生产总值的比率,又称资本形成率。固定资产投资率是全社会固定资产投资额占国内生产总值(GDP)的比率。在支出法国内生产总值一定的条件下,总投资率越高,则总投资规模越大。最终消费率是指国民经济核算中的最终消费支出占支出法国内生产总值的比率,是与资本形成率(总投资率)相对应的分析指标。它反映居民消费支出和政府消费支出在整个支出法国内生产总值中所占份额的高低。一般来说,最终消费率越高,资本形成率(总投资率)就越低,二者成反比。最终消费率和资本形成率的比例是消费和积累的比例关系的体现。按支出法核算 GDP 的公式为:国内生产总值=最终消费支出+资本形成总额+(货物和服务出口-货物和服务进口)。

第一,2000—2016 年甘肃省总投资率、固定资产投资率和最终消费率、居民消费率均呈持续增长趋势,投资率增长幅度大于消费率增长幅度。2017 年甘肃省总投资率、固定资产投资率呈下降趋势,分别比 2016 年下降了 16.7 个和 20.3 个百分点。

从表 6-1、图 6-1 可看出,首先,2000—2017 年甘肃省最终消费率和居民消费率均呈现持续增长趋势,分别由 2000 年的 60.4% 和 47.1% 增长为 2017 年的 69% 和 49.8%,但甘肃省资本形成率、固定资本形成率在 2000—2016 年呈现持续增长趋势,2017 年呈现下降趋势,分别比 2016 年下降了 16.7 个和 20.3 个百分点;其次,2000—2016 年甘肃省资本形成率、固定资本形成率增长幅度大于甘肃省最终消费率和居民消费率增长幅

第六章 固定资产投资对居民消费的影响效应

度,其中甘肃省资本形成率、固定资本形成率增长幅度分别为24.6个和32.5个百分点,最终消费率和居民消费率增长幅度分别为5.6个和0.2个百分点。

表6-1　　　　2000—2017年甘肃省投资率、消费率数据　　　　单位:%

年份	最终消费率	资本形成率	居民消费率	固定资本形成率
2000	60.4	43.1	47.1	35.5
2001	62.4	46.5	47.9	41.2
2002	62.5	47.6	48.3	43.4
2003	61.7	48.1	47.7	44.1
2004	62	48.4	45.9	44.8
2005	63	47.4	46.2	45.2
2006	60	47.9	42.6	45.1
2007	58.9	48.9	40.5	45.2
2008	59.9	51.2	39.8	47.2
2009	62.8	56.6	41.5	52.8
2010	59.7	56.9	38.7	52.9
2011	59.1	57.2	38.2	53.5
2012	58.9	58.4	38.9	55.4
2013	58.8	60.2	39.6	58.2
2014	59	60.7	40.4	60.2
2015	64.4	65.5	45.4	65.0
2016	66	67.7	47.3	68.0
2017	69	51	49.8	47.7

资料来源:国家统计局网站,http://data.stats.gov.cn/easyquery.htm?cn=E0103。

第二,2000—2017年甘肃省消费率呈上升趋势,储蓄率呈下降趋势。

消费率是反映国民的一般消费水平或消费需求水平的指标。储蓄率是反映国民收入的一般积累水平。从国民可支配总收入的最终使用来看,储蓄率=1-消费率,因此二者是此消彼长的关系。对于一个经济封闭的国家或地区,如果消费率高,那么储蓄率就低;反过来,如果储蓄率高,那么消费率就低。

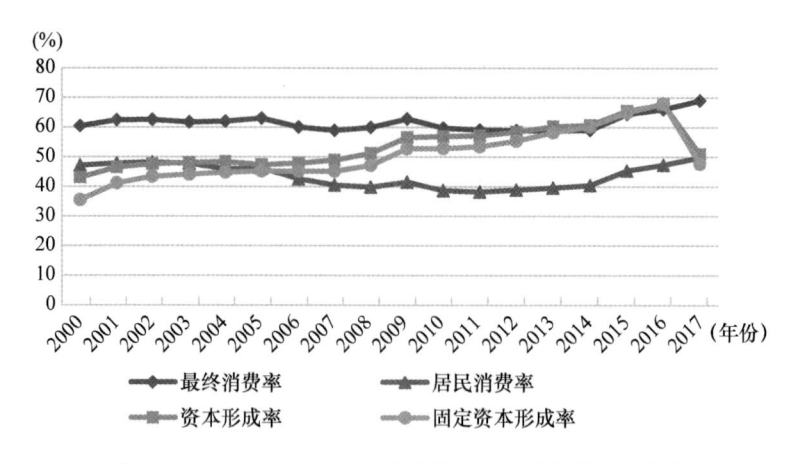

图 6-1　2000—2017 年甘肃省投资率、消费率变动趋势

资料来源：国家统计局网站，http：//data. stats. gov. cn/easyquery. htm？cn = E0103。

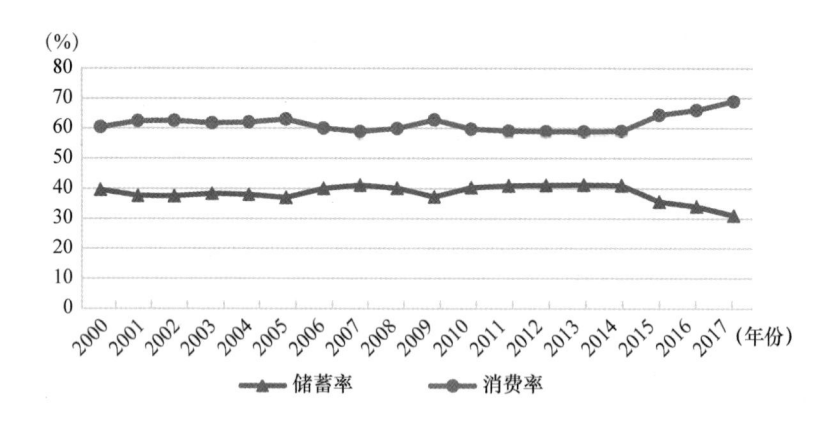

图 6-2　2000—2017 年甘肃省储蓄率、消费率变动趋势

资料来源：国家统计局网站，http：//data. stats. gov. cn/easyquery. htm？cn = E0103。

从图 6-2 可看出，2000—2017 年甘肃省消费率由 2000 年的 60.4% 逐渐上升为 2017 年的 69%，其储蓄率由 2000 年的 39.6% 逐渐下降为 2017 年的 31%，下降了 8.6 个百分点。虽然 2000—2017 年甘肃省消费率呈上升趋势，储蓄率呈下降趋势，但 2017 年储蓄率为 31%，仍然大于 25%，属于高储蓄地区。一般储蓄率在 25% 以上的，就称为高储蓄国家。高储蓄国家意味着投资需求可能较大。因此，如何刺激内需，使得经济能够长期均衡增长，是甘肃省财政政策要考虑的关键问题。

二 甘肃省居民消费对经济增长的拉动分析

消费是拉动一国经济增长的"三驾马车"之一。分析消费需求对经济增长拉动作用的指标主要有消费需求弹性系数和消费贡献率、消费拉动率。

消费需求弹性系数是经济增长率与消费需求增长率之比,说明消费需求每增长1个百分点能带动经济增长的比例关系,它是反映消费需求对经济增长的影响作用或制约性的指标。消费需求弹性系数有名义弹性系数与实际弹性系数之分。名义消费需求弹性系数是 GDP 名义增长率与消费需求名义增长率之比,实际消费需求弹性系数是 GDP 实际增长率与消费需求实际增长率之比。实际弹性系数消除了消费价格指数与 GDP 平减指数之间差异的影响,从而反映消费需求增长与经济增长的实际比率关系。

消费贡献率是一定时期的消费增量与同期的 GDP 增量之比,反映 GDP 增量中消费所起的贡献作用。消费贡献率越大,对 GDP 增长的贡献越大。消费贡献率亦有两种口径:名义消费贡献率与实际消费贡献率。名义消费贡献率 = 消费名义增量/GDP 名义增量,实际消费贡献率 = 消费实际增量/GDP 实际增量。

消费拉动率是消费贡献率与 GDP 增长率的乘积,反映消费的增长对 GDP 增长的拉动作用,消费拉动率越大,消费增长对 GDP 增长的拉动作用越大。消费拉动率亦有名义拉动率、实际投资拉动率两种计算口径,计算公式为名义消费拉动率 = 名义消费贡献率 × GDP 名义增长率 = 名义消费增量/基期名义 GDP,实际消费拉动率 = 实际消费贡献率 × GDP 实际增长率 = 实际消费增量/基期实际 GDP。

第一,2001—2017 年甘肃省消费需求弹性系数在 -0.08—1.45 之间波动,其中有 10 年消费弹性系数小于 1,说明消费需求对经济增长的带动作用不够。

从表 6-2 和图 6-3 可看出,2001—2017 年甘肃省名义消费需求弹性系数在 -0.08—1.45 之间波动,大部分在 1 附近。其中有 10 年消费弹性系数小于 1,即有 10 年甘肃省消费的增长率快于 GDP 增长率。但有 7 年消费弹性系数大于 1,即有 7 年甘肃省消费的增长率慢于 GDP 增长率。说明消费需求对经济增长的带动作用不够。从长期看,消费需求弹性系数具有一定的周期波动性，这种周期波动性是经济增长波动和消费增长波动综合作用的结果。

表6–2　　　　　2001—2017年甘肃省消费需求弹性系数

时间	支出法生产总值（亿元）	最终消费（亿元）	GDP增长率（%）	消费增长率（%）	GDP增长量（亿元）	消费增长量（亿元）	消费需求弹性系数	消费贡献率（%）	消费拉动率（%）
2000	1052.88	635.71	—	—	—	—	—	—	—
2001	1125.37	702.29	6.88	10.47	72.49	66.58	0.66	91.85	6.32
2002	1232.03	770.54	9.48	9.72	106.66	68.25	0.98	63.99	6.06
2003	1399.83	863.46	13.62	12.06	167.80	92.92	1.13	55.38	7.54
2004	1688.49	1047.66	20.62	21.33	288.66	184.20	0.97	63.81	13.16
2005	1933.98	1217.63	14.54	16.22	245.49	169.97	0.90	69.24	10.07
2006	2277.35	1367.12	17.75	12.28	343.37	149.49	1.45	43.54	7.73
2007	2703.98	1593.89	18.73	16.59	426.63	226.77	1.13	53.15	9.96
2008	3166.82	1897.06	17.12	19.02	462.84	303.17	0.90	65.50	11.21
2009	3387.56	2127.01	6.97	12.12	220.74	229.95	0.58	104.17	7.26
2010	4120.75	2462.03	21.64	15.75	733.19	335.02	1.37	45.69	9.89
2011	5020.37	2967.02	21.83	20.51	899.62	504.99	1.06	56.13	12.25
2012	5650.2	3327.97	12.55	12.17	629.83	360.95	1.03	57.31	7.19
2013	6268	3682.89	10.93	10.66	617.80	354.92	1.03	57.45	6.28
2014	6836.82	4035.59	9.07	9.58	568.82	352.70	0.95	62.01	5.63
2015	6790.32	4374.19	-0.68	8.39	-46.50	338.60	-0.08	-728.17	4.95
2016	7200.37	4751.39	6.04	8.62	410.05	377.20	0.70	91.99	5.55
2017	7459.9	5148.33	3.60	8.35	259.53	396.94	0.43	152.95	5.51

资料来源：国家统计局网站，http://data.stats.gov.cn/easyquery.htm?cn=E0103。

第二，2001—2017年甘肃省消费贡献率和消费拉动率波动均较大。

从表6–2和图6–4可看出，2001—2017年甘肃省消费贡献率波动幅度大，波动区间在-728.17—152.95之间，其中2015年消费贡献率为-728.17%，其原因是2015年支出法生产总值逐期增长量为负值。同样，2001—2017年甘肃省消费拉动率波动幅度较大，波动区间在4.95—13.16之间。从长期来看，消费贡献率和消费拉动率波动都较大，这是经济增长

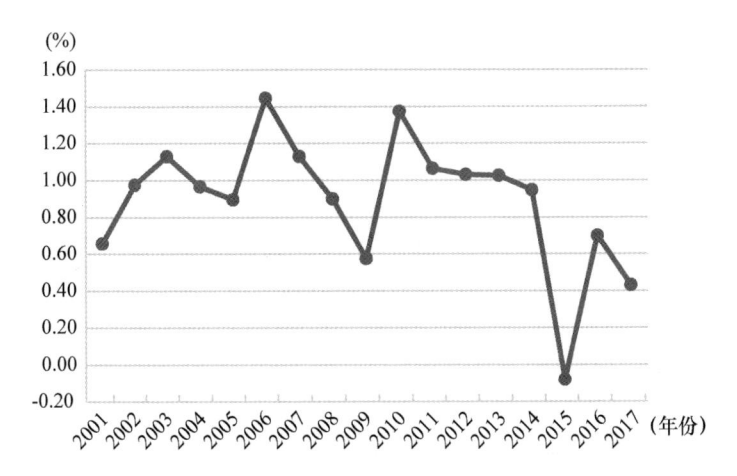

图 6-3 2001—2017 年甘肃省消费需求弹性系数

资料来源：国家统计局网站，http://data.stats.gov.cn/easyquery.htm? cn = E0103。

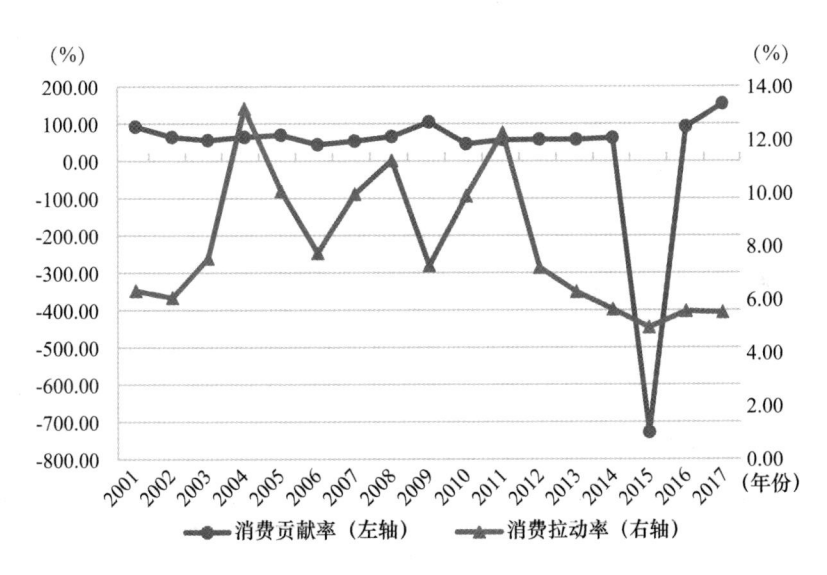

图 6-4 2001—2017 年甘肃省消费贡献率与消费拉动率

波动和消费增长波动综合作用的结果。

三 甘肃省居民消费支出水平与固定资产投资额的相关与回归分析

从表 6-3、图 6-5 看出，1980—2018 年甘肃省居民消费支出水平

（y）与固定资产投资（x）都呈指数趋势增长，指数方程分别为 $y = 142.06e^{0.1215t}$ 和 $x = 9.8954e^{0.1802t}$，其中 t 表示年份，y 表示居民人均消费支出水平，x 表示固定资产投资水平。

表6-3　　1980—2018年甘肃省地区生产总值、固定资产投资与居民人均消费支出水平

时间	生产总值（亿元）	固定资产投资（亿元）	居民人均消费支出水平（元）	时间	生产总值（亿元）	固定资产投资（亿元）	居民人均消费支出水平（元）
1980	73.90	12.65	167	2000	1052.88	441.35	1849
1981	70.89	14.10	182	2001	1125.38	505.42	1983
1982	76.88	15.69	189	2002	1232.03	575.83	2232
1983	91.50	18.91	215	2003	1399.84	655.07	2509
1984	103.17	24.51	242	2004	1688.49	756.01	2857
1985	123.39	33.90	280	2005	1933.97	874.53	3392
1986	140.74	40.42	327	2006	2277.35	1024.87	3630
1987	159.52	47.91	366	2007	2707.41	1310.38	4092
1988	191.84	59.54	430	2008	3123.15	1735.79	4588
1989	216.84	51.19	461	2009	3337.82	2479.60	5125
1990	242.80	59.35	503	2010	4023.20	3378.10	5865
1991	271.39	68.59	596	2011	4923.70	4180.24	6958
1992	317.79	85.13	654	2012	5527.60	5040.53	8078
1993	372.24	122.08	798	2013	6186.74	6407.20	9168
1994	453.61	159.05	1027	2014	6680.93	7759.62	10230
1995	557.76	194.67	1308	2015	6621.98	8626.60	11417
1996	722.52	214.83	1416	2016	7007.10	9534.10	12873
1997	793.58	264.39	1436	2017	7459.90	5696.35	13889
1998	887.67	331.01	1457	2018	8246.06	5473.99	15523
1999	956.33	384.08	1563				

资料来源：2010—2019年《甘肃发展年鉴》，其中居民人均消费支出水平是根据城镇居民人均消费支出、农村居民人均消费支出，按城乡人口比乘加权计算而得。

第六章　固定资产投资对居民消费的影响效应

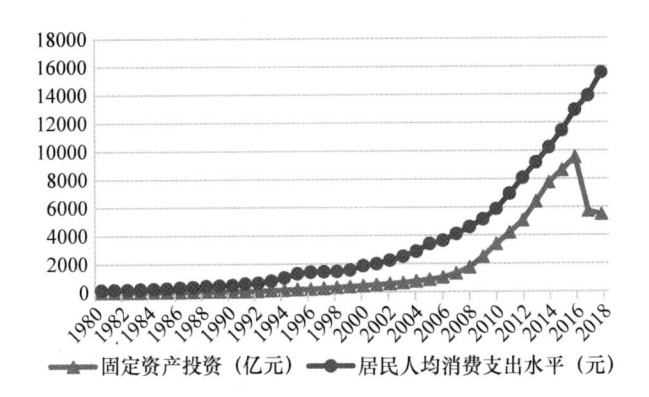

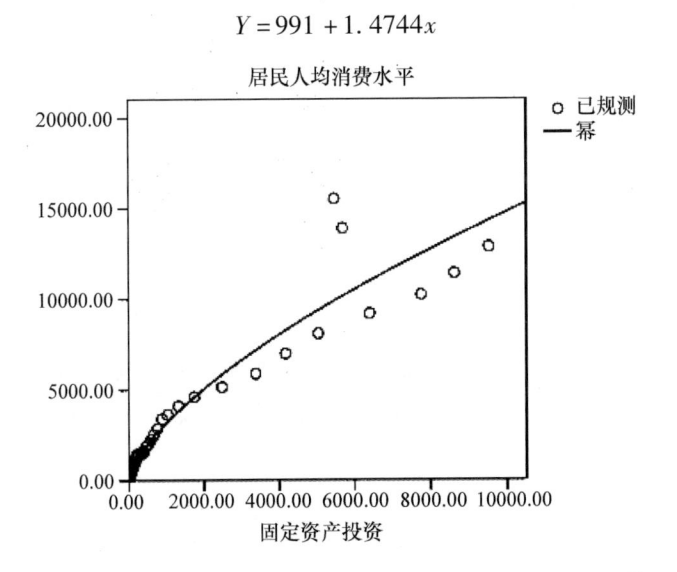

图 6-5　1980—2018 年甘肃省固定资产投资与居民人均消费支出水平变动趋势图

从图 6-6 可看出，1980—2018 年甘肃省居民人均消费支出水平（y）与固定资产投资（x）大致呈线性相关关系。因此，以 1980—2018 年甘肃省居民人均消费支出水平为因变量 y，以固定资产投资为自变量 x，建立 1980—2018 年间甘肃省居民消费支出水平 y 与固定资产投资 x 的回归方程为：

$$Y = 991 + 1.4744x$$

图 6-6　1980—2018 年甘肃省固定资产投资与居民人均消费支出水平散点图

方程通过了 t 检验和 F 检验（表 6-4、表 6-5）。该方程表明 1980—2018 年期间，甘肃省居民人均消费支出水平 y 与固定资产投资 x 存在高度正相关关系，其相关系数为 0.932，可决系数为 0.868，说明固定资产投资解释了甘肃省居民人均消费支出水平变动的 86.81%。回归系数表明甘肃省固定资产投资每增长 1 个单位，居民人均消费支出水平平均增长 1.4744 个单位（见表 6-6）。

表 6-4　　　　　　　　　模型汇总

R	R^2	调整 R^2	估计值的标准误
0.932	0.868	0.865	1573.576

表 6-5　　　　　　　　　方差

	平方和	df	均方	F	Sig.
回归	602939148.584	1	602939148.584	243.499	0.000
残差	91617227.108	37	2476141.273	—	—
总计	694556375.692	38	—	—	—

表 6-6　　　　　　　　　系数

	未标准化系数		标准化系数	t	Sig.
	B	标准误	Beta		
固定资产投资（亿元）	1.474	0.094	0.932	15.604	0.000
（常数）	991.000	301.923	3.282	0.002	—

第三节　固定资产投资对居民消费影响效应的实证分析

本节以甘肃为例，采用固定效应变系数模型分析固定资产投资对居民消费的影响效应。

第六章　固定资产投资对居民消费的影响效应

一　变量选取与数据说明

为了分析固定资产投资对居民消费的影响效应，本书选取的被解释变量为居民人均消费支出，解释变量为人均固定资产投资、居民人均可支配收入，变量均为年度数据。

（一）被解释变量

反映居民消费水平的常用指标主要有居民人均消费支出、城镇居民人均消费支出、农村居民人均消费支出等，由于《甘肃发展年鉴》对甘肃省14个地州市居民消费水平统计指标只有"各地区城镇家庭平均每人消费支出"和"各地县农村居民平均每人消费支出"，所以本书以各地区城乡人口比重为权数，调整计算出各地区居民人均消费支出。

（二）解释变量

凯恩斯的投资乘数效应理论认为，在一定的边际消费倾向条件下，投资的增加可导致国民收入和就业量若干倍地增加。消费函数理论认为居民收入是决定消费需求的基本因素。根据投资乘数效应理论和消费函数理论，本书选取人均固定资产投资和居民人均可支配收入为解释变量。

反映固定资产投资规模的常用指标有固定资产投资、人均固定资产投资，由于甘肃省14个地州市人口规模差异较大，为了克服人口规模大小的影响，所以本书采用人均固定资产投资作为被解释变量。

（三）数据说明

本书数据样本区间取为2007—2018年，数据来源于2008—2019年《甘肃发展年鉴》。其中，2008—2019年甘肃省各地州市居民人均消费支出、居民人均可支配收入两个指标是以各地区当年城乡人口比重为权数，对各地区城镇居民人均消费支出、农村居民人均消费支出和城镇居民人均可支配收入、农村居民人均可支配收入进行加权计算得出。同时，为了消除价格因素影响，所有数据按照固定资产投资价格指数和居民消费价格指数均调整为2007年的不变价格。

二　模型选择

以居民人均消费支出（$PCCE$，元）为被解释变量，以人均固定资产投资（IFA，元）、居民人均可支配收入（$PCDI$，元）为解释变量，建立面板数据模型如下：

$$PCCE_{it} = \alpha + \beta_{1i} IFA_{it} + \beta_{2i} PCDI_{it} + \varepsilon_{it} \quad (6-1)$$

其中，$PCCE_{it}$表示第 t 年 i 地区的居民人均消费支出，IFA_{it}表示第 t 年 i 地区的人均固定资产投资，$PCDI_{it}$表示第 t 年 i 地区的居民人均可支配收入，ε 为残差项。

三 实证分析结果

使用 EViews 9.0 软件，选择固定效应变系数模型，采用面板广义最小二乘估计法（截面加权）Pooled EGLS（Cross - section weights）法对上述面板数据进行分析，其参数估计结果如表 6-7 所示。

表 6-7 甘肃省固定资产投资对居民消费影响效应的固定效应变系数模型输出结果

变量	系数	标准差	t - 统计量	P 值
C	549.9693 ***	106.1108	5.182974	0.0000
兰州市 - IFA	0.015485 *	0.008295	1.866826	0.0643
嘉峪关市 - IFA	-0.060831	0.037116	-1.638927	0.1037
金昌市 - IFA	0.054264 **	0.025426	2.134173	0.0348
白银市 - IFA	-0.000779	0.028934	-0.026914	0.9786
天水市 - IFA	0.106813 ***	0.035726	2.989781	0.0034
武威市 - IFA	-0.008553 **	0.00426	-2.007511	0.0468
张掖市 - IFA	0.027165	0.019828	1.370075	0.1731
平凉市 - IFA	0.036507 *	0.021472	1.700242	0.0916
酒泉市 - IFA	0.02072 ***	0.004291	4.828557	0.0000
庆阳市 - IFA	0.01512 **	0.005817	2.599502	0.0105
定西市 - IFA	-0.048015 **	0.022546	-2.12967	0.0351
陇南市 - IFA	-0.050458 **	0.022356	-2.257002	0.0257
临夏州 - IFA	0.022666	0.01641	1.381241	0.1696
甘南州 - IFA	-0.017418	0.011931	-1.459918	0.1468
兰州市 - PCDI	0.726577 ***	0.012396	58.61445	0.0000
嘉峪关市 - PCDI	0.800234 ***	0.054691	14.63204	0.0000

续表

变量	系数	标准差	t - 统计量	P 值
金昌市 - PCDI	0.528188***	0.041128	12.84249	0.0000
白银市 - PCDI	0.566962***	0.03941	14.38638	0.0000
天水市 - PCDI	0.58456***	0.047298	12.35922	0.0000
武威市 - PCDI	0.807737***	0.008051	100.3304	0.0000
张掖市 - PCDI	0.836698***	0.027068	30.91144	0.0000
平凉市 - PCDI	0.699493***	0.035562	19.66966	0.0000
酒泉市 - PCDI	0.671453***	0.015259	44.00269	0.0000
庆阳市 - PCDI	0.681482***	0.016058	42.43994	0.0000
定西市 - PCDI	0.873073***	0.033683	25.9206	0.0000
陇南市 - PCDI	0.827578***	0.038117	21.71156	0.0000
临夏州 - PCDI	0.780942***	0.019184	40.70757	0.0000
甘南州 - PCDI	0.731068***	0.025155	29.06242	0.0000

注：***、**、* 分别表示在 1%、5%、10% 显著性水平上显著。

从模型输出结果来看，可得出如下几点结论。①可决系数 R^2 = 0.998498，调整可决系数 R^2 = 0.998009，F = 2042.649，DW = 2.065516。说明方程的拟合度较好，不存在自相关。方程中绝大多数的参数通过了 10% 水平上的显著性检验。②从模型输出的人均固定资产投资系数来看，甘肃省 14 个地州市中有 9 个地区的人均固定资产投资回归系数通过了显著性检验，其中兰州市、金昌市、天水市、平凉市、酒泉市、庆阳市 6 个地区的人均固定资产投资系数为正值，说明这 6 个地区的固定资产投资对居民人均消费支出有拉动作用，即对居民消费具有明显的挤入效应；武威市、定西市、陇南市 3 个地区的人均固定资产投资系数为负值，说明这 3 个地区的固定资产投资对居民人均消费支出具有挤出效应，二者呈现替代关系。张掖市、临夏州、白银市、甘南州、嘉峪关市 5 个地区的固定资产系数没有通过显著性检验，说明这 5 个地区固定资产投资对其居民消费挤入或挤出效应不显著。③从通过检验的人均固定资产投资系数来看，天水市最大为 0.106813，庆阳市最小为 0.01512，即人均固定资产投资每增加 1 个单位，天水市居民人均消费支出平均增长 0.106813 个单位，而庆阳市居民人均消费支出平均只增长 0.01512 个单位。

第七章

固定资产投资对社会就业的影响效应

就业是民生之本，投资作为经济增长的驱动力，其归宿就是保障民生，就是促进就业。本章在阐述投资与就业的关系及甘肃省固定资产投资与就业变动趋势、关联度基础上，实证分析甘肃省固定资产投资对社会就业的影响效应。

第一节 投资与就业的关系概述

一 投资与就业

投资作为经济增长的驱动力，其归宿就是保障民生，就是促进就业和提高人民的生活水平。首先，投资是维持社会稳定发展的重要手段，在经济出现波动或不稳定情况下，最主要的维稳手段就是投资，投资的最直接的结果就是熨平经济的波动，提振人们对经济的信心。其次，投资是促进社会资源分配的重要手段。投资作为促进社会资源分配的重要手段，可以创造就业岗位，保证社会就业的稳定，促进社会财富向广大中低收入人群转移，进而保证经济的稳定发展。从宏观角度来看，投资的根本目的就是保稳定、保就业、保发展，进而实现我国以人为本的发展理念。

就业是民生之本，是人民群众改善生活的基本前提和基本途径。就业在当前我国宏观政策中具有优先地位。党的十九大报告明确指出："就业是最大的民生。要坚持就业优先战略和积极就业政策，实现更高质量和更充分就业。"2020年5月24日，两会期间，习近平总书记在参加湖北代表团审议时强调，要切实做好"六保"工作，做好高校毕业生、农民工等重点群体就业。《政府工作报告》指出，2020年要优先稳就业保民生。2020年就业优先政策要全面强化。财政、货币和投资等政策要聚力支持稳就业。努力稳定现有就业，积极增加新的就业，促进失业人员再就业。各地要清理取消对就业的不合理限制，促进就业举措要应出尽出，拓岗位办法要能用尽用。总之，无论是"六稳"，即稳就业、稳金融、稳外贸、稳外资、稳投资、稳预期工作，还是"六保"，即保居民就业、保基本民生、保市场主体、保粮食能源安全、保产业链供应链稳、保基层运转，就业都摆在首位。投资如何对就业产生影响，主要表现在投资规模对就业的影响、投资结构对就业的影响。

二 投资规模对就业的影响

投资规模对就业的影响表现为投资规模越大，则提供的就业机会越多。投资规模影响就业岗位包括以下三个方面。①由于投资而形成的生产和服务单位提供的就业岗位。显然，投资规模越大，能为社会提供的就业岗位就越多。②投资过程中的建筑安装活动提供的就业岗位。投资要转化为资本，形成固定资产，需要有一个建筑安装的过程，在这个过程中要吸纳一批建筑安装工人。显然，投资规模越大，需要的建筑安装工人越多，为社会提供的就业岗位自然也多。③因刺激关联产业的生产而提供的就业岗位。这属于投资间接创造就业效应。投资间接创造就业效应还体现在投资作为一种需求对整个经济的刺激上，投资越大，在其他需求不变的情况下，社会需求就会增大，从而整个经济就会繁荣，经济的繁荣必定使就业岗位增多。

衡量投资规模对就业影响程度的指标，可以通过计算投资就业弹性来计量。所谓就业的投资弹性系数，是指投资每增长1个百分点所带来的就业增长的百分点。投资就业弹性呈不断下降趋势的原因主要有以下几点。①技术的进步。由于投资的技术密集程度不断提高，劳动生产率随之提高，就业弹性自然会减少。②投资结构的变化。近年来，投资已越来越向技术和资金密集型行业倾斜，由于劳动密集型行业的投资相对增长较慢，这也使就业弹性变小。投资就业弹性的大小，只是说明投资与就业的关系，与失业程度无关，不能认为就业弹性大就可达到充分就业。

三　投资结构对就业的影响

投资结构对就业的影响与各产业、各行业、各部门吸纳就业能力的不同有直接关系。以三大产业为例，2017年我国第一产业的就业需求投资弹性系数为-0.2355，第二产业为-1.3901，第三产业为0.3912，即第一产业的发展对就业的拉动作用最小、第三产业最大。2004—2017年，第二产业就业需求的投资弹性系数呈现持续下降趋势，第一产业呈现波动下降趋势，第二产业则呈现持续上升趋势。

第一产业就业弹性系数最小，其原因主要是我国第一产业对就业的贡献表现为一种剩余劳动力"蓄水池"的作用，即第一产业就业弹性系数受第二、第三产业就业的制约，当第二、第三产业吸纳就业能力下降的时候，第一产业就业弹性系数就升高，反之，则下降（见表7-1、图7-1）。这种现象反映了每当城市就业岗位减少，大批流动劳动力将被迫回到农村和农业中。

表7-1　1978—2018年甘肃省固定资产投资与就业人数

时间	就业人员数（万人）	就业比上年增长（%）	固定资产投资（亿元）	固定资产投资比上年增长（%）	就业需求的投资弹性系数	投资的就业吸纳率（万人/亿元）
1978	694	—	9.30	—	74.64	74.62
1979	713	2.74	11.22	20.63	0.13	63.55
1980	796	11.64	12.65	12.74	0.91	62.92
1981	842	5.78	14.10	11.52	0.50	69.72
1982	870	3.33	15.69	11.23	0.30	55.45
1983	993.8	14.23	18.91	20.53	0.69	52.55
1984	1047	5.35	24.51	29.62	0.18	42.72
1985	1081.4	3.29	33.90	38.32	0.09	31.90
1986	1098.9	1.62	40.42	19.26	0.08	27.19
1987	1139.7	3.71	47.91	18.51	0.20	23.79
1988	1178.8	3.43	59.54	24.29	0.14	19.80
1989	1214	2.99	51.19	-14.02	-0.21	23.72
1990	1292.4	6.46	59.35	15.93	0.41	21.78
1991	1302.4	0.77	68.59	15.57	0.05	18.99

第七章 固定资产投资对社会就业的影响效应

续表

时间	就业人员数（万人）	就业比上年增长（%）	固定资产投资（亿元）	固定资产投资比上年增长（%）	就业需求的投资弹性系数	投资的就业吸纳率（万人/亿元）
1992	1305.9	0.27	85.13	24.11	0.01	15.34
1993	1417.8	8.57	122.08	43.41	0.20	11.61
1994	1438.81	1.48	159.05	30.28	0.05	9.05
1995	1483.32	3.09	194.67	22.39	0.14	7.62
1996	1521.46	2.57	214.83	10.36	0.25	7.08
1997	1530.32	0.58	264.39	23.07	0.03	5.79
1998	1539.8	0.62	331.01	25.20	0.02	4.65
1999	1489.00	-3.30	384.08	16.03	-0.21	3.88
2000	1476.45	-0.84	441.35	14.91	-0.06	3.35
2001	1488.93	0.85	505.42	14.52	0.06	2.95
2002	1500.59	0.78	575.83	13.93	0.06	2.61
2003	1510.85	0.68	655.07	13.76	0.05	2.31
2004	1520.46	0.64	756.01	15.41	0.04	2.01
2005	1391.36	-8.49	874.53	15.68	-0.54	1.59
2006	1401.36	0.72	1024.87	17.19	0.04	1.37
2007	1414.76	0.96	1310.38	27.86	0.03	1.08
2008	1446.34	2.23	1735.79	32.47	0.07	0.83
2009	1488.63	2.92	2479.60	42.85	0.07	0.60
2010	1499.56	0.73	3378.10	36.24	0.02	0.44
2011	1500.26	0.05	4180.24	40.16	0.00	0.36
2012	1491.59	-0.58	5040.53	30.20	-0.02	0.30
2013	1504.97	0.90	6407.20	27.11	0.03	0.23
2014	1519.86	0.99	7759.62	21.11	0.05	0.20
2015	1535.69	1.04	8626.60	11.17	0.09	0.18
2016	1548.74	0.85	9534.10	10.52	0.08	0.16
2017	1553.84	0.33	5696.35	-40.25	-0.01	0.27
2018	1555.64	0.12	5473.99	-3.90	-0.03	0.28

资料来源：甘肃省统计局网站，http://tjj.gansu.gov.cn/tjnj/2018/indexce.htm。

第二产业就业弹性数值居中，且呈稳定下降的趋势。2003年后就业弹性系数一直为负值。我国第二产业就业弹性系数为负值，表现为"挤出"效应，它反映了企业减负增效、消除冗员、体制改革以及技术进步等。

第三产业就业弹性系数最大。第三产业就业弹性系数大于一、二产业的原因是目前我国第一产业已经不再具有大量吸纳就业的潜力，曾经是吸纳就业重要领域的第二产业的就业弹性下降，这与各地工业化过程中倾向资本密集型有关，只有以服务业为主的第三产业仍保持较高的吸纳就业能力，成为目前中国就业增长的主要支撑。

就业是民生之本，是人民群众改善生活的基本前提和基本途径。就业和再就业，关系着亿万人民群众的切身利益，关系着改革发展稳定的大局，关系着实现全面建设小康社会的宏伟目标。我国的就业压力较大，在当前全球经济和就业状况不景气及全球新冠肺炎疫情冲击的大背景下，研究固定资产投资对就业的影响效应，探求如何通过调整固定资产投资结构，进一步提高经济增长的就业容量的途径具有重要意义。

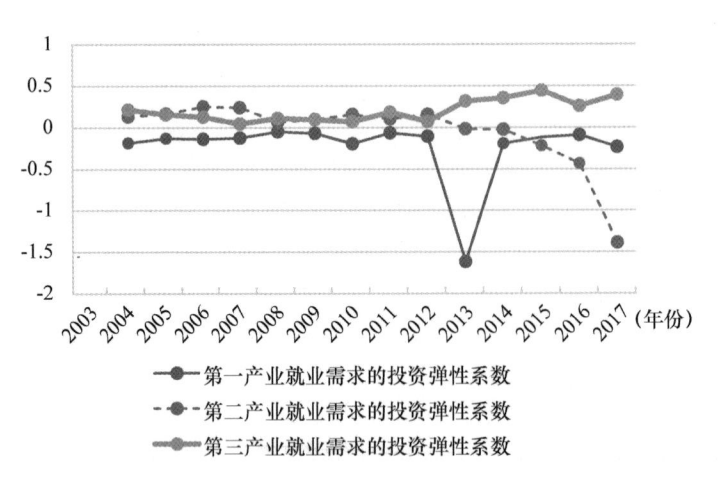

图7-1 2004—2017年甘肃省三次产业就业需求的投资弹性系数

资料来源：国家统计局网站，http://www.stats.gov.cn/tjsj/ndsj/2019/indexch.htm。

第二节 固定资产投资与就业变动趋势及关联度分析

本节以甘肃为例,采用描述统计法、相关与回归法,分析固定资产投资与就业的变动趋势及其关系。

一 甘肃省固定资产投资与就业增长趋势分析

(1) 1978—2018 年甘肃省固定资产投资和就业人数分别呈指数曲线和线性趋势增长,甘肃省固定资产投资增长速度显著大于就业增长速度。

改革开放以来,随着甘肃省固定资产投资迅速增长,甘肃省就业人数也快速增长。但甘肃省固定资产投资增长速度大于就业增长速度。从表 7-1、图 7-2 和图 7-3 可看出,1978—2018 年甘肃省固定资产投资呈指数曲线趋势增长,其时间序列趋势方程为:$y = 7.0639e^{0.1793x}$,甘肃省固定资产投资额由 1978 年的 9.30 亿元增加到 2018 年的 5473.99 亿元,增长了 587.6 倍,尤其从 2006 年开始呈迅猛增长态势,但 2017 年开始下降,由 2016 年的 9534.10 亿元下降为 2017 年的 5696.35 亿元。1978—2018 年甘肃省就业人数呈线性趋势增长,其时间序列趋势方程为:$y = 18.257x + 941.97$,甘肃省就业人数由 1978 年的 694 万人增加到 2018 年的 1555.64 万人,增长了 1.241 倍。相比较而言,甘肃省固定资产投资增长速度显著大于就业增长速度。

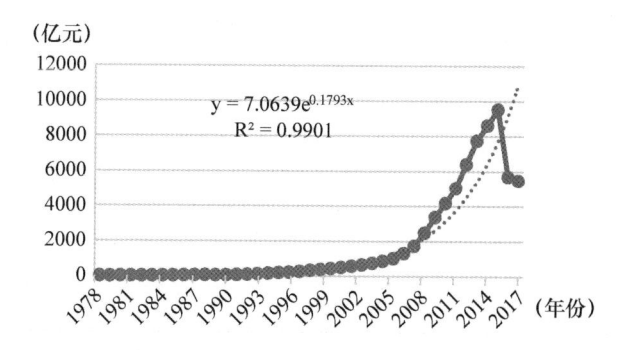

图 7-2 1978—2018 年甘肃省固定资产投资变动趋势

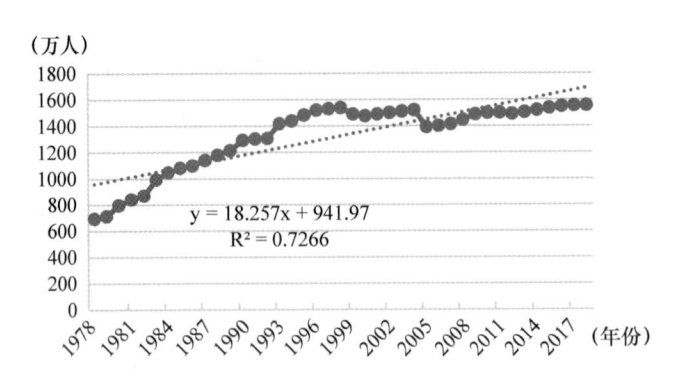

```
(万人)
1800
1600
1400
1200
1000
 800      y = 18.257x + 941.97
 600      R² = 0.7266
 400
 200
    1978 1981 1984 1987 1990 1993 1996 1999 2002 2005 2008 2011 2014 2017 (年份)
```

图 7 - 3　1978—2018 年甘肃省就业人数变动趋势

（2）2000—2018 年甘肃省第一产业就业人员数占比最大，增长速度及波动幅度最小；第二产业就业人数占比最小，增长速度居中，波动幅度最大；第三产业就业人数占比居中，增长速度最大，波动幅度居中。

首先，2000—2018 年甘肃省第一产业就业人数占比最大，但呈现下降趋势，由 2000 年的 59.64% 下降为 2018 年的 53.90%；第二产业占比最小，且呈现下降趋势，由 2000 年的 18.95% 下降为 2018 年的 15.50%；第三产业占比居中，且呈现上升趋势，由 2000 年的 21.41% 上升为 2018 年的 30.59%。其次，2000—2018 年甘肃省第三产业就业人员数增长速度最大，其次是第二产业，第一产业最小。最后，2000—2018 年甘肃省第二产业波动程度最大，波动幅度为 32.24 个百分点，第三产业次之，波动幅度为 18.48 个百分点，第一产业波动最小，波动幅度为 4.25 个百分点（见表 7 - 2、图 7 - 4、图 7 - 5）。

表 7 - 2　2000—2018 年甘肃省三次产业就业人员数及增长速度

时间	就业人员数（万人）	第一产业就业人员数占比（%）	第二产业就业人员数占比（%）	第三产业就业人员数占比（%）	就业人员数增长速度（%）	第一产业就业增长速度（%）	第二产业就业增长速度（%）	第三产业就业增长速度（%）
2000	1476.45	59.64	18.95	21.41	-0.84	0.23	-6.05	1.09
2001	1488.93	59.55	18.46	21.99	0.85	0.69	-1.76	3.58

第七章 固定资产投资对社会就业的影响效应

续表

时间	就业人员数（万人）	第一产业就业人员数占比（%）	第二产业就业人员数占比（%）	第三产业就业人员数占比（%）	就业人员数增长速度（%）	第一产业就业增长速度（%）	第二产业就业增长速度（%）	第三产业就业增长速度（%）
2002	1500.59	59.23	18.55	22.22	0.78	0.24	1.28	1.84
2003	1510.85	58.91	18.68	22.41	0.68	0.14	1.39	1.54
2004	1520.46	58.58	18.72	22.70	0.64	0.06	0.85	1.96
2005	1391.36	63.67	14.66	21.68	-8.49	-0.54	-28.34	-12.64
2006	1401.36	63.23	14.79	21.98	0.72	0.03	1.62	2.14
2007	1414.76	62.66	15.00	22.34	0.96	0.05	2.41	2.6
2008	1446.34	62.35	15.12	22.53	2.23	1.73	3	3.13
2009	1488.63	62.01	15.26	22.73	2.92	2.36	3.9	3.82
2010	1499.56	61.61	15.36	23.03	0.73	0.09	1.4	2.06
2011	1500.26	61.26	15.43	23.31	0.05	-0.52	0.5	1.26
2012	1491.59	60.45	15.64	23.91	-0.58	-1.89	0.77	1.98
2013	1504.97	59.26	16.05	24.69	0.9	-1.09	3.55	4.18
2014	1519.86	58.02	16.10	25.88	0.99	-1.12	1.31	5.84
2015	1535.69	57.06	16.11	26.83	1.04	-0.64	1.1	4.77
2016	1548.74	55.96	15.92	28.12	0.85	-1.1	-0.34	5.7
2017	1553.84	54.86	15.72	29.42	0.33	-1.64	-0.93	4.97
2018	1555.64	53.90	15.50	30.59	0.12	-1.63	-1.27	4.11

资料来源：2019年《甘肃发展年鉴》。

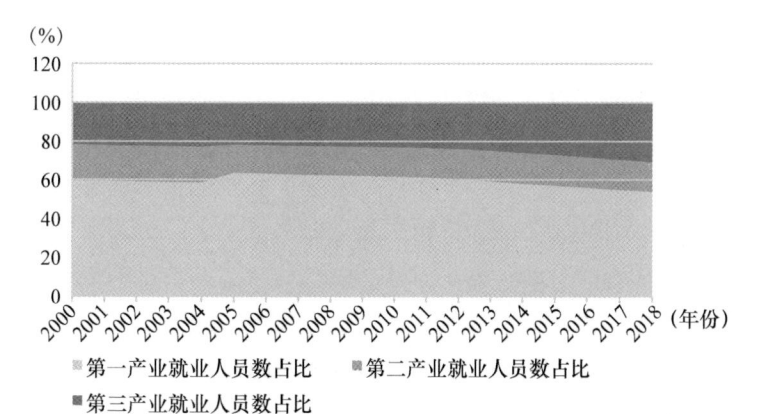

图7-4 2000—2018年甘肃省三次产业就业人员数占比

资料来源：2019年《甘肃发展年鉴》。

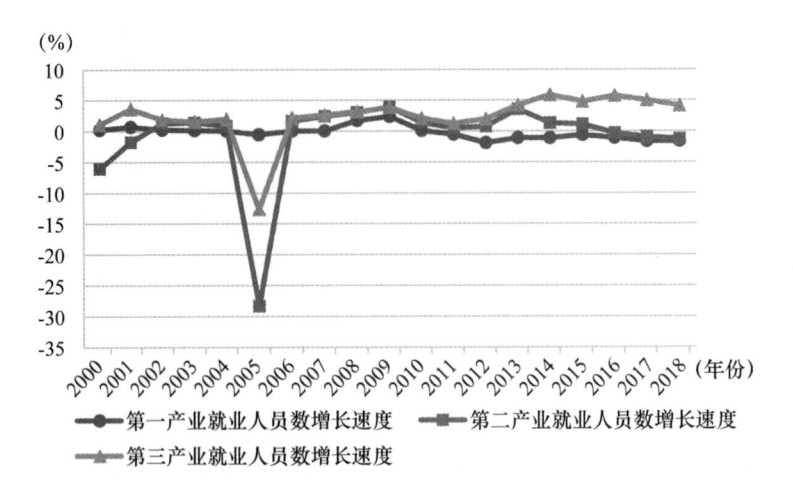

图 7-5　2000—2018 年甘肃省三次产业就业人员数增长速度

资料来源：2019 年《甘肃发展年鉴》。

二　甘肃省固定资产投资与就业关联度分析

一定时期内一个国家或地区的就业总需求与该国或地区的固定资产投资规模与结构密切相关。就业总需求与投资关联的分析方法，主要有就业需求的投资弹性分析、投资就业吸纳率分析、投资决定劳动力总需求的回归分析等。

第一，1978—2018 年随着甘肃省固定资产投资和就业人数的增长，就业的投资弹性系数和投资的就业吸纳率呈波动降低趋势。

就业需求的投资弹性系数是就业人数增长率与固定资产投资增长率之比。就业需求的投资弹性是衡量投资每增长 1%，就业需求能增长百分之几的综合性指标，它可以衡量投资规模对就业的影响度。就业需求的投资弹性可根据劳动力就业人数和投资的环比增长率计算，亦可根据二者的实际定基增长率计算，以消除随机变动的影响，正确揭示就业需求的投资弹性的变动趋势和规律。投资就业吸纳率是指一定时期内一个国家或地区的就业总人数与投资的比值，是衡量单位投资能吸纳多少就业人数的综合性指标。在一定时期内一个国家或地区的投资一定的条件下，就业吸纳率越高，就业需求越大；就业吸纳率越低，就业总需求越小。

从表 7-1 和图 7-6 可看出，1978—2018 年，随着甘肃省固定资产投资和就业人数的增长，就业的投资弹性系数和投资的就业吸纳率却呈现波动性和逐步降低趋势。其中，就业的投资弹性系数由1978年的0.13起伏波动地降低为2018年的-0.03，其中1980年最高，达到0.91，2005年最低为-0.54。投资的就业吸纳率由1978年的74.64人/万元降低为2018年的0.28万人/亿元。这说明就业与固定资产投资具有非一致性，究其原因主要是：（1）技术的进步、生产工具的革新、生产方式的转变，使得劳动生产率随之提高，就业弹性自然会减少；（2）投资结构的变化，近年来，由于投资已越来越向技术和资金密集型行业倾斜，使得劳动密集型行业的投资相对增长较慢，这也使就业弹性变小。

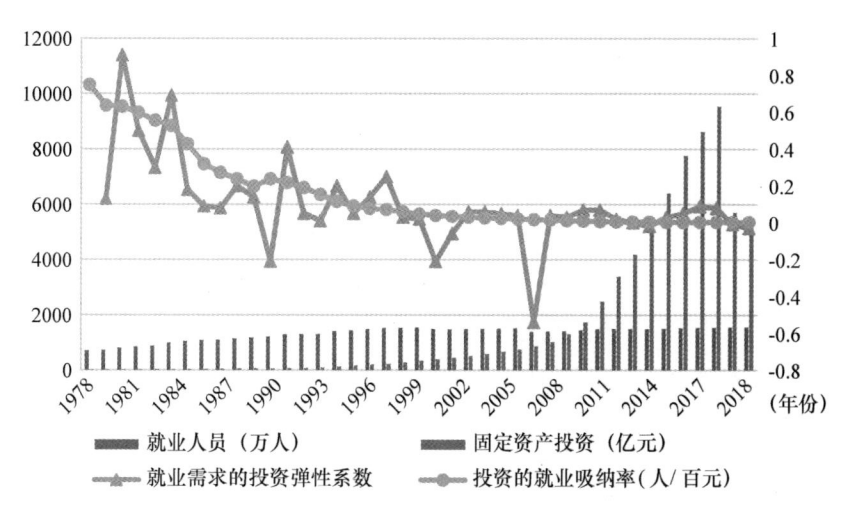

图7-6 1978—2018年甘肃省就业人数、就业需求弹性系数、就业吸纳率变动趋势

资料来源：2018—2019年《甘肃发展年鉴》。

第二，1978—2018年甘肃省固定资产投资与就业人数之间存在对数关系。

从1978—2018年甘肃省固定资产投资与就业人数的回归分析来看，固定资产投资额与就业人数之间的相关系数为0.845，可决系数为0.714，回归方程为 $y = 750.747 + 100.434 \ln x$，并通过了t检验和F检验（见表7-3至表7-5、图7-7），说明固定资产投资额与就业人数之间存在显著的对数关系，即就业人数随着固定资产投资额的增加而增加。

表7-3 模型汇总

R^2	调整 R^2	估计值的标准误
0.714	0.707	138.899

注：自变量为固定资产投资（亿元）。

表7-4 方差

	平方和	df	均方	F	Sig.
回归	1880749.371	1	1880749.371	97.484	0.000
残差	752420.375	39	19292.830	—	—
总计	2633169.747	40	—	—	—

注：自变量为固定资产投资（亿元）。

表7-5 系数

	未标准化系数		标准化系数	t	Sig.
	B	标准误	Beta		
固定资产投资（亿元）	100.434	10.172	0.845	9.873	0.000
（常数）	750.747	62.109	—	12.088	0.000

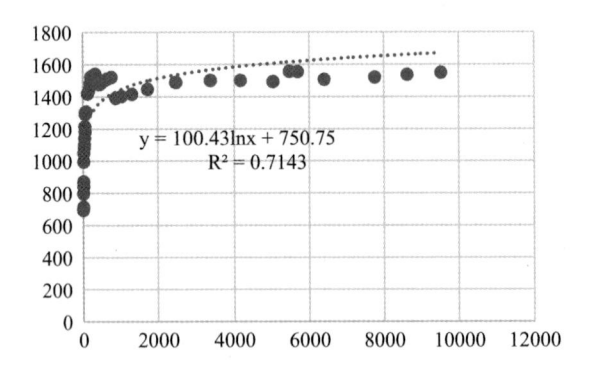

$y = 100.43\ln x + 750.75$
$R^2 = 0.7143$

图7-7 1978—2018年甘肃省固定资产投资与就业人数散点图

第三节　固定资产投资对就业影响效应的实证分析

本节以甘肃省为例,采用固定效应变系数模型,分析固定资产投资对就业的影响效应。

一　变量选取与数据说明

为了分析固定资产投资对就业的影响效应,本书选取的被解释变量为城镇单位就业人数,解释变量为固定资产投资额、在岗职工平均工资,变量均为年度数据。

(一) 被解释变量

反映就业规模的常用指标有就业人员、城镇就业人员、乡村就业人员、分产业和行业就业人员等。由于《甘肃发展年鉴》对甘肃省14个地州市就业规模统计指标只有"各地区按行业分城镇单位就业人员数",所以本书采用城镇单位就业人数反映甘肃省各地区就业规模。

(二) 解释变量

本书选取固定资产投资额、在岗职工平均工资作为解释变量。

投资规模对就业的影响表现为一般投资规模越大,则就业机会就越多。包括由于投资而形成的生产和服务单位提供的就业岗位、投资过程中的建筑安装活动提供的就业岗位、因投资刺激关联产业的生产而提供的就业岗位等。

工资水平对就业的影响有积极和消极两个方面。①积极方面,提高工资水平可直接和间接促进经济发展,进而增加就业。首先,从直接效应来看,根据 GDP 分配法公式(增加值=劳动者报酬+固定资产折旧+生产税净额+营业盈余),劳动者报酬是 GDP 的组成部分,劳动者报酬提高直接促进经济增长。其次,从间接效应来看,根据乘数—加速原理,提高工资水平可以促进国内投资的增加,进而拉动经济发展,促进就业。②消极方面,因为工资水平提高导致企业成本增加。短期内,企业会通过减员或增加劳动强度或提高劳动生产率来降低成本。长期来看,劳动力成本过高,企业会选择用资本来代替劳动,减少就业机会。

(三) 数据说明

由于《甘肃发展年鉴》关于各地区"就业人数"指标从 2011 年才开始统计,因此本书数据样本区间取 2011—2018 年。数据来源于 2012—2019 年《甘肃发展年鉴》。

二 模型选择

以城镇单位就业人数(万人)EP 为被解释变量,以固定资产投资额(万元)IFA、在岗职工平均工资(元)AW 为解释变量,建立面板数据模型如下:

$$EP_{it} = \alpha + \beta_{1i}IFA_{it} + \beta_{2i}AW_{it} + \varepsilon_{it} \qquad (7-1)$$

其中,EP_{it} 表示第 t 年 i 地区的城镇单位就业人数,IFA_{it}、AW_{it} 分别表示第 t 年 i 地区的固定资产投资、在岗职工平均工资,ε 为残差项。

三 实证分析结果

使用 EViews 9.0 软件,选择固定效应变系数模型,采用面板广义最小二乘估计法(截面加权)Pooled EGLS (Cross - section weights) 法对上述面板数据进行分析,其参数估计结果如表 7 - 6 所示。

表 7 - 6 甘肃省固定资产投资对就业影响效应的固定效应变系数模型输出结果

变量	系数	标准差	t - 统计量	P 值
C	10.41054***	0.800341	13.00764	0.0000
兰州市 - IFA	2.55E - 07	4.65E - 07	0.548537	0.5851
嘉峪关市 - IFA	2.79E - 07	4.14E - 07	0.673995	0.5025
金昌市 - IFA	1.63E - 06**	6.30E - 07	2.581898	0.0119
白银市 - IFA	7.98E - 07*	4.22E - 07	1.889332	0.063
天水市 - IFA	1.34E - 06***	4.07E - 07	3.294415	0.0015
武威市 - IFA	3.67E - 07	2.85E - 07	1.28677	0.2024
张掖市 - IFA	2.09E - 06***	5.81E - 07	3.590606	0.0006
平凉市 - IFA	6.25E - 07**	2.51E - 07	2.49119	0.0151
酒泉市 - IFA	4.13E - 07*	2.30E - 07	1.791486	0.0775
庆阳市 - IFA	5.96E - 07**	2.89E - 07	2.058375	0.0433

续表

变量	系数	标准差	t-统计量	P值
定西市-IFA	1.27E-06*	6.46E-07	1.958924	0.0541
陇南市-IFA	4.25E-07**	1.78E-07	2.388717	0.0196
临夏州-IFA	1.21E-06**	5.52E-07	2.188134	0.032
甘南州-IFA	1.54E-06	1.03E-06	1.486818	0.1416
兰州市-AW	4.95E-04***	1.04E-04	4.741906	0.0000
嘉峪关市-AW	-6.70E-06	1.30E-05	-0.513463	0.6092
金昌市-AW	6.60E-05	5.53E-05	1.193147	0.2368
白银市-AW	-1.81E-05	5.09E-05	-0.354773	0.7238
天水市-AW	-6.71E-05	4.84E-05	-1.38646	0.1700
武威市-AW	4.06E-05	3.10E-05	1.310854	0.1942
张掖市-AW	-6.69E-05***	2.10E-05	-3.182623	0.0022
平凉市-AW	8.96E-06	2.92E-05	0.306632	0.7600
酒泉市-AW	2.75E-05	5.74E-05	0.478625	0.6337
庆阳市-AW	1.78E-04***	6.50E-05	2.732308	0.0080
定西市-AW	9.33E-06	5.78E-05	0.161374	0.8723
陇南市-AW	8.09E-05**	2.36E-05	3.431661	0.0010
临夏州-AW	8.40E-05**	3.56E-05	2.360637	0.0210
甘南州-AW	2.72E-06	2.10E-05	0.129432	0.8974

注：***、**、*分别表示在1%、5%、10%显著性水平上显著。

从模型输出结果来看，可决系数 $R^2 = 0.991852$，调整可决系数 $R^2 = 0.987080$，$F = 207.8320$，DW. $= 2.369485$。金昌市、天水市、张掖市、平凉市、酒泉市、庆阳市、定西市、陇南市、临夏州、甘南州10个地区的固定资产投资系数通过了显著性水平10%的检验，并且这10个系数均为正，说明固定资产投资对这10个地区的就业均有显著的拉动作用，即就业具有显著的挤入效应。其中，张掖市固定资产投资对该地区的就业拉动效果最大，酒泉市拉动效果最小。兰州市、嘉峪关市、武威市和甘南州4地区固定资产投资系数虽然也为正，但没有通过显著性检验，说明这4个地区固定资产投资对该地区的就业拉动效果不显著。

第八章

固定资产投资对生态环境的影响效应

改革开放以来,中国经济迅速发展。但伴随着经济增长,环境污染问题日益凸显,作为中国梦的一个重要组成部分,"美丽中国"的生态文明建设目标在党的十八大第一次被写进了《政府工作报告》。党的十九大报告在生态文明建设问题上明确提出"加快生态文明体制改革,建设美丽中国""坚持人与自然和谐共生"。报告提出了详尽的生态文明建设举措,如加快建立绿色生产和消费的法律制度和政策导向;提高污染排放标准,强化排污者责任,健全环保信用评价、信息强制性披露、严惩重罚等制度;完成生态保护红线、永久基本农田、城镇开发边界三条控制线划定工作;改革生态环境监管体制等。

固定资产投资作为经济增长的重要驱动力,对甘肃省经济发展起着关键作用,然而固定资产在刺激经济发展的同时也会增加能源消耗,加重环境污染。如何平衡固定资产投资与环境质量成为亟须解决的问题。本章在研究固定资产投资与生态环境的关系基础上,以甘肃省为例,采用描述统计法、相关与回归法,分析固定资产投资与环境污染的变动趋势及其关系,采用随机效应模型分析固定资产投资对生态环境的改善效应和固定资产投资对生态环境的影响。

第一节 固定资产投资与生态环境关系概述

一 环境库兹涅兹曲线理论

经济与环境之间存在紧密的联系,一个地区经济增长的规模和速度,不可避免地会对该地区的环境质量产生影响，环境问题反过来对经济增长产生反作用。环境库兹涅兹曲线（Environmental Kuznets Curve，EKC）是常用来描述经济增长与环境污染水平演进关系的计量模型。一般情况呈倒"U"形。

1991 年美国经济学家 Grossman 和 Krueger 首次实证研究了环境质量与人均收入之间的关系，指出了污染与人均收入间的关系为"污染在低收入水平上随人均 GDP 增加而上升，高收入水平上随 GDP 增长而下降"。1993 年 Panayotou 借用 1955 年库兹涅茨界定的人均收入与收入不均等之间的倒"U"形曲线，首次将这种环境质量与人均收入间的关系称为环境库兹涅茨曲线（EKC）。EKC 揭示出环境质量开始随着收入增加而退化，收入水平上升到一定程度后随收入增加而改善，即环境质量与收入为倒"U"形关系。

环境库兹涅茨曲线是指当一个国家经济发展水平较低的时候，环境污染的程度较轻，但是随着人均收入的增加，环境污染由低趋高，环境恶化程度随经济的增长而加剧；当经济发展达到一定水平后，也就是说，到达某个临界点或称"拐点"以后，随着人均收入的进一步增加，环境污染又由高趋低，其环境污染的程度逐渐减缓，环境质量逐渐得到改善。[①] 即在工业化的过程中，伴随着人均 GDP 的增加，环境污染的程度将呈现上升的趋势；随着人均 GDP 的进一步提高，环境污染程度会逐年呈现下降的趋势。

二 环境库兹涅兹曲线理论的解释

环境库兹涅茨曲线提出后，环境质量与收入间关系的理论探讨不断深入，丰富了对 EKC 的理论解释。

1. 规模效应、技术效应和结构效应。

Grossman 和 Krueger 提出经济增长通过规模效应、技术效应与结构效应三种途径影响环境质量：（1）规模效应。经济增长从两方面对环境质量产生负面影响：一方面经济规模增大，会导致资源投入增多；另一方面产

[①] 李斌、李羊林：《泰州市工业"三废"环境库兹涅兹曲线（EKC）分析》，《中国经贸导刊》2009 年第 23 期。

出的提高意味着经济活动副产品——污染排放的增加。(2) 技术效应。高收入水平与更好的环保技术、高效率技术紧密相联。在一国经济增长过程中，研发支出上升，推动技术进步，产生两方面的影响：一是其他不变时，技术进步提高生产率，改善资源的使用效率，降低单位产出的要素投入，削弱生产对自然与环境的影响；二是随着清洁技术不断开发以及对传统技术的取代，将有效地循环利用资源，降低单位产出的污染排放，两方面的影响都将有助于环境质量的改善。(3) 结构效应。随着收入水平提高，产出结构和投入结构发生变化。在早期阶段，经济结构从农业向能源密集型重工业转变，增加了污染排放，随后经济转向低污染的服务业和知识密集型产业，投入结构变化，单位产出的排放水平下降，环境质量改善。

规模效应恶化环境，而技术效应和结构效应改善环境。在经济起飞阶段，资源的使用超过了资源的再生，有害废物大量产生，规模效应超过了技术效应和结构效应，环境恶化；当经济发展到新阶段，技术效应和结构效应胜出，环境恶化减缓。[①]

2. 需求者偏好变化。收入水平低的社会群体很少产生对环境质量的需求，贫穷会加剧环境恶化；收入水平提高后，人们更关注现实和未来的生活环境，产生了对高环境质量的需求，不仅愿意购买环境友好产品，而且会通过选举、游行等形式给执政者施加压力，不断强化环境保护的压力，愿意接受严格的环境规制，并带动经济发生结构性变化，减缓环境恶化。

3. 国家政策。经济发展水平达到一定程度以后，随着经济增长，政府将加大环境投资并强化环境监管，这将产生改善环境质量的政策效应。

4. 国际贸易。污染会通过国际贸易和国际直接投资从高收入国家转移到低收入国家，使发达国家环境质量好转，使之进入倒"U"曲线的下降段，同时造成发展中国家环境质量进一步恶化，而处于倒"U"曲线的上升段。

5. 市场机制。收入水平提高的过程中，市场机制不断完善，自然资源

---

① 余群芝：《环境库兹涅茨曲线的理论批评综论》，《中南财经政法大学学报》2008 年第 1 期。

在市场中交易，自我调节的市场机制会减缓环境的恶化。随着经济发展和市场机制的完善，"资源"和"污染"逐渐被纳入市场体系，原本被外部化的成本逐步转化为内部成本。随着经济增长，许多自然资源开始变得稀缺起来，致使自然资源价格上涨，迫使企业采用少原料消耗的技术来降低成本。同时，经济发展到一定阶段后，市场参与者日益重视环境质量，如银行拒绝给环保不力的企业贷款，公众选择购买绿色企业的产品等，外部对企业施加的压力对维持或改善环境质量起到了重要作用。

6. 减污投资。

环境质量的变化也与环保投资密切相关，不同经济发展阶段上资本充裕度有别，环保投资的规模因而不同。将资本分为两部分：一部分用于商品生产，产生了污染；一部分用于减污，充足的减污投资改善环境质量。低收入阶段所有的资本用于商品生产，污染重，并影响环境质量；收入提高后充裕的减污投资防止了环境进一步退化。环境质量提高需要充足的减污投资，而这以经济发展过程中积累了充足的资本为前提。减污投资从不足到充足的变动构成了环境质量与收入间形成倒"U"形的基础。

这些理论研究表明，在收入提高的过程中，随着产业结构向信息化和服务业的演变、清洁技术的应用、环保需求的加强、环境规制的实施以及市场机制的作用等，环境质量先下降然后逐步改善，呈倒"U"形。①

三 环境库兹涅茨曲线理论的质疑

EKC 理论假说提出后，实证研究不断，结论呈现多样化趋势。一方面，一些研究结论证实了经济与环境之间存在倒"U"形关系；但另一方面，一些结论显示两者并非呈倒"U"形关系，而是呈现"U"形、"N"形、单调上升型、单调下降型关系，并且不同污染物的污染与收入间关系呈现差异形态。因此，越来越多的研究从 EKC 模型内生缺陷、模型解释力、计量方法问题等角度对 EKC 提出了质疑。

---

① 佘群芝：《环境库兹涅茨曲线的理论批评综论》，《中南财经政法大学学报》2008 年第 1 期。

1. EKC 模型内生缺陷问题

EKC 研究的是经济增长对生态环境的影响,而经济增长与生态环境是一个互动的系统,不是单向经济影响环境关系,即经济增长会影响环境质量,环境恶化反过来也会影响经济增长。正是因为 EKC 研究忽略了收入水平变化与环境质量之间的动态关联效应,它直接影响了模型估计的准确性。另外,经济并不是影响环境的唯一因素。

2. EKC 模型论证缺陷问题

(1) 模型假定前提的缺陷:①模型单向性,模型假定只有经济对环境的单向影响,而忽略环境变化对经济增长的反作用,这将导致变量内生性偏差问题。②同质性,模型假定所有经济体同质,忽略了各国(各地区)的经济结构、资源禀赋、政治体制、基础设施等方面的差异,使得研究结论存疑。③存量外部性问题,在模型研究中,主要考察当期污染物(即流量),而忽视前期累积(存量),产生了所谓"存量的外部性"问题。EKC 更适用于流量污染物和短期的情况,而不适用于存量污染物,在长期内可能呈"N"形。④忽视生态阈值。而污染存量一旦超过生态阈值,自然生态系统将失去自我恢复能力,进而导致系统崩溃。

(2) 环境质量指标选取的随意性问题、计量方法问题(如模型单向性)都会导致模型不完整和计量偏差。

3. EKC 模型解释力问题

(1) 污染转化问题。经济活动不可避免地排放污染物,但污染物的结构处在变动之中。随着收入上升,一种污染物排放的减少,往往与其他污染物排放增加并行。

(2) 污染转移问题。污染与收入水平间的 EKC 关系,很大程度上是国际贸易产生的污染产业分配效应。发达国家污染下降是由于将资源密集型和污染密集型产品的生产转移至发展中国家,而发展中国家无法将污染产业转移出去,难以在收入水平提高后改善环境。因此,世界范围的污染并非下降了,只是转移了。[①]

[①] 钟茂初、张学刚:《环境库兹涅茨曲线理论及研究的批评综论》,《中国人口·资源与环境》2010 年第 2 期。

第二节　固定资产投资与环境污染变动趋势及关系分析

本节以甘肃省为例，采用相关与回归分析法、快速聚类法等分析甘肃省及其地州市固定资产投资与环境污染变动的趋势、地区差异性及固定资产投资与环境污染的关系。

固定资产投资作为经济增长的重要驱动力，对甘肃省经济发展起了关键作用，然而固定资产在刺激经济发展的同时也会增加能源消耗，加重环境污染。如何平衡固定资产投资与环境质量成为亟须解决的问题。

随着甘肃经济发展和固定资产投资增长，"三废"污染问题也日益凸显。反映环境污染的统计指标主要有"三废"排放量指标，如工业废水排放量，工业废气排放量、二氧化硫排放量、烟（粉）尘排放量，一般工业固体废物产生量等指标。

工业废水是指工业生产过程中产生的废水、污水和废液，其中含有随水流失的工业生产用料、中间产物和产品以及生产过程中产生的污染物。随着工业的迅速发展，废水的种类和数量迅猛增加，对水体的污染也日趋广泛和严重，威胁人类的健康和安全。工业废水排入水体后，会污染地表水和地下水。水体一旦受到污染，要想在短时间内恢复到原来的状态是不容易的。甘肃水资源匮乏，而地表水和地下水的污染，将进一步使可供利用的水资源数量日益减少，势必影响工农渔业生产，直接或间接地给人民生活和身体健康带来危害

工业废气，是指企业厂区内燃料燃烧、生产工艺过程中和生产车间产生的各种排入空气的含有污染物的气体的总称。环境对于废气的承载量有限，废气所带来的二次污染问题也成了工业发展所要面临的又一严峻考验。工业废气可以分为颗粒性废气和气态性废气。颗粒性废气主要是生产过程中产生的污染性烟尘，排放至大气中引发空气污染。气体性废气主要有含氮有机废气、含硫废气以及碳氢有机废气。含氮废气会对空气组分造成破坏，改变气体构成比例，对大气循环造成影响。含硫废气会对人们的生活环境造成直接危害，这是由于其同空气中的水结合能够形成酸性物

质，引发酸雨。而酸雨会对植物、建筑以及人体健康造成损害，尤其会影响人的呼吸道。另外还会对土壤和水源造成影响，形成二次污染。碳氢有机废气扩散到大气中会对臭氧层造成破坏引发一系列问题，影响深远。工业粉尘主要来源于固体物料的机械粉碎和研磨，粉状物料的混合、筛分、包装及运输，物质燃烧产生的烟尘，物质被加热时产生的蒸气在空气中的氧化和凝结。工业粉尘对周围大气环境产生明显的负面影响，危害程度较大。工业粉尘严重危害人体健康，有毒的金属粉尘和非金属粉尘（铬、锰、镉、铅、汞、砷等）进入人体后，会引起中毒甚至死亡。

工业固体废物产生量指企业在生产过程中产生的固体状、半固体状和高浓度液体状废弃物的总量。包括危险废物、冶炼废渣、粉煤灰、炉渣、煤矸石、尾矿、放射性废物和其他废物等；不包括矿山开采的剥离废石和掘进废石（煤矸石和呈酸性或碱性的废石除外）。一般工业固体废物产生量是指未列入《国家危险物名录》或者根据国家规定的危险物鉴别标准（GB 5085）、固定废物浸出毒性浸出方法（GB 5086）及固体废物浸出毒性浸出测定方法（GB/T 15555）等鉴别方法判定不具有危险特征的工业固体废物。工业废物消极堆存不仅占用大量土地，造成人力、物力的浪费，而且许多工业废渣含有易溶于水的物质，通过淋溶污染土壤和水体。粉状的工业废物，随风飞扬，污染大气，有的还散发臭气和毒气。有的废物甚至淤塞河道，污染水系，影响生物生长，危害人体健康。

一 甘肃省固定资产投资与环境污染变动趋势

1985—2018 年甘肃省固定资产投资和工业废气排放量呈现指数增长趋势，工业废气呈三次曲线趋势变动。

从表 8-1 至表 8-10 和图 8-1 至图 8-4 可看出，1985—2018 年甘肃省固定资产投资先升后降，由 1985 年的 33.90 亿元持续增加为 2016 年的 9534.10 亿元，年平均增速 19.95%，从 2017 年开始下降，2018 年为 5473.99 亿元，呈 $y = 24.615e^{0.180x}$ 指数曲线变动；工业废气排放量由 1985 年的 1664 亿立方米持续增加为 2018 年的 11938 亿立方米，2018 年比 1985 年增加了 6.17 倍，年平均增速 6.15%，并呈 $y = 1293.3e^{0.066x}$ 指数趋势变动；甘肃省工业废水排放量由 1985 年的 37234 万吨波动下降为 2018 年的 10539 万吨，2018 年比 1985 年降低了 71.70%，并呈 $y = 2.972x^3 -$

第八章 固定资产投资对生态环境的影响效应

$155.025x^2 + 1310.187x + 34016.724$ 三次曲线趋势变动。

表8-1　　1985—2018年甘肃省固定资产投资、工业废水废气排放量

时间	固定资产投资（亿元）	工业废水排放量（万吨）	工业废气排放量（亿立方米）	废气中二氧化硫排放量（吨）	时间	固定资产投资（亿元）	工业废水排放量（万吨）	工业废气排放量（亿立方米）	废气中二氧化硫排放量（吨）
1985	33.90	37234	1664	329267	2002	575.83	19676.66	2971	373804.2
1986	40.42	33335	1816	29291	2003	655.07	20899	3764	493909
1987	47.91	34151	2046	282554	2004	756.01	18293	3690	484000
1988	59.54	34382	2006	297466	2005	874.53	16798	4250	563000
1989	51.19	36323	2128	352940	2006	1024.87	16569.9	4761	546000
1990	59.35	38585	1788	361980	2007	1310.38	15856	5818	523249.99
1991	68.59	37196	2300	341705	2008	1735.79	16405	5685.2	502000
1992	85.13	37562	2505	354162	2009	2479.60	16363.61	6314	500305.71
1993	122.08	36298	2463	337805	2010	3378.10	15352	6252	551785
1994	159.05	36387	2481	322778	2011	4180.24	19720.26	12891	623902.18
1995	194.67	38392	2425	346682	2012	5040.53	19188	13899.67	572489.4
1996	214.83	35343	2468	342076	2013	6407.20	20171	12676.68	561980.82
1997	264.39	35807	2747	379975	2014	7759.62	19742.38	12290.34	575648.72
1998	331.01	34026	2772	332081	2015	8626.60	18760.36	13293.37	570621.39
1999	384.08	29576	2659	257280	2016	9534.10	13022.13	10639.44	271975.89
2000	441.35	23795	2800	311878	2017	5696.35	10425.57	9006.63	258811.14
2001	505.42	20722	2794	315363.2	2018	5473.99	10539	11938	252500

资料来源：1990—2019年《甘肃发展年鉴》。

表8-2　　　　　　　　　　模型汇总

R	R^2	调整R^2	估计值的标准误
0.992	0.983	0.983	0.237

表8-3　　　　　　　　　　方差

	平方和	df	均方	F	Sig.
回归	105.696	1	105.696	1880.405	0.000
残差	1.799	32	0.056	—	—
总计	107.495	33	—	—	—

表 8-4　　　　　　　　　　　　　　系数

	未标准化系数		标准化系数	t	Sig.
	B	标准误	Beta		
个案顺序	0.180	0.004	0.992	43.364	0.000
（常数）	24.615	2.047	—	12.027	0.000

注：因变量为 ln［固定资产投资（亿元）］。

表 8-5　　　　　　　　　　　　　　模型汇总

R	R^2	调整 R^2	估计值的标准误
0.942	0.887	0.884	0.238

表 8-6　　　　　　　　　　　　　　方差

	平方和	df	均方	F	Sig.
回归	14.271	1	14.271	252.325	0.000
残差	1.810	32	0.057	—	—
总计	16.081	33	—	—	—

表 8-7　　　　　　　　　　　　　　系数

	未标准化系数		标准化系数	t	Sig.
	B	标准误	Beta		
个案顺序	0.066	0.004	0.942	15.885	0.000
（常数）	1293.329	107.871	—	11.990	0.000

注：因变量为 ln［工业废气排放量（亿立方米）］。

表 8-8　　　　　　　　　　　　　　模型汇总

R	R^2	调整 R^2	估计值的标准误
0.930	0.865	0.852	3700.763

第八章　固定资产投资对生态环境的影响效应

表 8-9　方差

	平方和	df	均方	F	Sig.
回归	2.644E9	3	8.812E8	64.345	0.000
残差	4.109E8	30	1.370E7	—	—
总计	3.055E9	33	—	—	—

表 8-10　系数

	未标准化系数		标准化系数	t	Sig.
	B	标准误	Beta		
个案顺序	1310.187	694.184	1.356	1.887	0.069
个案序列 **2	-155.025	45.732	-5.789	-3.390	0.002
个案序列 **3	2.972	0.860	3.652	3.458	0.002
（常数）	34016.724	2846.615	—	11.950	0.000

注：因变量为工业废水排放量（万吨）。

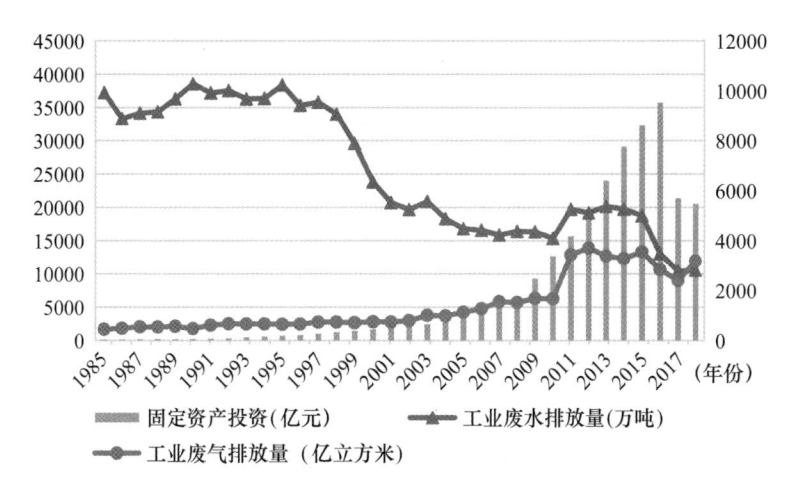

图 8-1　1985—2018 年甘肃省固定资产投资、工业废水排放量、工业废气排放量趋势

二　甘肃省各地州市人均"三废"排放差异情况

甘肃省各地区人均"三废"排放量（或产生量）差异巨大，其人均工业废气排放量差异＞人均一般工业固体废物产生量差异＞人均工业废水排

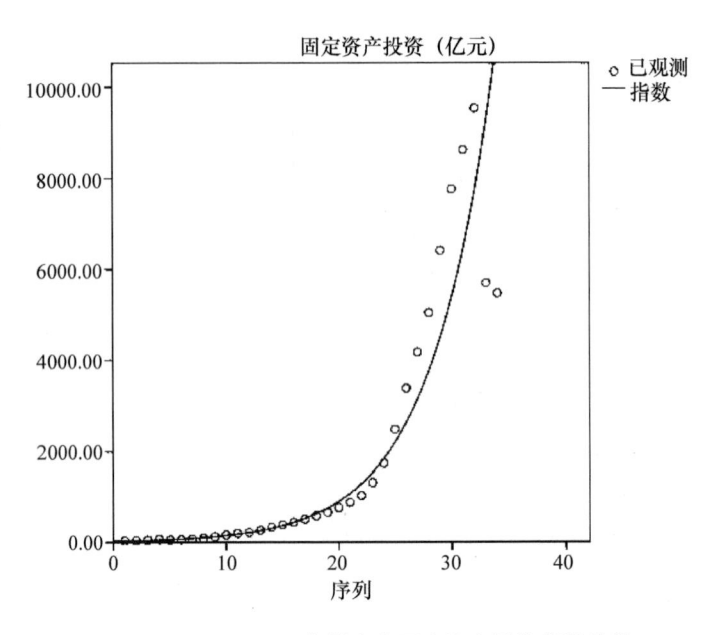

图 8-2　1985—2018 年甘肃省固定资产投资指数趋势

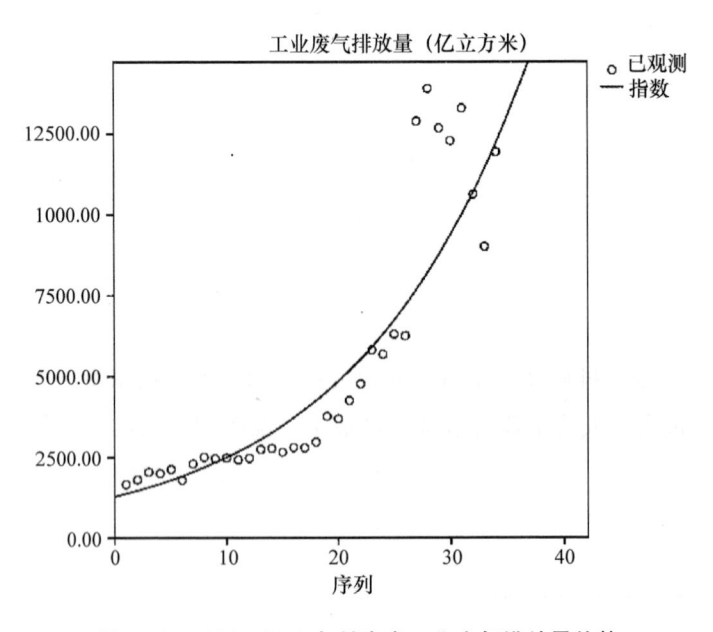

图 8-3　1985—2018 年甘肃省工业废气排放量趋势

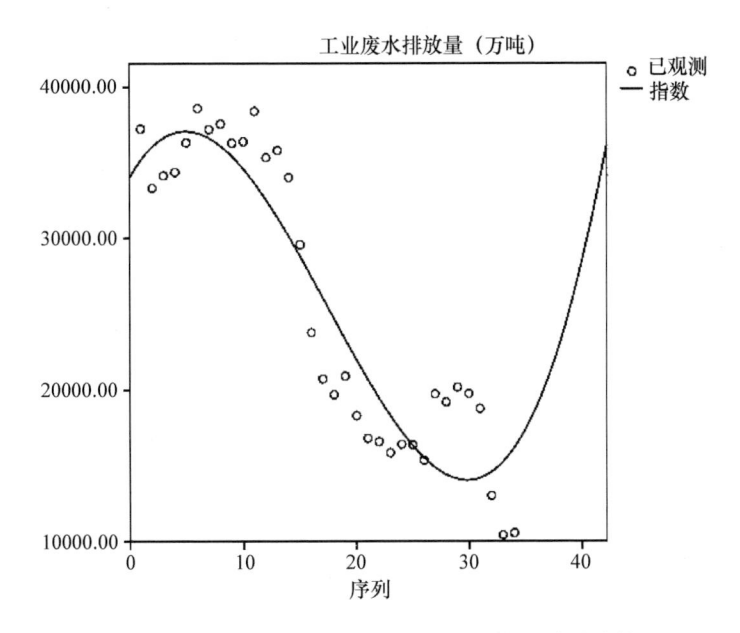

图 8-4　1985—2018 年甘肃省工业废水排放量趋势

放量差异。通过快速聚类分为 4 类地区：嘉峪关属于环境污染最严重地区，金昌市次之，白银市和兰州市居中，平凉市、酒泉市等其他 10 个地区属于污染最小的。

首先，通过描述统计分析得出（见图 8-5、表 8-11、表 8-12），2018 年甘肃省各地区人均"三废"排放量及产生量差异很大。从最大值与最小值之比来看，人均工业废水、废气排放量及人均一般工业固体废物产生量三指标最大地区是最小地区的 85.25 倍、461.82 倍、714.40 倍，说明各地区"三废"排放及产生量差异很大；从标准差系数来看，人均工业废气排放量最大，人均工业废水排放量最小。说明相比较而言，甘肃各地区人均工业废气排放量差异最大，其次是人均一般工业固体废物产生量，最后是人均工业废水排放量；从偏度和峰度系数来看，各地区"三废"排放量及产生量都存在极大值（嘉峪关市），且呈尖峰分布。

其次，利用 SPSS 采用快速聚类，按照人均工业废水、废气排放量和人均一般工业固体废物产生量对甘肃省 14 个地区进行快速聚类分析。当把聚类数目指定为 4 时，其分类结果及方差分析表见表 8-13 和表 8-14。

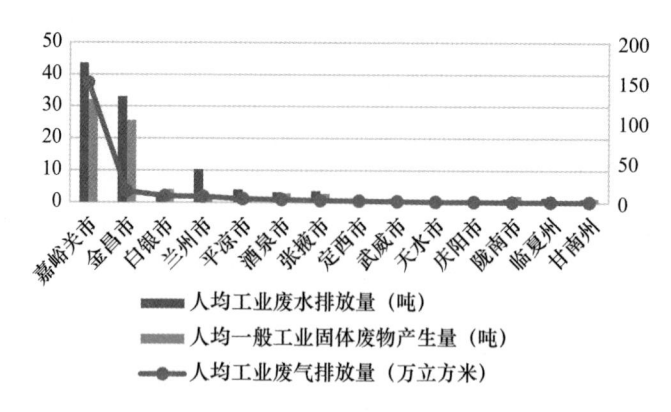

图 8-5　2018 年甘肃各地区人均工业"三废"排放量及产生量

从方差分析表 8-14 可以看出，分成 4 类后各变量在不同类别之间的差异都是显著的，P 值 <0.05，表示把 14 个地区分成 4 类是合理的。从表 8-13 可看出，如果分为 4 类地区，嘉峪关属于第 2 类，金昌市属于第 3 类，白银市和兰州市属于第 1 类，其余 10 个地区属于第 4 类。

表 8-11　2018 年甘肃各地区人均工业"三废"排放量及产生量

地区	人均工业废水排放量（吨）	人均工业废气排放量（万立方米）	人均一般工业固体废物产生量（吨）	人均工业废水排放量排名	人均工业废气排放量排名	人均一般工业固体废物产生量排名
嘉峪关市	44	150	32	1	1	1
金昌市	33	14	26	2	2	2
白银市	3	8	4	7	3	3
兰州市	10	7	1	3	4	9
平凉市	4	4	2	4	5	7
酒泉市	3	4	3	6	6	4
张掖市	4	2	3	5	7	5
定西市	1	2	0	14	8	11
武威市	1	1	0	9	9	10
天水市	1	1	0	12	10	13
庆阳市	1	1	0	13	11	12
陇南市	1	1	2	10	12	6

第八章　固定资产投资对生态环境的影响效应

续表

地区	人均工业废水排放量（吨）	人均工业废气排放量（万立方米）	人均一般工业固体废物产生量（吨）	人均工业废水排放量排名	人均工业废气排放量排名	人均一般工业固体废物产生量排名
临夏州	2	0	0	8	13	14
甘南州	1	0	1	11	14	8

资料来源：2018—2019年《甘肃发展年鉴》。

表8-12　　2018年甘肃各地区人均工业"三废"排放差异

指标	均值	标准差	标准差系数	峰度	偏度	极差	最大值与最小值之比
人均工业废水排放量（吨）	7.70	13.37	1.74	4.17	2.26	43.12	85.25
人均工业废气排放量（万立方米）	14.00	39.26	2.80	13.66	3.68	149.43	461.82
人均一般工业固体废物产生量（吨）	5.29	10.10	1.91	4.16	2.30	31.92	714.40

资料来源：根据2018—2019年《甘肃发展年鉴》计算。

表8-13　　　　　　　　聚类成员

地区	聚类	距离	地区	聚类	距离
嘉峪关市	2	0	平凉市	4	3.527
金昌市	3	0	酒泉市	4	2.928
白银市	1	4.169	庆阳市	4	1.713
兰州市	1	4.169	定西市	4	1.693
天水市	4	1.569	陇南市	4	1.562
武威市	4	0.937	临夏州	4	1.674
张掖市	4	2.481	甘南州	4	1.548

表8-14　　　　　　　　方差

	聚类		误差		F	Sig.
	均方	df	均方	df		
人均工业废水排放量（吨）	759.534	3	4.455	10	170.488	0.000

续表

	聚类		误差		F	Sig.
	均方	df	均方	df		
人均工业废气排放量（万立方米）	6673.669	3	1.814	10	3679.641	0.000
人均一般工业固体废物产生量（吨）	436.625	3	1.603	10	272.410	0.000

注：F检验应仅用于描述性目的，因为选中的聚类将被用来最大化不同聚类中的案例间的差别。观测到的显著性水平并未据此进行更正，因此无法将其解释为是对聚类均值相等这一假设的检验。

第2类地区嘉峪关市，其人均工业废水、废气排放量和人均一般工业固体废物产生量3个指标均排名第一。说明第2类地区属于环境污染最严重地区。

第3类地区金昌市，其人均工业废水、废气排放量和人均一般工业固体废物产生量3个指标均排名第二。说明第3类地区属于环境污染较严重地区。

第1类地区白银市和兰州市，其中，白银市人均工业废水、废气排放量和人均一般工业固体废物产生量3个指标排名分别为第7名、第3名、第3名，兰州市分别为第3名、第4名、第9名。结合图8-5"2018年甘肃各地区人均工业'三废'排放量及产生量"来看，白银市和兰州市"三废"排放量及产生量指标数据均居中，说明第1类地区属于环境污染一般地区。

第4类地区为平凉市、酒泉市、张掖市、定西市、武威市、天水市、庆阳市、陇南市、临夏州、甘南州10地区。这10个地区的人均工业废水、废气排放量和人均一般工业固体废物产生量3个指标均排名靠后。结合图8-5"2018年甘肃各地区人均工业'三废'排放量及产生量"来看，这10个地区"三废"排放量及产生量指标数值较小，说明第4类地区属于环境污染最轻地区。

三 甘肃省固定资产投资与环境污染关系

第一，1985—2018年甘肃省工业废气排放量与固定资产投资总量之间

第八章 固定资产投资对生态环境的影响效应

呈现显著的倒"U"形关系,即工业废气排放量随固定资产投资总量的增加先升后降。

1985—2018 年甘肃省固定资产投资量持续高涨,由 1985 年的 33.9 亿元增加为 2016 年的 9534.10 亿元,虽然 2017 年开始下降为 5696.35 亿元,但仍处于较高水平。投资增长除带动了经济发展外,还带来了不容忽视的环境污染问题。以工业废气为例,排放量由 1985 年的 1664 亿立方米增加到 2018 年的 11938 亿立方米,给自然环境带来了难以恢复的破坏。从 1985—2018 年甘肃省固定资产投资与工业废气排放量的回归分析来看,固定资产投资额与工业废气排放量之间的相关系数为 0.934,调整可决系数为 0.93,回归方程为 $y = 1810.3140 + 2.8130x - 0.0002x^2$,并通过了 t 检验和 F 检验(见表 8-15 至表 8-17、图 8-6),说明固定资产投资额与工业废气排放量之间存在显著的倒"U"形关系,即工业废气排放量随着固定资产投资额的增加先上升然后下降。

表 8-15　　模型汇总

R	R^2	调整 R^2	估计值的标准误
0.967	0.934	0.93	1080.183

注:自变量为固定资产投资(亿元)。

表 8-16　　方差

	平方和	df	均方	F	Sig.
回归	513709407.680	2	256854703.840	220.137	0.000
残差	36170665.261	31	1166795.654		
总计	549880072.941	33			

注:自变量为固定资产投资(亿元)。

表 8-17　　系数

	未标准化系数		标准化系数	t	Sig.
	B	标准误	Beta		
固定资产投资(亿元)	2.8130	0.2401	1.9341	11.7165	0.0000
固定资产投资(亿元)**2	-0.0002	0.0000	-1.0554	-6.3937	0.0000
(常数)	1810.3140	259.9848	6.9632	0.0000	

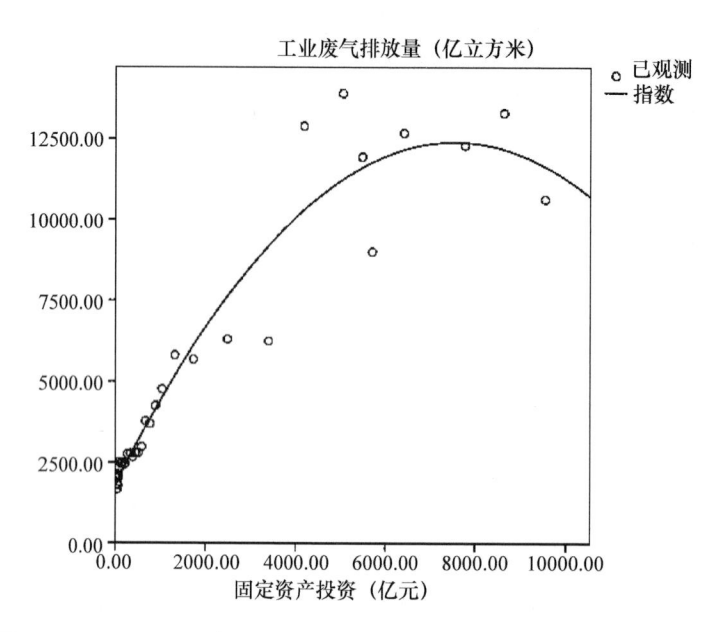

图 8-6　1985—2018 年甘肃省固定资产投资与工业废气排放量回归曲线

资料来源：1990—2019 年《甘肃发展年鉴》。

第二，1985—2018 年甘肃省工业废水排放量与固定资产投资总量之间呈现显著的三次曲线关系，即工业废水排放量随固定资产投资总量的增加先降后升再降。

伴随着甘肃省固定资产投资量增长，甘肃省工业废水排放量由 1985 年的 37234 万吨降低为 2010 年的 15352 万吨，再上升为 2013 年的 20171 万吨，然后再降为 2018 年的 10539 万吨。从 1985—2018 年甘肃省固定资产投资与工业废水排放量的回归分析来看，固定资产投资额与工业废水排放量之间的相关系数为 0.901，调整可决系数为 0.793，回归方程为 $y = 36307.595 - 19.313x + 0.004x^2 - 2.744E - 7x^3$，并通过了 t 检验和 F 检验（见表 8-18 至表 8-20、图 8-7），说明固定资产投资额与工业废水排放量之间存在显著的三次曲线关系，即工业废水排放量随着固定资产投资额的增加先下降再上升然后下降。

第三，2004—2014 年甘肃省治理工业污染投资力度高于全国平均水平，从治理"三废"投资占比分类来看，其中治理废气投资比重高于全国平均水平最多，其次是废水，最后是固体废物。

第八章　固定资产投资对生态环境的影响效应

表 8-18　　　　　　　　　　　模型汇总

R	R²	调整 R²	估计值的标准误
0.901	0.811	0.793	4382.284

注：自变量为固定资产投资（亿元）。

表 8-19　　　　　　　　　　　方差

	平方和	df	均方	F	Sig.
回归	2.478E9	3	8.262E8	43.019	0.000
残差	5.761E8	30	1.920E7	—	—
总计	3.055E9	33	—	—	—

注：自变量为固定资产投资（亿元）。

表 8-20　　　　　　　　　　　系数

	未标准化系数		标准化系数	t	Sig.
	B	标准误	Beta		
固定资产投资（亿元）	-19.313	2.350	-5.634	-8.220	0.000
固定资产投资（亿元）**2	0.004	0.001	10.465	6.426	0.000
固定资产投资（亿元）**3	-2.744E-7	0.000	-5.651	-5.527	0.000
（常数）	36307.595	1233.014	—	29.446	0.000

首先，从治理工业污染投资占全社会固定资产投资比重指标来看（见表 8-21、图 8-8），2004—2014 年甘肃省治理工业污染投资占全社会固定资产投资比重高于全国平均水平，其中 2006 年甘肃省比全国平均水平高出 8.945 个千分点，但甘肃省与全国平均水平差距呈现缩小趋势。2015年、2016 年甘肃省低于全国平均水平，分别比全国平均水平低 0.914 个千分点和 0.215 个千分点。虽然 2017 年略高于全国平均水平，但仅高出 0.222 个千分点。

其次，从治理"三废"投资占比来看（见图 8-9），虽然 2004—2017年甘肃省治理废水、废气、固体废物项目完成投资占全社会固定资产投资比重均基本高于全国平均水平，但相比较而言，甘肃省治理废气投资比重与全国平均水平差距最大，其次是治理废水投资比重差距，治理固体废物投资比重差距最小。其中治理废气投资比重差距最大的是 2006 年，为

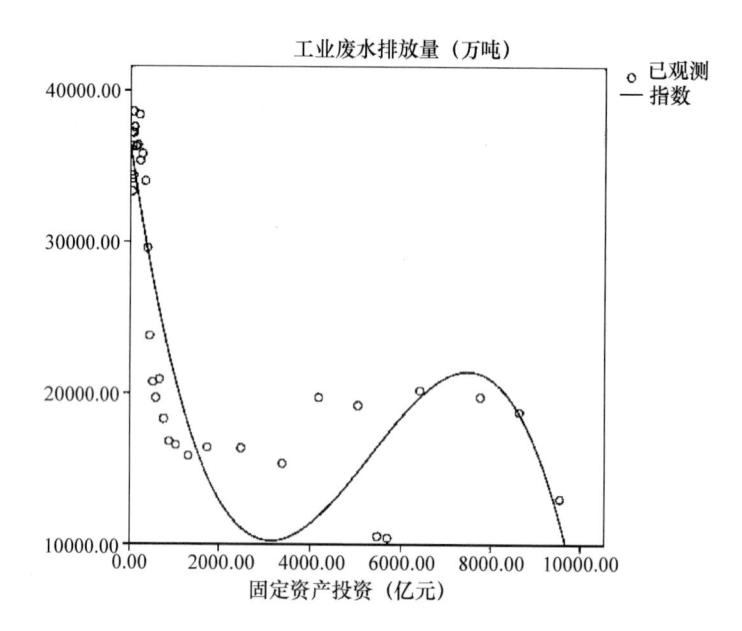

图 8-7　1985—2018 年甘肃省固定资产投资与工业废水排放量回归曲线

资料来源：1990—2019 年《甘肃发展年鉴》。

表 8-21　2004—2017 年全国与甘肃治理工业污染投资占全社会固定资产投资比例　　单位：‰

时间	工业污染治理完成投资占比			治理废水项目完成投资占比			治理废气项目完成投资占比			治理固体废物项目完成投资占比		
	甘肃	全国	差值	甘肃	全国	差值	甘肃	全国	差值	甘肃	全国	差值
2004	8.159	4.370	3.789	2.631	1.504	1.127	3.435	2.029	1.406	0.294	0.326	-0.032
2005	7.653	5.159	2.494	1.595	1.509	0.086	5.663	2.399	3.264	0.161	0.304	-0.143
2006	13.345	4.400	8.945	2.015	1.373	0.642	10.316	2.118	8.198	0.702	0.164	0.538
2007	11.432	4.020	7.412	4.983	1.427	3.556	3.521	2.003	1.518	0.633	0.131	0.502
2008	6.915	3.142	3.773	2.731	1.128	1.603	3.592	1.539	2.053	0.470	0.116	0.354
2009	5.218	1.972	3.246	2.397	0.663	1.734	2.166	1.033	1.133	0.563	0.098	0.465
2010	4.638	1.577	3.061	0.828	0.517	0.311	3.310	0.747	2.563	0.177	0.056	0.121
2011	2.656	1.425	1.231	0.733	0.507	0.226	1.763	0.681	1.082	0.010	0.100	-0.090

第八章　固定资产投资对生态环境的影响效应

续表

时间	工业污染治理完成投资占比			治理废水项目完成投资占比			治理废气项目完成投资占比			治理固体废物项目完成投资占比		
	甘肃	全国	差值	甘肃	全国	差值	甘肃	全国	差值	甘肃	全国	差值
2012	4.101	1.334	2.767	0.574	0.374	0.200	1.209	0.689	0.52	1.040	0.067	0.973
2013	2.790	1.905	0.885	0.334	0.280	0.054	2.119	1.436	0.683	0.006	0.031	-0.025
2014	2.235	1.949	0.286	0.248	0.225	0.023	1.750	1.541	0.209	0.003	0.029	-0.026
2015	0.463	1.377	-0.914	0.065	0.210	-0.145	0.273	0.929	-0.656	0.000	0.028	-0.028
2016	1.136	1.350	-0.214	0.353	0.178	0.175	0.590	0.925	-0.335	0.111	0.077	0.034
2017	1.286	1.064	0.222	0.081	0.119	-0.038	0.554	0.696	-0.142	0.001	0.020	-0.019

资料来源：国家统计局网站，http：//data.stats.gov.cn/easyquery.htm?cn=C01。

8.198个千分点，治理废水投资比重差距最大的是2007年，为3.556个千分点，治理固体废物投资比重差距最大的是2012年，为0.973个千分点。说明甘肃省治理"三废"投资比重力度均大于全国平均水平，其中治理废气力度最大，其次是废水，最后是固体废物。

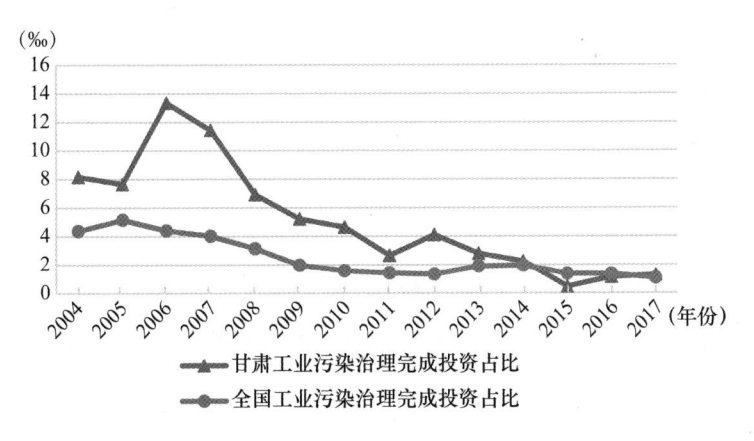

图8-8　2004—2017年甘肃与全国工业污染治理完成投资占全社会固定资产投资比例

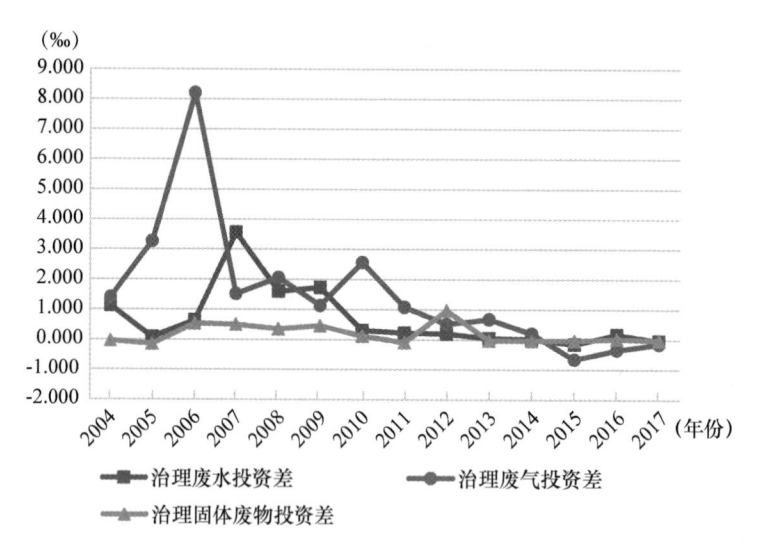

图8-9 2004—2017年甘肃与全国治理"三废"投资占比差

第三节 固定资产投资对生态环境改善效应实证分析

本节以甘肃省为例,采用随机效应模型,分析固定资产投资对生态环境的改善效应。

一 变量选取与数据说明

为了分析固定资产投资对甘肃省生态环境的影响效应,本书选取的被解释变量为人均工业烟(粉)尘排放量、人均工业废水排放量,解释变量为人均固定资产投资、人均工业产值,变量均为年度数据。

(一) 被解释变量

反映某地区环境污染程度的统计指标常用"三废"排放量指标。本书采用人均工业烟(粉)尘排放量和人均工业废水排放量作为空气污染程度和水污染程度的度量指标。首先,工业粉尘排放量指企业在生产工艺过程中排放的颗粒物重量,如钢铁企业的耐火材料粉尘、焦化企业的筛焦系统

第八章 固定资产投资对生态环境的影响效应

粉尘、烧结机的粉尘、石灰窑的粉尘、建材企业的水泥粉尘等。不包括电厂排入大气的烟尘。工业粉尘对周围大气环境产生明显的负面影响,危害程度较大。工业粉尘严重危害人体健康,有毒的金属粉尘和非金属粉尘(铬、锰、镉、铅、汞、砷等)进入人体后,会引起中毒甚至死亡。其次,工业废水排放量指报告期内经过企业厂区所有排放口排到企业外部的工业废水量。包括生产废水、外排的直接冷却水、超标排放的矿井地下水和与工业废水混排的厂区生活污水,不包括外排的间接冷却水(清污不分流的间接冷却水应计算在废水排放量内)。工业废水是指工业生产过程中产生的废水、污水和废液,其中含有随水流失的工业生产用料、中间产物和产品以及生产过程中产生的污染物。随着工业的迅速发展,工业废水的种类和数量迅猛增加,对水体的污染也日趋广泛和严重,威胁人类的健康和安全。最后,对于固体废物排放量指标,由于《甘肃发展年鉴》从 2010 年才开始统计该指标,所以本书只采用人均工业烟(粉)尘排放量、人均工业废水排放量指标衡量甘肃省各地区环境污染水平。

(二) 解释变量

本书选取人均固定资产投资。首先,固定资产投资是推动甘肃经济发展的主要驱动力,随着甘肃经济发展环境污染问题日益突出。其污染的源头一方面是工业废水与生活污水的污染;另一方面是农药和化肥的污染,还有航运量激增带来大量船舶污染。面对环境保护问题,不能再走西方国家已经走过的"先污染,后治理"的老路,而是必须在经济发展的过程中解决好环境保护的问题。从治理工业污染投资占全社会固定资产投资比重指标来看,2004—2014 年甘肃省治理工业污染投资占全社会固定资产投资比重高于全国平均水平,其中 2006 年甘肃省比全国平均水平高出 8.945 个千分点,从治理"三废"投资占比来看,2004—2017 年甘肃省治理废水、废气、固体废物项目完成投资占全社会固定资产投资比重均基本高于全国平均水平,其中治理废气投资比重高于全国平均水平最多,其次是废水,最后是固体废物。因此,本书选择人均固定资产投资作为环境污染的一个解释变量。

(三) 控制变量

本书选取人均工业生产总值作为控制变量。工业经济增长在甘肃经济增长中占据着十分重要的地位,工业发展是甘肃经济高速发展的主要推动力,但是工业生产也是造成环境污染的重要因素之一,工业生产活动必然带来资源消耗和污染物的排放,当污染物排放超过环境容量,便会引起环境问题。例如工业生产中产生的工业废水、二氧化硫、烟尘、废弃物都是环境污染的主要污染物,对环境产生了较大的影响,工业生产中排放大量未经处理的水、气、渣等有害废物,会严重破坏农业的生态平衡和自然资源,对农业生产的发展造成极大的危害。工业经济与环境关系密切,工业经济的增长既会给周围环境带来污染,其发展又受到周围环境条件的约束。因此,本书采用人均工业生产总值作为环境污染的一个解释变量。

(四) 数据说明

由于《甘肃发展年鉴》关于各地区"工业烟(粉)尘排放量"指标从 2011 年才开始统计,因此本书数据样本区间取 2011—2018 年。数据来源于 2012—2019 年《甘肃发展年鉴》。

首先,根据甘肃省 14 个地州市 2010—2018 年年末常住人口计算各年年平均人口;其次,再计算 14 个地州市现阶段人均固定资产投资、人均工业生产总值;最后,按固定资产投资价格指数和地区生产总值指数调整为 2010 年的不变价格。

二 模型选择

本书选择面板数据模型,分析固定资产投资对甘肃省生态环境的影响效应。面板数据是指其数据集中的变量同时含有横截面和时间序列的信息。由于面板数据与时间序列数据和截面数据具有相比较优势,因此面板数据模型得到广泛使用。面板数据模型包括混合模型、固定效应模型、随机效应模型。

本书分别以人均工业烟(粉)尘排放量(吨)、人均工业废水排放量(吨)为被解释变量,以人均固定资产投资(元)为解释变量,以人均工业生产总值(元)为控制变量,建立两个面板数据模型如下:

$$ISD_{it} = \alpha + \beta_{1i}IFA_{it} + \beta_{2i}IGRP_{it} + \varepsilon_{it} \qquad (8-1)$$

$$IWW_{it} = \alpha + \beta_{1i}IFA_{it} + \beta_{2i}IGRP_{it} + \varepsilon_{it} \qquad (8-2)$$

模型中,ISD_{it} 表示第 t 年 i 地区的人均工业烟(粉)尘排放量,IWW_{it} 表示第 t 年 i 地区的人均废水排放量。同理,IFA_{it}、$IGRP_{it}$ 分别表示第 t 年 i 地区的人均固定资产投资、人均工业生产总值。ε 为残差项。

第八章　固定资产投资对生态环境的影响效应

三　实证分析结果

使用 EViews 9.0 软件对上述面板数据进行分析，模型 8.1 经 Hausman 检验，p 值为 0.0517，在 10% 的显著性水平上拒绝原假设，接受"固定效应模型有效"的备择假设。同理，经 Hausman 检验，模型 8.2 选择随机效应模型，其输出结果见表 8－22。

表 8－22　　甘肃省各地区固定资产投资与工业烟（粉）尘、废水排放量回归结果

指标	ISD 人均工业烟（粉）尘排放量	IWW 人均工业废水排放量
C	146.6599 (1.819153)*	6.573480 (3.593951)**
IFA 人均固定资产投资	－0.017751 (－4.241050)**	－0.000408 (－5.618601)**
IGRP 人均工业生产总值	0.023288 (0.7114733)**	0.000839 (22.56745)**
R^2	0.893700	0.799943
DW.	2.018675	1.775558

注：***、**、* 分别表示在 1%、5%、10% 显著性水平上显著，圆括号内数字是 t 统计量值。

$$ISD_{it} = 146.6599 - 0.017751 IFA_{it} + 0.023288 IGRP_{it} + \varepsilon_{it} \quad (8-3)$$
$$(1.819153)(-4.241050)(0.7114733)$$
$$R^2 = 0.893700 \quad F = 53.80669 \quad DW = 2.018675$$
$$IWW_{it} = 6.573480 - 0.000408 IFA_{it} + 0.000839 IGRP_{it} + \varepsilon_{it} \quad (8-4)$$
$$(3.593951)(-5.618601)(22.56745)$$
$$R^2 = 0.799943 \quad F = 217.9224 \quad DW = 1.775558$$

模型 8.3 和模型 8.4 在 10% 的显著性水平下都通过了 t 和 F 检验，表明在 2011—2018 年，人均固定资产投资、人均工业生产总值对人均工业烟（粉）尘排放量和人均工业废水排放量具有显著的影响效应。其中，模型 8－3 表明在 2011—2018 年，人均固定资产投资每增加一个单位，人均工业烟（粉）尘排放量平均减少 0.017751 个单位，人均工业生产总值每增加

一个单位，人均工业烟（粉）尘排放量平均增加 0.023288 个单位；模型 8-4 表明在 2011—2018 年，人均固定资产投资每增加一个单位，人均工业废水排放量平均减少 0.000408 个单位，人均工业生产总值每增加一个单位，人均工业废水排放量平均增加 0.000839 个单位。在 2 个模型中，人均固定资产投资回归系数均为负，表明随着固定资产投资的增加，人均工业烟（粉）尘排放量、人均工业废水排放量持续下降。即甘肃省固定资产投资对其生态环境改善具有积极效应。

第九章

固定资产投资效应综合评价

固定资产投资对经济增长的作用最终体现在两大效应,包括需求效应和供给效应。本章在第四至第八章分述固定资产各种投资效应的基础上,采用熵值法,从经济总量增长效应、经济结构调整效应、就业提高效应、收入提高效应、消费提高效应、环境改善效应 6 个层面构建综合评价指标体系,对甘肃省固定资产投资的整体效应进行纵向、横向综合评价,并对甘肃省 14 个地州市固定资产投资效应综合评价。

第一节 综合评价指标体系构建

进行综合评价首先要根据研究对象的特点和研究目的,构建综合评价指标体系。综合评价指标体系的构建是进行综合评价的基础。综合指标体系好坏对评价对象有举足轻重的作用。评价指标体系是由多个相互联系、相互作用的评价指标,按照一定层次结构组成的有机整体。

一 指标体系的构建原则

指标体系的建立,要视具体评价问题而定。但是,一般来说,在构建评价指标体系时,都应遵循以下原则。

1. 完备性原则

完备性原则是指指标应尽可能完整、全面地反映和度量评价对象。

2. 代表性原则

代表性原则是指指标能很好地反映研究对象某方面的特性。所以，应该在分析研究的基础上，选择能全面反映研究对象各个方面的指标。

3. 可比性原则

可比性原则是指评价指标体系应该对所有评价对象都适用，评价标准应对所有评价对象一视同仁。

4. 可操作性原则

可操作性原则是指指标有稳定的数据来源，具有可测性，包括评价指标含义要明确、数据要规范、口径要一致、资料收集要简便易行。

5. 独立性原则

每个指标要内涵清晰、相对独立；同一层次的各指标间应尽量不相互重叠，相互间不存在因果关系。指标体系要层次分明，简明扼要。整个评价指标体系的构成必须紧紧围绕着综合评价目的层层展开，使最后的评价结论确实反映评价意图。

6. 简约性原则

指标宜少不宜多，宜简不宜繁。指标体系应涵盖为达到评价目的所需的基本内容，能反映对象的全部信息。当然，指标的精练可减少评价的时间和成本，使评价活动易于开展。

二　固定资产投资效应的综合评价指标体系构建

固定资产投资效应包括需求效应和供给效应。固定资产投资的需求效应是指因投资活动引起的对生产资料和劳务商品的需求。投资的需求效应是与固定资产投资的过程同时产生的，投资需求可通过从社会需求总量和需求结构两方面来影响整个国家的总需求。投资的需求效应具有即时性、无条件性、乘数性等特点。投资的供给效应是指投资活动能向社会再生产过程注入新的生产要素，形成新的资本，使得经济社会具备新的生产力。投资的供给效应是在固定资产投资完成后，形成固定资产交付使用或投入生产并与流动资金相结合后才发挥作用的。投资的供给效应具有滞后性和有条件性等特点。

参考国内外研究成果，按照固定资产投资的内涵和特征，在遵循完备性、代表性、可比性、可操作性、独立性、简约性原则的基础上，从经济效应、民生效应两个方面来构建固定资产投资效应综合评价指标体系。

（一）经济效应

1. 经济增长效应指标

在宏观经济中，固定资产投资对经济增长发挥着双重效应：投资的需求效应和投资的供给效应。投资的需求效应是指在投资过程或投资项目的建设过程中，不断运用货币资金，购买生产资料如钢材、水泥、电力、支付工资等，从而引起对投资品和消费品的大量需求，导致国民经济对生产资料和消费资料的需求扩张，引起国民经济中需求总量的增加，推动相应行业扩大生产规模，并引起一系列的连锁反应，从而促进经济增长，影响经济周期波动。投资的供给效应是指在投资项目建成后投入使用，会扩大社会的生产能力，通过生产劳动，再生产出新的产品提供给社会，从而引起扩大社会的生产能力，通过生产劳动，再生产出新的产品提供给社会，从而引起国民经济供给总量增加。

衡量一个国家或地区经济发展总量的常用指标是 GDP、国民收入等，而衡量一个国家或地区固定资产投资规模的指标常用固定资产投资额、建设总规模、房屋施工面积、房屋竣工面积、新增固定资产等。为了衡量固定资产投资的经济增长效应，本章采用投资 GDP 系数，即人均 GDP 增加额与当年人均固定资产投资额之比，反映一定时期内单位人均固定资产投资所带来的人均 GDP 增量。

2. 经济结构调整效应指标

投资与经济结构之间存在非常密切的关系。从总体上看投资总量与投资结构是经济结构演变的原动力。投资结构对经济结构的影响：第一，投资存量是经济结构形成的决定因素；第二，投资增量是经济结构演变的决定因素。经济结构包含的范围很广，既包括生产力范畴，也包括生产关系范畴。如所有制结构、区域经济结构和产业结构。投资与产业结构的关系可以说是投资与经济结构的最重要的关系。投资结构对产业结构的影响可以从需求和供给两个角度来考察。

①从投资需求角度看，某一投资品的需求增多，就会促使生产该投资品的行业扩展。如投资规模过大时，就会造成钢铁、水泥等建材供应紧张，导致这些物品的价格上升，从而带动这些行业的发展。相反，如果投资需求不足，生产投资品的行业就会相应萎缩。②从投资供给角度

看,投资供给将形成新的生产能力,从而直接影响产业结构。③现存的产业结构是过去投资供给的结果,而现在的投资供给结构又决定着未来的产业结构。从某一特定的时期看,本期的投资供给结构可能对现存产业结构影响不大,但从长远来看,产业结构最终还是由投资供给所决定的。本章采用投资第三产业 GDP 系数,即人均第三产业增加值增加额与当年人均当年固定资产投资额之比。反映一定时期内单位固定资产投资所带来的第三产业增加值的增量。

(二) 民生效应

投资作为经济增长的驱动力,其归宿就是提高人民的生活水平。投资不仅是维持社会稳定发展的重要手段,也是促进社会资源分配的重要手段。投资不仅可以熨平经济的波动,提振人们对经济的信心,还可以促进社会资源分配,创造大量的就业岗位,保证社会就业的稳定,促进社会财富向广大中低收入人群转移,进而保证经济的稳定发展。从宏观角度来看投资,其根本目的就是保稳定、保就业、保发展,进而实现我国以人为本的发展理念。

本章从投资影响就业增长效应、投资影响居民收入增长效应、投资影响居民消费增长效应、投资影响环境改善效应四方面设置指标。其中衡量投资就业效应的指标为投资就业系数,即城镇新增就业人数与当年人均固定资产投资额之比,反映一定时期内单位人均固定资产投资所带来的城镇就业人数增量。衡量投资收入效应的指标为投资收入系数,即居民人均可支配收入增加额与当年人均固定资产投资额之比,反映一定时期内单位固定资产投资所带来的居民人均可支配收入增量。衡量投资消费效应的指标为投资消费系数,即居民人均消费支出增加额与当年人均固定资产投资额之比,反映一定时期内单位固定资产投资所带来的居民消费水平的增量。衡量投资环境效应的指标为投资环境系数,即人均公园绿地面积增量与人均固定资产投资额之比,反映一定时期内单位固定资产投资所带来的人均公园绿地面积增量。

固定资产投资效应是一个综合性的概念,根据经济效应、民生效应两个方面构建的固定资产投资效应评价指标体系框架及具体指标如表 9-1 所示。

表9-1　　　　　　　固定资产投资效应的综合评价指标体系

评价目标	一级指标	二级指标	三级指标
固定资产投资效应	经济效应	经济总量增长效应	X_1 投资 GDP 系数，反映一定时期内单位人均固定资产投资所带来的人均 GDP 增量指标，公式 = 人均 GDP 增加额/当年人均固定资产投资额
		经济结构调整效应	X_2 投资第三产业 GDP 系数，反映一定时期内单位固定资产投资所带来的第三产业增加值的增量指标，公式 = 人均第三产业增加值增加额/人均当年固定资产投资额
	民生效应	就业提高效应	X_3 投资就业系数，反映一定时期内单位人均固定资产投资所带来的城镇就业人数增量指标，公式1 = 城镇新增就业人数/当年人均固定资产投资额（甘肃及其省内各地州市），公式2 = 城镇单位、私营企业和个体就业人员/当年人均固定资产投资额（西北五省区）
		收入提高效应	X_4 投资收入系数，反映一定时期内单位固定资产投资所带来的居民人均可支配收入增量指标，公式 = 居民人均可支配收入增加额/当年人均固定资产投资额
		消费提高效应	X_5 投资消费系数，反映一定时期内单位固定资产投资所带来的居民消费水平的增量指标，公式 = 居民人均消费支出增加额/当年人均固定资产投资额
		环境改善效应	X_6 投资环境系数，反映一定时期内单位固定资产投资所带来的人均公园绿地面积增量指标，公式 = 人均公园绿地面积增量/人均固定资产投资额

第二节　综合评价方法选择

综合评价方法是综合评价的核心问题。综合评价方法包括定性和定量方法。定性评价方法是充分利用评价者的知识、经验、直觉或偏好直接对评价对象作出定性结论的价值判断。包括专家会议法、直接评分法和 Delphi 方法等。该类方法较常用在不能或者难以量化的对象系统，或对评价精度要求不是很高的战略层次的决策中。定量评价方法是评价者围绕被评对象的特征，利用数据或语言等基础信息对被评对象进行综合分析和处理并获取评价结果的方法。包括熵值法、层次分析法（AHP）、模糊数学方法、灰色关联分析法、证据推理方法、可拓综合评价方法、人工神经网络分析方法、Electre 方法、数据包络分析法（DEA）、Topsis 法、主成分分析法、因子分析法、聚类分析法等。该类方法应用广泛，不但可解决结构化、数据化等确定性信息的问题，还可以解决一些非结构化、语言型、随机型、灰色、模糊等不确定性信息的问题。

评价方法的选择应遵循科学性、客观性、应用广泛性、操作方便性原则。本书采用熵值法对固定资产投资效应进行综合评价。熵值法是用信息熵评价系统内部的有序程度和效用大小。熵值法属于客观赋权法，它是一种利用信息量的大小来确定指标权重并进行综合评价的方法。熵值法是通过计算指标信息熵，依据指标相对变化程度对整个系统的影响来确定其权重大小，熵值越大，系统越混乱，指标携带的信息越少；反之，则指标携带的信息越多。假设有 n 个评价对象（$i=1, 2, \cdots, n$）和 m 个评价指标（$j=1, 2, \cdots, m$），x_{ij} 表示第 i 个评价对象在第 j 个指标上的取值，W_j 表示第 j 个指标的权重。对于给定的 j，所有 x_{ij} 之间的差异越大，该项指标在综合评价中所起的作用就越大；如果该指标的观测值全部相等，该指标在综合评价中不起作用。

熵值法计算步骤如下。

(1) 指标的无量纲化处理。

熵值法无量纲化方法有极值平移熵值法、标准化平移熵值法、线性比例熵值法、向量规范熵值法及功效系数熵值法。本书采用极值平移熵值法。

①极值处理。

当评价指标 x_{ij} 为正指标，则

$$Z_{ij} = \frac{x_{ij} - m_j}{M_j - m_j} (i = 1,2,\cdots,n; \quad j = 1,2,\cdots,m) \quad (9-1)$$

当评价指标 x_{ij} 为逆指标，则

$$Z_{ij} = \frac{M_j - x_{ij}}{M_j - m_j} (i = 1,2,n; \quad j = 1,2,\cdots,m) \quad (9-2)$$

$$M_j = \max_i \{x_{ij}\}, m_j = \min_i \{x_{ij}\} \quad (9-3)$$

②平移处理。

由于当原始数据为最小值时，其 Z 值为零，无法进行对数运算，所以要平移。平移公式为：$y_{ij} = Z_{ij} + A$。$A>0$，A 取值越小越好，本书取 0.01。

（2）计算第 i 个评价对象在第 j 个评价指标上的指标值比值：

$$p_{ij} = \frac{y_{ij}}{\sum_{i=1}^{n} y_{ij}} \qquad (9-4)$$

计算第 j 个指标的熵值：

$$e_j = -k \sum_{i=1}^{n} p_{ij} \ln(p_{ij}) \qquad (9-5)$$

式中，$k = \frac{1}{\ln n}$，$0 \leq e_j \leq 1$。

（4）计算第 j 个指标的差异系数 g_j：$g_j = 1 - e_j$，差异系数越大，指标越重要。

（5）计算各指标的权重：

$$w_j = \frac{g_j}{\sum_{j=1}^{m} g_j} \qquad (9-6)$$

（6）计算综合评价值：

$$v_i = \sum_{j=1}^{m} w_j p_{ij} \qquad (9-7)$$

第三节　固定资产投资效应综合评价的实证分析

本节以甘肃省为例，采用熵值法，从纵横两个角度，对甘肃省固定资产投资效应进行综合评价。

一　甘肃省固定资产投资效应的纵向对比分析

本书以 2009—2017 年《甘肃发展年鉴》为数据来源，采用熵值法从纵向角度对甘肃省固定资产投资效应进行综合评价。根据熵值法计算步骤，计算得出甘肃省固定资产投资效应综合评价各指标的熵值、差异系数、权数（见表 9-2）及综合评价值（见表 9-3）。

表9-2　甘肃省固定资产投资效应各评价指标的熵值、差异系数、权数

指标	x_1	x_2	x_3	x_4	x_5	x_6
e_j	0.90319	0.82252	0.89513	0.87971	0.81555	0.94025
g_j	0.09681	0.17748	0.10487	0.12029	0.18445	0.05975
w_j	0.13018	0.23866	0.14102	0.16176	0.24804	0.08034

表9-3　2010—2018年甘肃省固定资产投资效应综合评价值

时间	p_1	p_2	p_3	p_4	p_4	p_5	$\sum p_{ij} w_j$
2010	0.20538	0.07488	0.20569	0.21202	0.14480	0.09066	0.15111
2011	0.21758	0.29093	0.13014	0.13992	0.22014	0.09974	0.20136
2012	0.12367	0.11230	0.12963	0.16144	0.15230	0.15309	0.13737
2013	0.10765	0.16645	0.11246	0.06967	0.06148	0.17473	0.11016
2014	0.07075	0.00851	0.05274	0.04279	0.00297	0.11394	0.03549
2015	0.00215	0.02252	0.02580	0.02631	0.00512	0.10413	0.02319
2016	0.04775	0.00288	0.00204	0.00210	0.03305	0.13718	0.02675
2017	0.08204	0.10390	0.16463	0.15687	0.08047	0.12480	0.11405
2018	0.14303	0.21764	0.17686	0.18888	0.29967	0.00173	0.20052

根据上述计算结果，从综合评价得分、指标差异系数两个层面进行分析如下。

（一）2010—2018年甘肃省固定资产投资效应综合得分对比分析

（1）2010—2018年甘肃省固定资产投资效应综合得分总的趋势是先升后降再升。从表9-3、图9-1可看出甘肃省固定资产投资效应综合得分总的趋势是先升后降再升，综合得分由2010年的0.151增加到2011年的0.201，再下降为2015年的0.023，然后再上升为2018年的0.20。其中固定资产投资效应得分最高年份为2011年，最低年份为2015年，两者相差0.18。

（2）2010—2018年甘肃省固定资产投资效应综合得分可划分为两个阶段：波动起伏下降阶段、逐渐增长阶段。第一个阶段：2010—2015年属于波动起伏下降阶段，综合得分由2010年的0.151，上升为2011年的0.201，再逐渐下降为2015年的0.023；第二个阶段：2015—2018年属于

第九章 固定资产投资效应综合评价

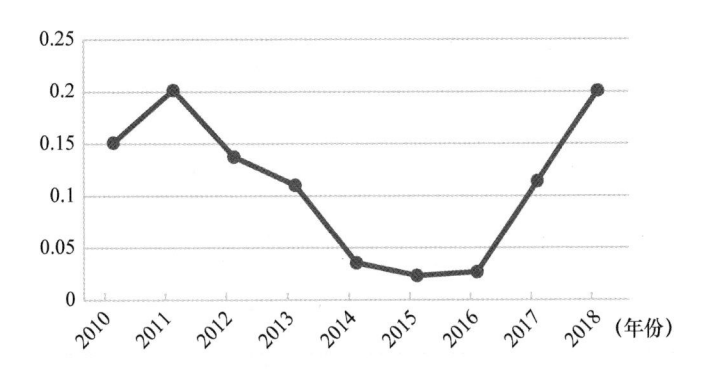

图9-1 2010—2018年甘肃省固定资产投资效应综合得分变化趋势

逐渐增长阶段，综合得分先由2015的0.023上升为2016年的0.026，然后快速上升为2018年的0.20。

（3）2018年甘肃省固定资产投资效应的提升得益于经济效应、民生效应的提升。从表9-4、图9-2可看出，甘肃省固定资产投资效应的两个一级指标，民生效应指标由2015年的第9名提升为2018年的第1名，经济效应指标由2015年的第9名提升为2018年的第2名。

表9-4 2010—2018年甘肃省固定资产投资效应一级指标得分

年份	经济效应	排序	民生效应	排序	综合得分	排序
2010	0.045	4	0.107	2	0.151	3
2011	0.098	1	0.104	3	0.201	1
2012	0.043	5	0.095	4	0.137	4
2013	0.054	3	0.056	6	0.110	6
2014	0.011	7	0.024	7	0.036	7
2015	0.006	9	0.018	9	0.023	9
2016	0.007	8	0.020	8	0.027	8
2017	0.036	6	0.079	5	0.114	5
2018	0.071	2	0.130	1	0.201	2

（4）2018年甘肃省固定资产投资效应的提升主要得益于收入效应、消费效应，以及就业效应、经济结构效应和经济增长效应的提高，环境效应是制约甘肃省固定资产投资效应提升的短板。从表9-5可看出，甘肃省

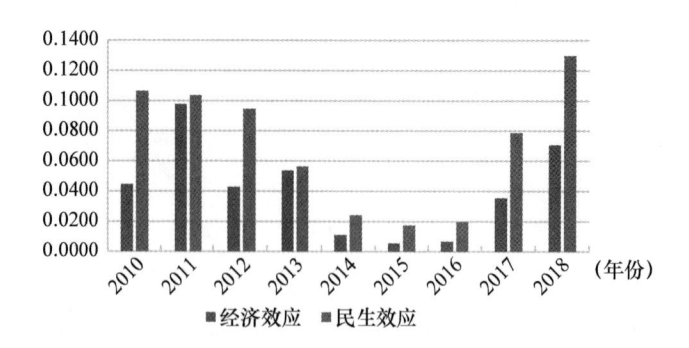

图 9-2　2010—2018 年甘肃省固定资产投资效应一级指标得分

2018 年 6 个二级指标中，有 2 个指标名列第一，2 个指标名列第二，1 个指标名列第三、1 个指标名列第九。说明 2010—2018 年甘肃省固定资产投资效应的提升，首先得益于收入效应、消费效应这两个二级指标水平的较大提高，其次是就业效应、经济结构效应和经济增长效应这三个二级指标，而环境效应这个二级指标反而拉低了甘肃省固定资产投资效应，2018 年环境效应水平不仅低于 2017 年，而且低于固定资产投资效应综合得分最低的 2015 年。

表 9-5　2010—2018 年甘肃省固定资产投资效应二级指标得分

时间	经济增长效应		经济结构效应		就业效应		收入效应		消费效应		环境效应		固定资产投资效应	
	得分	排名	得分	排名	得分	排名	得分	排名	得分	排名	得分	排名	得分	排名
2010	0.027	2	0.018	6	0.029	1	0.034	1	0.036	4	0.007	8	0.151	3
2011	0.028	1	0.069	1	0.018	4	0.023	4	0.055	2	0.008	7	0.201	1
2012	0.016	4	0.027	4	0.018	5	0.026	2	0.038	3	0.012	2	0.137	4
2013	0.014	5	0.040	3	0.016	6	0.011	3	0.015	6	0.014	1	0.110	6
2014	0.009	7	0.002	8	0.007	7	0.001	9	0.009	5	0.009	5	0.036	7
2015	0.000	9	0.005	7	0.004	8	0.004	7	0.001	8	0.008	6	0.023	9
2016	0.006	8	0.001	9	0.000	9	0.000	8	0.008	7	0.011	3	0.027	8
2017	0.011	6	0.025	5	0.023	3	0.025	5	0.020	5	0.010	4	0.114	5
2018	0.019	3	0.052	2	0.025	2	0.031	1	0.074	1	0.000	9	0.201	2

（二）甘肃省固定资产投资效应综合评价指标差异性对比分析

2010—2018 年，二级指标中消费效应和经济结构效应波动最大，经济增长效应、就业效应和收入效应波动性居中，环境效应波动最小。根据熵值和差异性系数的意义，差异性系数越大，熵值越小，也就是说该项指标信息在系统各对象中的发展越不平衡。从图9-3可看出，6个二级指标的差异波动程度最高的是消费效应和经济结构效应，分别为0.184、0.177；最低的是环境效应为0.060；居中的是经济增长效应、就业效应和收入效应波动性，分别为0.097、0.105、0.120。这说明2010—2018年甘肃省固定资产投资效应在消费效应和经济结构效应方面波动性最高，在经济增长效应、就业效应和收入效应方面波动性居中，在环境效应方面波动性最低。

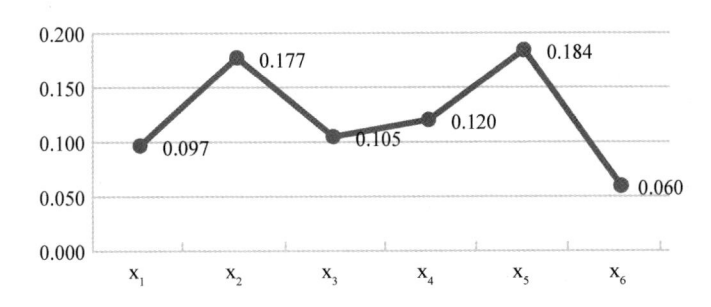

图9-3 甘肃省固定资产投资效应二级指标差异系数分布

二 甘肃省固定资产投资效应的横向对比分析

数据来源为国家统计局网站年度数据，采用熵值法，从横向角度对甘肃省固定资产投资效应在西北五省区中的排名进行综合评价。根据熵值法计算步骤，计算得出甘肃、陕西、青海、宁夏、新疆西北五省区的各评价指标的熵值、差异系数、权数（见表9-6）及综合评价值（见表9-7）。

表9-6　　2017年西北五省区固定资产投资效应评价指标的熵值、差异系数、权数

指标	x_1	x_2	x_3	x_4	x_5	x_6
e_j	0.82969	0.85036	0.43592	0.59730	0.72981	0.82058
g_j	0.17031	0.14964	0.56408	0.40270	0.27019	0.17942
w_j	0.09809	0.08618	0.32487	0.23192	0.15561	0.10333

表9-7　　　2017年西北五省区固定资产投资效应综合评价值

地区	p_1	p_2	p_3	p_4	p_5	p_6	$\sum p_{ij}w_j$
甘肃	0.11869	0.36064	0.08942	0.69137	0.54182	0.29804	0.34722
陕西	0.35319	0.19130	0.07903	0.05137	0.14588	0.14153	0.12604
青海	0.00350	0.00357	0.01802	0.00685	0.07544	0.00391	0.02024
宁夏	0.21940	0.19164	0.00798	0.11533	0.00536	0.39488	0.10901
新疆	0.30522	0.25285	0.80555	0.13509	0.23149	0.16165	0.39748

根据上述计算结果，从综合评价得分、指标差异系数两个层面进行分析如下。

（一）2017年西北五省区固定资产投资效应综合得分横向比较

（1）甘肃省固定资产投资效应综合得分在西北五省区中位居第二位，且与第一名接近。从西北五省区固定资产投资效应综合得分及排名来看，第一名为新疆，第二名为甘肃，陕西、宁夏依次为第三至第四名，青海为最后一名。西北五省区固定资产投资效应综合得分极差较大，第一名是第五名的19.68倍。

从综合得分排名相邻组差距来看，第三名陕西与第四名宁夏得分差距最小，为0.017。第二名甘肃与第三名陕西差距最大，相差0.221；其次是第四名与第五名、第一名与第二名，分别相差0.089、0.050。从综合得分及相邻组差距来看，新疆、甘肃固定资产投资效应属于较好水平，陕西、宁夏属于居中水平，青海属于较低水平（见表9-8、图9-4、图9-5）。

表9-8　　　2017年西北五省区固定资产投资效应二级指标得分

地区	经济增长效应		经济结构效应		就业效应		收入效应		消费效应		环境效应		固定资产投资效应	
	得分	排名	得分	排名	得分	排名	得分	排名	得分	排名	得分	排名	得分	排名
甘肃	0.0116	4	0.0311	1	0.0290	2	0.1603	1	0.0843	1	0.0308	2	0.3472	2
陕西	0.0346	1	0.0165	4	0.0257	3	0.0119	4	0.0227	3	0.0146	4	0.1260	3
青海	0.0003	5	0.0003	5	0.0059	4	0.0016	5	0.0117	4	0.0004	5	0.0202	5
宁夏	0.0215	3	0.0165	3	0.0026	5	0.0267	3	0.0008	5	0.0408	1	0.1089	4
新疆	0.0299	2	0.0218	2	0.2617	1	0.0313	2	0.0360	2	0.0167	3	0.3974	1

（2）甘肃省固定资产投资效应在西北五省区排名第二，主要是由于其

第九章 固定资产投资效应综合评价

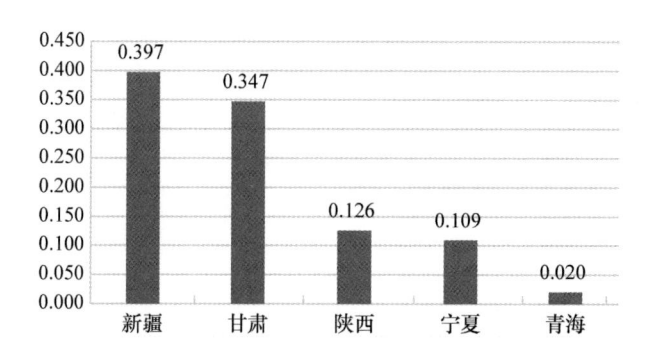

图 9-4 2017 年西北五省区固定资产投资效应综合得分

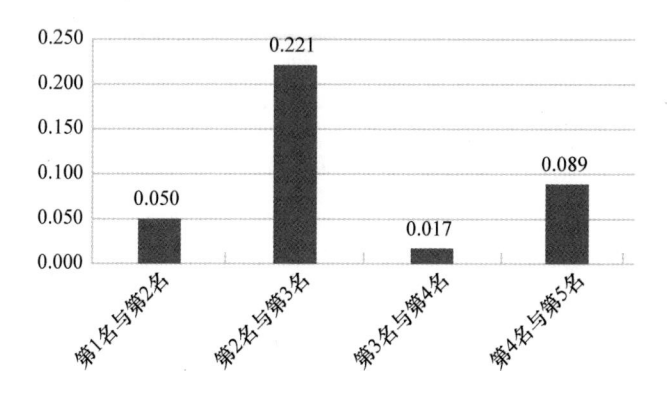

图 9-5 2017 年西北五省区综合评价相邻名次综合得分差

一级指标民生效应排名第二，经济效应排名第三。且其民生效应得分为 0.3045，明显高于第三名陕西 0.0749。说明甘肃省固定资产民生投资效应水平较高，经济效应水平居中（见表 9-9、图 9-6）。

表 9-9　　2017 年西北五省区固定资产投资效应一级指标得分

地区	经济效应	排名	民生效应	排名	综合得分	排序
甘肃	0.0427	3	0.3045	2	0.3472	2
陕西	0.0511	2	0.0749	3	0.1260	3
青海	0.0007	5	0.0196	5	0.02023	5
宁夏	0.0380	4	0.0709	4	0.1089	4
新疆	0.0517	1	0.3457	1	0.3974	1

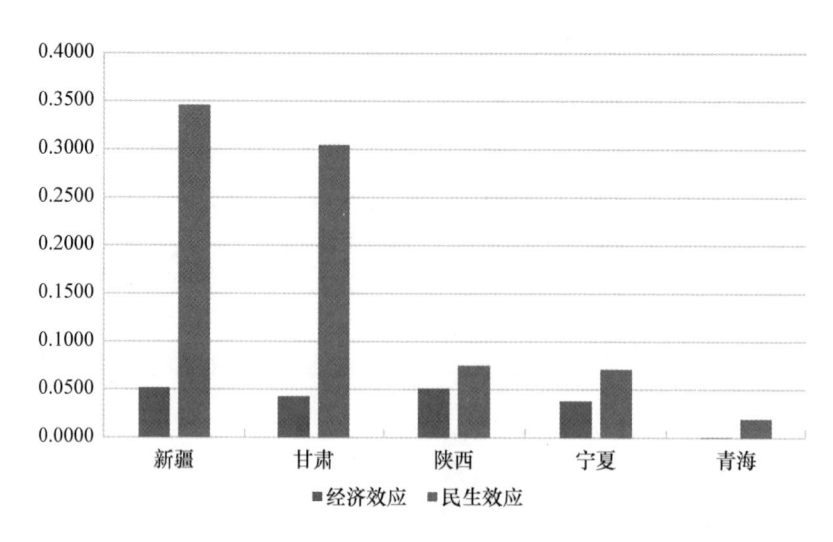

图 9-6　2017 年西北五省区固定资产投资效应一级指标得分

（3）甘肃省固定资产投资效应在西北五省区排名第二，主要是由于其二级指标中，收入、消费、经济结构效应排名第一，就业、环境效应排名第二，经济总量增长效应排名第四（见图 9-7）。进一步分析三级指标，首先，甘肃在经济结构、收入、消费效应方面排名最好，主要得益于其三级指标投资第三产业 GDP 系数、投资收入系数、投资消费系数最高，即单位人均固定资产投资带来的第三产业人均 GDP 增量、单位人均固定资产投资带来的居民人均可支配收入增量、单位人均固定资产投资带来的居民人均消费支出增量最高。其值分别为 0.0546、0.0602、0.0389，西北五省区排名第一；其次，甘肃在就业、环境效应方面排名较好，主要得益于其三级指标投资就业系数、投资公园绿地系数较高，即单位人均固定资产投资带来的城镇新增就业人数、单位人均固定资产投资带来的人均公园绿地增量较高，分别为 7.8570、0.0952，在西北五省区排名第二（见图 9-8）；最后，甘肃在经济总量增长效应排名相对靠后，主要原因是其三级指标投资 GDP 系数即单位人均固定资产投资带来的人均 GDP 增量相对较低，为 0.038，仅高于青海 0.008。与第一名陕西 0.100，相差 62%（见图 9-9）。

（二）西北五省区固定资产投资效应综合评价指标差异性对比分析

从图 9-10 可较直观地看出，2017 年西北五省区 6 个二级指标差异明

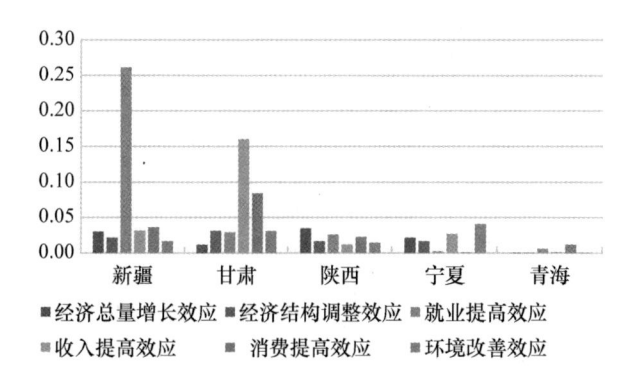

图 9-7　2017 年西北五省区固定资产投资效应二级指标得分

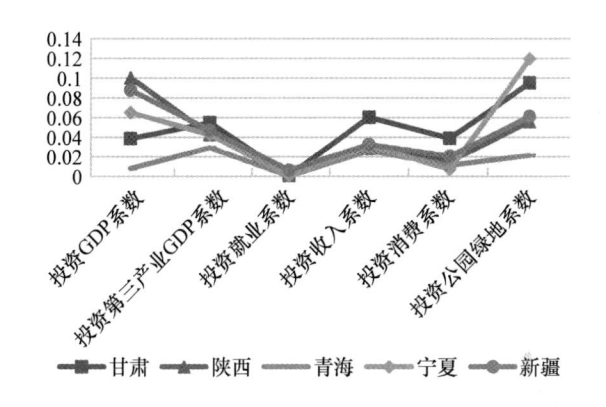

图 9-8　2017 年西北五省区固定资产投资效应三级指标

显。其中就业效应差异最大，为 0.56，收入效应和消费效应差异居中，分别为 0.40、0.27，环境效应、经济增长效应、经济结构效应差异最小，分别为 0.18、0.17、0.15。

结合图 9-10，分别以差异性系数 0.5、0.2 两个数值为分界点，对各指标差异不平衡程度进行分类。其中就业效应 x_3 属于高度不平衡类型，说明这个指标在西北五省区间不平衡性最明显；收入效应 x_4 和消费效应 x_5 属于中度不平衡类型；环境效应 x_6、经济增长效应 x_1、经济结构效应 x_2 属于低度不平衡类型，说明这 3 个指标在西北五省区间不平衡性最不明显。

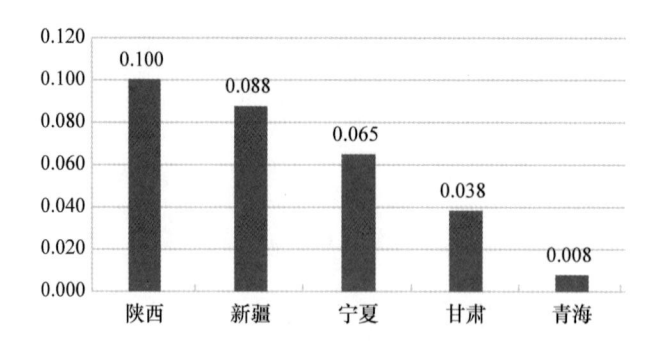

图 9-9　2017 年西北五省区三级指标投资 GDP 系数

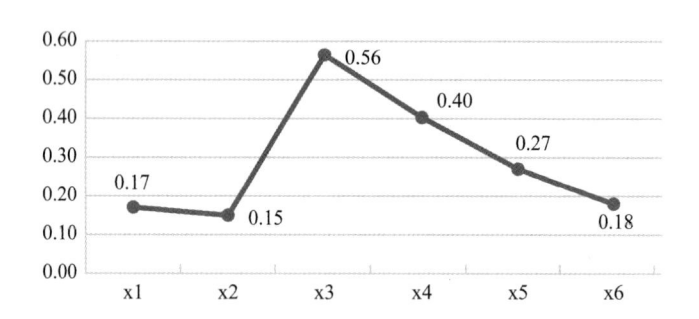

图 9-10　2017 年西北五省区固定资产投资效应二级指标差异系数分布

三　甘肃省各地州市固定资产投资效应综合评价

以 2018 年、2019 年《甘肃发展年鉴》为数据来源，采用熵值法对甘肃省 14 个地州市固定资产投资效应进行综合评价。根据熵值法计算步骤，计算得出 2018 年甘肃 14 个地州市的各评价指标的熵值、差异系数、权数（见表 9-10）及综合评价值（见表 9-11）。

表 9-10　2018 年甘肃各地州市固定资产投资效应评价指标的熵值、差异系数、权数

指标	x_1	x_2	x_3	x_4	x_5	x_6
e_j	0.75881	0.89515	0.89450	0.91521	0.87202	0.96128
g_j	0.24119	0.10485	0.10550	0.08479	0.12798	0.03872
w_j	0.34307	0.14914	0.15007	0.12060	0.18204	0.05508

第九章 固定资产投资效应综合评价

表9-11 2018年甘肃各地州市固定资产投资效应综合评价值

地区	p_1	p_2	p_3	p_4	p_5	p_6	$\sum p_{ij}w_j$
兰州市	0.04362	0.13632	0.10163	0.02687	0.02567	0.08046	0.06289
嘉峪关市	0.33537	0.15767	0.00138	0.03299	0.01607	0.07761	0.14996
金昌市	0.17737	0.09995	0.02418	0.09514	0.14738	0.08578	0.12241
白银市	0.09072	0.05434	0.1391	0.10837	0.11088	0.07877	0.09769
天水市	0.00869	0.03743	0.11992	0.04631	0.01579	0.07894	0.03937
武威市	0.04447	0.05789	0.07346	0.12469	0.08936	0.02026	0.06733
张掖市	0.02357	0.07398	0.04416	0.04911	0.01541	0.00096	0.03453
平凉市	0.0266	0.02003	0.08404	0.07008	0.09593	0.08444	0.05529
酒泉市	0.00417	0.00311	0.01116	0.0015	0.0022	0.07897	0.00850
庆阳市	0.15974	0.13559	0.12143	0.10081	0.07717	0.09724	0.12481
定西市	0.00332	0.0283	0.05479	0.05967	0.08092	0.07996	0.03991
陇南市	0.03978	0.09321	0.09294	0.12091	0.22208	0.0798	0.10090
临夏州	0.03865	0.10062	0.13002	0.15113	0.06817	0.07811	0.08272
甘南州	0.00392	0.00156	0.00181	0.01242	0.03298	0.07871	0.01369

根据上述计算结果,从综合评价得分、指标差异系数两个层面进行分析如下。

(一) 2018年甘肃各地州市固定资产投资效应综合得分横向比较

(1) 2018年甘肃省14个地州市固定资产投资效应综合得分,排名嘉峪关市第一,庆阳市、金昌市、陇南市、白银市、临夏州、武威市、兰州市、平凉市、定西市、天水市、张掖市、甘南州依次为第二名至第十三名,酒泉市为最后一名。14个地州市固定资产投资效应综合得分全距较大,第一名是第十四名的17.64倍(见表9-12)。

结合表9-12、图9-11,分别以综合得分0.10、0.05为分界点,对各地区固定资产投资效应综合水平进行分类。可看出嘉峪关市、庆阳市、金昌市、陇南市属于固定资产投资效应较好地区;白银市、临夏州、武威市、兰州市、平凉市属于固定资产投资效应中等水平地区;定西市、天水市、张掖市、甘南州、酒泉市属于固定资产投资效应较差地区。

表9-12　2018年甘肃各地州市固定资产投资效应二级指标得分

地区	经济增长效应		经济结构效应		就业效应		收入效应		消费效应		环境效应		固定资产投资效应	
	得分	排名	得分	排名	得分	排名	得分	排名	得分	排名	得分	排名	得分	排名
嘉峪关市	0.1151	1	0.0235	1	0.0002	14	0.0040	11	0.0029	11	0.0043	12	0.1500	1
庆阳市	0.0548	3	0.0202	3	0.0182	3	0.0122	5	0.0140	7	0.0054	1	0.1248	2
金昌市	0.0609	2	0.0149	5	0.0036	11	0.0115	6	0.0268	2	0.0047	2	0.1224	3
陇南市	0.0136	7	0.0139	6	0.0139	6	0.0146	3	0.0404	1	0.0044	6	0.1009	4
白银市	0.0311	4	0.0081	9	0.0209	1	0.0131	4	0.0202	3	0.0043	9	0.0977	5
临夏州	0.0133	8	0.0150	4	0.0195	2	0.0182	1	0.0124	8	0.0043	11	0.0827	6
武威市	0.0153	5	0.0086	8	0.0110	8	0.0150	2	0.0163	5	0.0011	13	0.0673	7
兰州市	0.0150	6	0.0203	2	0.0153	5	0.0032	12	0.0047	10	0.0044	4	0.0629	8
平凉市	0.0091	9	0.0030	12	0.0126	7	0.0085	7	0.0175	4	0.0047	3	0.0553	9
定西市	0.0011	14	0.0042	11	0.0082	9	0.0072	8	0.0147	6	0.0044	5	0.0399	10
天水市	0.0030	11	0.0056	10	0.0180	4	0.0056	10	0.0029	12	0.0043	8	0.0394	11
张掖市	0.0081	10	0.0110	7	0.0066	10	0.0059	9	0.0028	13	0.0001	14	0.0345	12
甘南州	0.0013	13	0.0002	14	0.0003	13	0.0015	13	0.0060	9	0.0043	10	0.0137	13
酒泉市	0.0014	12	0.0005	13	0.0017	12	0.0002	14	0.0004	14	0.0043	7	0.0085	14

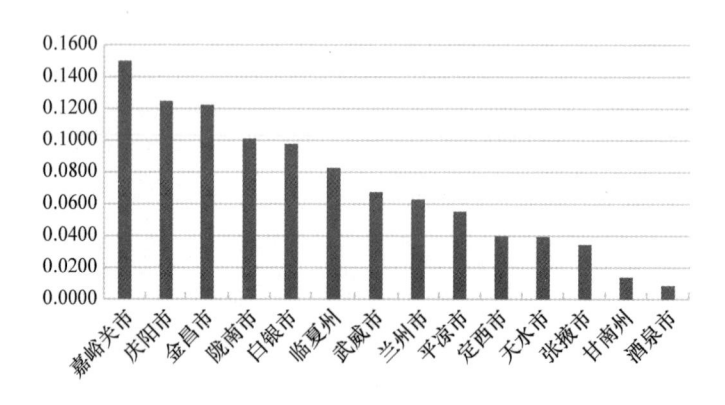

图9-11　2018年甘肃各地州市固定资产投资效应综合得分

（2）从一级指标来看，固定资产投资中经济效应得分排名前5的分别是嘉峪关市、金昌市、庆阳市、白银市、兰州市，排名后5名的分别是甘南州、酒泉市、定西市、天水市、平凉市，其余居中。固定资产投资中民生效应得分排名前5的分别是陇南市、白银市、临夏州、庆阳市、金昌市，排名后5的分别是酒泉市、嘉峪关市、甘南州、张掖市、兰州市（见表9-13）。

表9-13　2018年各地州市固定资产投资效应一级指标得分

地区	经济效应	排名	民生效应	排名
嘉峪关市	0.13857	1	0.011386	13
金昌市	0.075757	2	0.046655	5
庆阳市	0.075025	3	0.049786	4
白银市	0.039228	4	0.058466	2
兰州市	0.035297	5	0.027596	10
临夏州	0.028267	6	0.05445	3
陇南市	0.027551	7	0.073353	1
武威市	0.023889	8	0.043444	6
张掖市	0.019119	9	0.015407	11
平凉市	0.012113	10	0.043177	7
天水市	0.008564	11	0.030803	9
定西市	0.00536	12	0.034553	8
酒泉市	0.001896	13	0.006605	14
甘南州	0.001578	14	0.012109	12

（3）从二级指标来看，①固定资产投资经济总量增长效应得分排在前3名的分别是嘉峪关市、金昌市、庆阳市，排在后3名的分别是定西市、甘南州、酒泉市，其余居中；②固定资产投资经济结构调整效应得分排在前3名的分别是嘉峪关市、兰州市、庆阳市，排在后3名的分别是甘南州、酒泉市、平凉市，其余居中；③固定资产投资就业提高效应得分排在前3名的分别是白银市、临夏州、庆阳市，排在后3名的分别是嘉峪关市、甘南州、酒泉市，其余居中；④固定资产投资收入提高效应得分排在前3名的分别是临夏州、武威市、陇南市，排在后3名的分别是酒泉市、甘南州、兰州市，其余居中；⑤固定资产投资消费提高效应得分排在前3名的分别是陇南市、金昌市、白银市，排在后3名的分别是酒泉市、张掖市、天水

市，其余居中；⑥固定资产投资环境改善效应得分排在前3名的分别是庆阳市、金昌市、平凉市，排在后3名的分别是张掖市、武威市、嘉峪关市（见图9-12）。

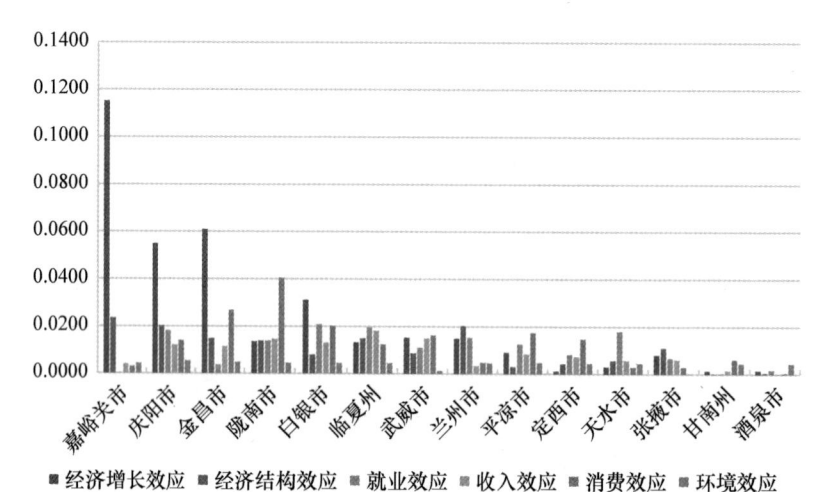

图9-12 2018年甘肃各地区固定资产投资效应二级指标得分

（二）2018年甘肃省各地区固定资产投资效应综合评价指标差异性对比分析

从图9-13可较直观地看出，2018年甘肃省各地区6个二级指标差异明显。其中经济总量增长效应差异最大，为0.241，环境改善效应差异最小，为0.039，其余居中。

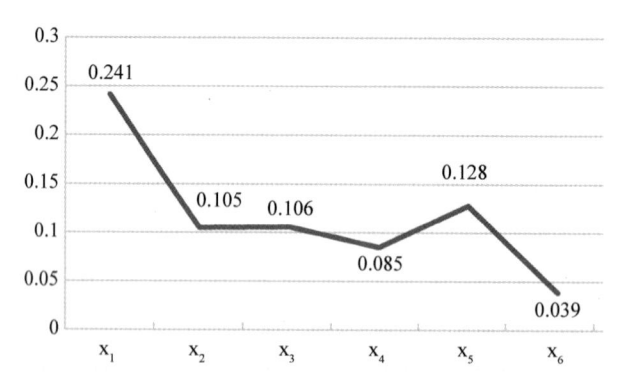

图9-13 2018年甘肃各地区固定资产投资效应二级指标差异系数分布

结合图 9-13，分别以差异性系数为 0.05、0.15 两个数值为分界点，对各指标差异不平衡程度进行分类。其中经济增长效应 x_1 属于高度不平衡类型，说明这个指标在 14 个地州市间不平衡性最明显；消费效应 x_5、就业效应 x_3、经济结构效应 x_2、收入效应 x_4 属于中度不平衡类型；环境效应 x_6 属于低度不平衡类型，说明环境效应指标在 14 个地州市间不平衡性最不明显。

第十章

固定资产投资预测

固定资产投资对经济增长具有巨大的推动作用,固定资产投资预测数据是进行投资宏观调控的基础资料。1978—2019 年甘肃省固定资产投资呈指数增长趋势,2017 年、2018 年开始下降,2019 年又恢复增长,其环比增长速度为 6.6%。本章主要介绍 ARIMA 模型预测方法及甘肃省 2020—2025 年固定资产投资预测分析。

第一节 预测方法

时间序列,又称动态数列,它是将某种统计指标的数值,按时间先后顺序排列所形成的数列。时间序列可分为平稳序列和不平稳序列。影响时间序列的因素包括长期趋势、季节变动、循环变动、无规则变动。时间序列预测法就是通过编制和分析时间序列,根据时间序列所反映出来的发展过程、方向和趋势,进行类推或延伸,借以预测下一段时间或以后若干年内可能达到的水平。其内容包括:收集与整理某种社会现象的历史资料;对这些资料进行检查鉴别,排成数列;分析时间数列,从中寻找该社会现象随时间变化而变化的规律,得出一定的模式;以此模式去预测该社会现象将来的情况。

时间序列预测法可用于短期预测、中期预测和长期预测。根据时间序列数据资料是否含有长期趋势或季节变动可分为平滑法(简单平均法、移动平均法、指数平滑法)、季节性预测法(季节多元回归模型、季节自回归模型、时间序列分解)、趋势预测法(线性趋势推测法、非线性趋势推

第十章 固定资产投资预测

测法、自回归预测模型）等。

由于 ARIMA 模型是目前经济预测中广泛采用的一种精度较高的时序短期预测方法。所以本书采用 ARIMA 模型对甘肃省固定资产投资进行短期预测

一 ARMA 模型

ARMA 模型是一类常用的随机时序模型，由博克斯（Box）、詹金斯（Jenkins）创立，亦称 B－J 方法。它是一种精度较高的时序短期预测方法，其基本思想是：某些时间序列是依赖于时间 t 的一组随机变量，构成该时序的单个序列值虽然具有不确定性，但整个序列的变化却有一定的规律性，可以用相应的数学模型近似描述。通过对该数学模型的分析研究，能够更本质地认识时间序列的结构与特征，达到最小方差意义下的最优预测。

ARMA 模型有三种基本类型：自回归（AR）模型、移动平均（MA）模型以及自回归移动平均（ARMA）模型。

1. 自回归（AR）模型

如果时间序列 y_t 是它的前期值和随机项的线性函数，即可表示为：

$$y_t = \varphi_1 y_{t-1} + \varphi_2 y_{t-2} + \cdots + \varphi_p y_{t-p} + \mu_t \qquad (10-1)$$

则该时间序列 y_t 是自回归序列，式（10－1）为 p 阶自回归模型，记为 $AR(p)$。实际参数 φ_1、φ_2，…，φ_p 称为自回归系数，是模型的待估参数。随机项 u_t 是相互独立的白噪声序列，且服从均值为 0，方差为 σ^2 的正态分布。

2. 移动平均（MA）模型

如果时间序列 y_t 是它的当期和前期的随机误差项的线性函数，即可表示为：

$$y_t = u_t - \theta_1 u_{t-1} - \theta_2 u_{t-2} - \cdots - \theta_q u_{t-q} \qquad (10-2)$$

则称该时间序列 y_t 是移动平均序列，式（10－2）为 q 阶移动平均模型，记为 $MA(q)$。实际参数 θ_1，θ_2，…，θ_q 为移动平均系数，是模型的待估参数。

3. 自回归移动平均（ARMA）模型

如果时间序列 y_t 是它的当期和前期的随机误差项以及前期值的线性函

数，即可表示为：

$$y_t = \varphi_1 y_{t-1} + \varphi_2 y_{t-2} + \cdots + \varphi_p y_{t-p} + u_t - \theta_1 u_{t-1} - \theta_2 u_{t-2} - \cdots - \theta_q u_{t-q}$$
(10 - 3)

则称该时间序列 y_t 是自回归移动平均序列，式（10 - 3）为 (p, q) 阶的自回归移动平均模型，记为 ARMA (p, q)。$\theta_1, \theta_2, \cdots, \theta_q$ 为自回归系数，$\theta_1, \theta_2, \cdots, \theta_q$ 为移动平均系数，都是模型的待估参数。

显然，式（10 - 1）和式（10 - 2）都是式（10 - 3）的特殊情况，即对于 ARMA (p, q)，若阶数 $q = 0$，则是自回归模型 AR (p)；若阶数 $p = 0$，则成为移动平均模型 MA (q)。

二 ARIMA 模型

ARMA 模型只适用于对平稳序列的分析。实际应用中的时间序列并非平稳序列，不能直接采用 ARMA 模型。但通常这些序列可通过变换处理后变为平稳序列。对它们的分析一般应采用整合移动平均自回归模型（ARIMA）。ARIMA 模型又分为 ARIMA (p, d, q) 模型和 ARIMA $(p, d, q)(P, D, Q)^s$ 模型。

1. ARIMA (p, d, q) 模型

当序列中存在趋势性时，可通过某些阶数的差分处理使序列平稳化。这样的序列被称为准平稳的序列，而相应的分析模型被概括为 ARIMA (p, d, q)，其中，d 表示平稳化过程中差分的阶数。

2. ARIMA $(p, d, q)(P, D, Q)^s$ 模型

当序列中同时存在趋势性和季节性的周期和趋势时，序列中存在着以季节周期的整数倍为长度的相关性，需要经过某些阶数的逐期差分和季节差分才能使序列平稳化。对这样的准平稳序列的分析模型概括为 ARIMA $(p, d, q)(P, D, Q)^s$ 模型，其中 P, Q 为季节性的自回归和移动平均阶数，D 为季节差分的阶数，s 为季节周期。

第二节 甘肃省固定资产投资预测

改革开放以来，伴随着甘肃经济迅速发展，甘肃省固定资产投资呈现

第十章 固定资产投资预测

指数趋势增长。本书采用 ARIMA 模型对"十四五"期间甘肃省社会固定资产投资进行预测。表 10-1 为 1990—2019 年甘肃省固定资产投资变化情况。

表 10-1　　　　1990—2019 年甘肃省固定资产投资　　　　单位：亿元

时间	固定资产投资	时间	固定资产投资
1990	59.35	2005	874.53
1991	68.59	2006	1024.87
1992	85.13	2007	1310.38
1993	122.08	2008	1735.79
1994	159.05	2009	2479.6
1995	194.67	2010	3378.1
1996	214.83	2011	4180.24
1997	264.39	2012	5040.53
1998	331.01	2013	6407.2
1999	384.08	2014	7759.62
2000	441.35	2015	8626.6
2001	505.42	2016	9534.1
2002	575.83	2017	5696.35
2003	655.07	2018	5473.99
2004	756.01	2019	5835.27

资料来源：2019 年数据是根据《2019 年甘肃省国民经济和社会发展统计公报》"固定资产投资比上年增长 5.6%"推算所得。

其余数据来源于 2018 年、2019 年《甘肃发展年鉴》。

一　时间序列特征分析

将表 10-1 数据绘制成折线图（图 10-1），可看出，甘肃省固定资产投资呈指数趋势变化，是非平稳时间序列。为了消除长期趋势，同时减小序列波动，对原序列 Y 取自然对数得 $\ln Y$（图 10-2），然后进行一阶差分处理得 $D\ln Y$。从时间序列 $D\ln Y$ 的折线图 10-3 可看出，时间序列 $D\ln Y$ 较稳定，对其进行 ADF 检验，单位根检验结果如表 10-2 所示，表明 $D\ln Y$

为平稳时间序列。

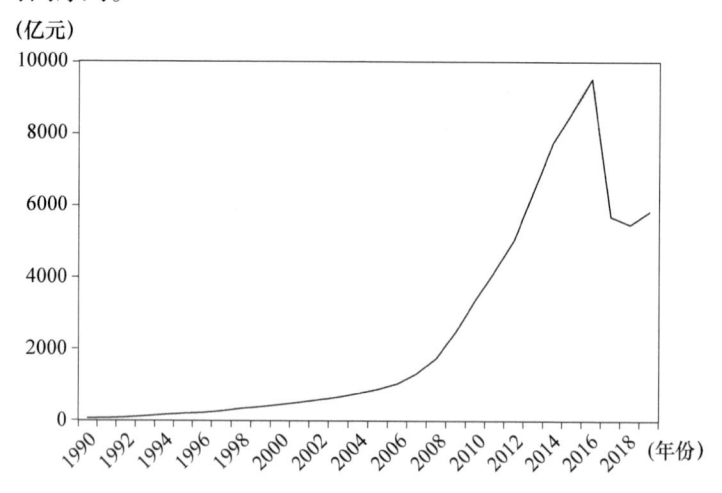

图 10-1　1990—2019 年甘肃省固定资产投资变动

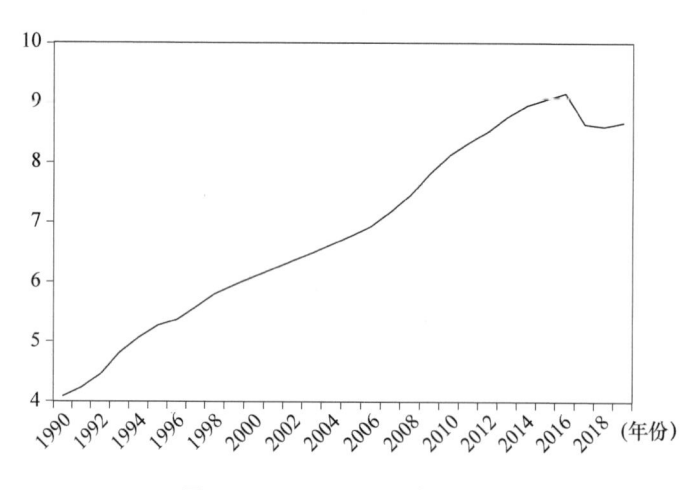

图 10-2　1990—2019 年 lnY 变动

表 10-2　DlnY 的 ADF 单位根检验结果

		t-统计量	P 值
Augmented Dickey-Fuller test statistic		-3.114286	0.0365
Test critical values	1% level	3.679322	—
—	5% level	2.967767	—
—	10% level	2.622989	—

第十章　固定资产投资预测

图 10-3　1990—2019 年 DlnY 变动

二　模型的识别

因为经过一阶逐期差分，序列平稳，故 d = 1。观察时间序列 DlnY 的直到滞后 12 阶的自相关函数（ACP）图和偏自相关函数（PACF）图，从图 10-4 可以看出，样本的自相关图和偏自相关图都是拖尾的，因此选取 ARMA 模型。观察序列 Y 的相关图，由偏自相关图（PACF）和偏自相关系数统计量可知，显著不为零的偏相关个数有一个，对应滞后期为 1，因此 $AR(p)$ 模型的自回归阶数 p = 1。由自相关图（ACF）和自相关系数统

Autocorrelation	Partial Correlation		AC	PAC	Q-Stat	Prob
		1	0.459	0.459	6.9594	0.008
		2	0.242	0.041	8.9738	0.011
		3	0.029	-0.123	9.0027	0.029
		4	-0.041	-0.026	9.0647	0.060
		5	-0.042	0.016	9.1313	0.104
		6	-0.110	-0.107	9.6119	0.142
		7	-0.229	-0.192	11.810	0.107
		8	-0.304	-0.151	15.845	0.045
		9	-0.233	-0.002	18.330	0.032
		10	-0.159	-0.035	19.550	0.034
		11	-0.038	0.025	19.622	0.051
		12	0.018	0.011	19.640	0.074
		13	0.040	-0.006	19.729	0.102
		14	0.090	0.033	20.214	0.124
		15	0.132	0.028	21.332	0.127
		16	0.139	-0.006	22.667	0.123

图 10-4　DlnY 的自相关—偏自相关分析

计量可知，显著不为零的自相关个数为一个，对应滞后期为 1，且自相关函数在滞后一阶后约为零，表明 MA 过程应该是低阶的，因此 $MA(q)$ 模型的移动平均项数 q = 1。考虑到 AR 模型是线性方程估计，相对于 MA 和 ARMA 模型的非线性估计容易，且参数意义便于解释，故实际建模时常希望用高阶的 AR 模型替换效应的 MA 或 ARMA 模型。综合考虑，可供选择的 (p, q) 组合有 (2, 1)，(1, 1)。

三 模型建立

从表 10 - 3、表 10 - 4 可看出，ARMA (1, 1) 模型和 ARMA (2, 1) 模型参数在 10% 和 5% 的显著性水平上都通过了 t 检验，模型的滞后多项式倒数根都落入单位圆内，满足过程平稳的基本要求。

表 10 - 3　　ARMA (1, 1) 模型参数估计与检验结果

Variable	Coefficient	Std. Error	t - Statistic	Prob.
AR (1)	0.904962	0.163200	5.545106	0.0000
MA (1)	-0.443836	0.244987	-1.811668	0.0812
SIGMASQ	0.019582	0.003520	5.562722	0.0000
R - squared	0.130056	Mean dependent var		0.15870
Adjusted R - squared	0.065616	S. D. dependent var		0.152596
S. E. of regression	0.147504	Akaike info criterion		-0.865238
Sum squared resid	0.587453	Schwarz criterion		-0.725118
Log likelihood	15.97857	Hannan - Quinn criter.		-0.820413
Durbin - Watson stat	1.845424			
Inverted AR Roots	0.90	—	—	—
Inverted MA Roots	0.44	—	—	—

表 10 - 4　　ARMA (2, 1) 模型参数估计与检验结果

Variable	Coefficient	Std. Error	t - Statistic	Prob.
AR (2)	0.567124	0.248542	2.281799	0.0306
MA (1)	0.642594	0.132438	4.852023	0.0000

续表

Variable	Coefficient	Std. Error	t – Statistic	Prob.
SIGMASQ	0.020888	0.002951	7.077910	0.0000
R – squared	0.072039	Mean dependent var		0.157870
Adjusted R – squared	0.003301	S. D. dependent var		0.152596
S. E. of regression	0.152344	Akaike info criterion		– 0.804881
Sum squared resid	0.626631	Schwarz criterion		– 0.664761
Log likelihood	15.07322	Hannan – Quinn criter.		– 0.760056
Durbin – Watson stat	2.055263			
Inverted AR Roots	0.75	– 0.75		
Inverted MA Roots	0.64			

四　模型选择与评价

相比 ARMA (2, 1) 模型，ARMA (1, 1) 模型的 AIC、SC 值较小，调整后的样本可决系数也较大。因而选择 ARMA (1, 1) 模型。

五　模型检验

对 ARMA (1, 1) 模型的适合性进行检验，即对模型的残差序列进行白噪声检验。若残差序列不是白噪声序列，意味着残差序列还存在有用信息未被提取，需要进一步改进模型。通常侧重于检验残差序列的随机性，即滞后期 $k \geq 1$，残差序列的样本自相关系数应近似为 0。判断残差序列是否纯随机，常用残差序列的 χ^2 检验。检验的零假设是残差序列 e_t 相互独立。残差序列的自相关函数为：

$$r_k(e) = \frac{\sum_{t=k+1}^{n} e_t e_{t-k}}{\sum_{t=1}^{n} e_t^2}, k = 1, 2, \cdots, m \qquad (10 - 4)$$

式 (10 – 4) 中，n 是计算 r_k 的序列观测量；m 是最大滞后期。若观测量较多，m 可取 $[n/10]$ 或 $[\sqrt{n}]$；若样本量较小，则 m 选取 $[n/4]$。当 $n \to \infty$ 时，$\sqrt{n} r_k(e) - N(0, 1)$。检验统计量：

$$Q = n(n+2) \sum_{k=1}^{m} \frac{r_k^2(e)}{n-k} \qquad (10-5)$$

在零假设下，Q 服从 χ^2（$m-p-q$）分布。给定置信度 $1-a$（a 通常取 0.05 或 0.10），若 $Q \leq \chi^2$（$m-p-q$），则不能拒绝残差序列相互独立的原假设，检验通过；否则检验不能通过。

图 10-5 中最后两列用于 χ^2 检验，包括 Q 统计量和检验的相伴概率。该残差序列样本量 n 为 30，最大滞后期 m 可以取 [30/4]，这里取 7。从 $k=7$ 这一行找到检验统计量 Q 值为 1.0351，从 Prob 列读出拒绝原假设所犯第一类错误，即 a 错误的概率为 0.960，这表明残差序列相互独立即为白噪声的概率很大，故不能拒绝序列相互独立的原假设，检验通过。

Autocorrelation	Partial Correlation		AC	PAC	Q-Stat	Prob
		1	0.030	0.030	0.0300	
		2	-0.084	-0.085	0.2738	
		3	-0.024	-0.019	0.2938	0.588
		4	-0.054	0.061	0.4021	0.818
		5	0.062	0.062	0.5483	0.908
		6	0.023	0.009	0.5701	0.966
		7	-0.106	-0.100	1.0351	0.960
		8	-0.196	-0.193	2.7171	0.843
		9	-0.091	-0.097	3.0976	0.876
		10	-0.064	-0.107	3.2947	0.915
		11	0.022	-0.017	3.3197	0.950
		12	0.018	-0.016	3.3370	0.972
		13	-0.029	-0.023	3.3862	0.985
		14	0.024	0.017	3.4207	0.992
		15	0.077	0.046	3.8019	0.993
		16	0.099	0.051	4.4734	0.992

图 10-5　ARMA（1，1）模型残差序列的自相关—偏自相关分析

六　模型的预测

模型经检验是合适的，可用于短期预测。利用模型 ARIMA（1，1，1）对 2020—2025 年甘肃省固定资产投资额进行预测，结果见图 10-6。从预测结果看，2020—2025 年甘肃省固定资产投资将呈现稳步增长态势。

第十章 固定资产投资预测

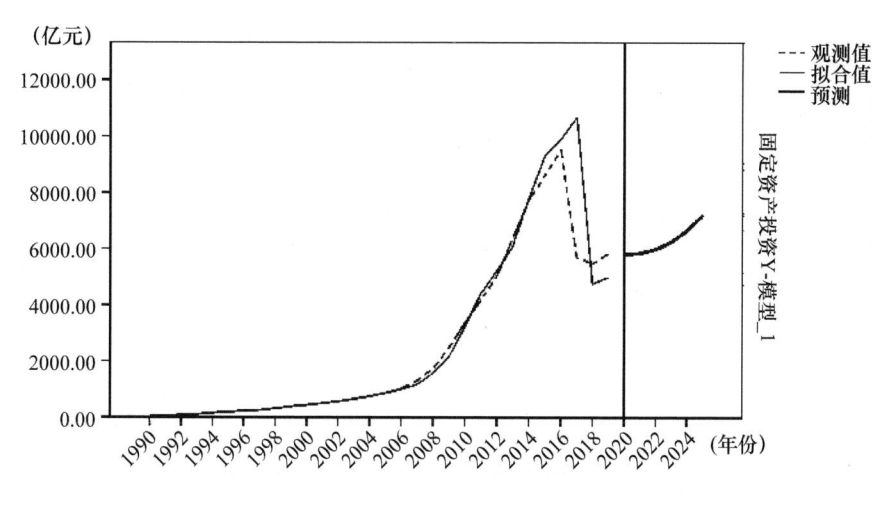

图 10-6 2020—2025 年固定资产投资总额预测

第十一章

甘肃省固定资产投资存在问题及对策建议

改革开放以来，中国西部地区经济发展取得了长足进步，但东西部经济发展水平差距仍然存在。甘肃省作为"一带一路"沿线发展地区之一，古丝绸之路的交通要道，有着极其特别的地位。但由于历史原因，甘肃省长期属于经济落后省份，固定资产投资规模、结构、效益均有待进一步提升。为此，探讨固定资产投资对甘肃省经济增长的影响，对于优化甘肃省固定资产投资结构，提高投资效益，促进甘肃省更好地融入和服务于"一带一路"建设，真正从国家腹地走向开放前沿，实现甘肃省经济高质量发展具有一定的现实意义。

本章以甘肃省固定资产投资为研究对象，采用综合指标法从固定资产投资规模、结构、效益、环境等方面进行纵向与横向剖析，总结归纳出甘肃省固定资产投资存在的问题，并针对所存在的问题提出若干相应对策建议。

第一节　甘肃省固定资产投资规模分析

反映固定资产投资规模的指标主要有投资额、投资率、投资的 GDP 弹性系数、投资拉动率和投资贡献率等。通过计算上述指标，可分析甘肃省固定资产投资规模的变动及其对经济增长所起的贡献作用和拉动作用。

第一，1978—2018 年甘肃省固定资产投资呈指数曲线趋势增长。

固定资产投资额是指以货币表现的一定时期完成的建造和购置固定资

第十一章　甘肃省固定资产投资存在问题及对策建议

产的工作量以及与此有关的费用总称。1978—2018 年甘肃省固定资产投资额呈 $y = 7.0639e^{0.1793x}$ 指数曲线趋势增长，从图 11-1 可看出，其变动趋势可分为 3 个阶段：1978—2006 年甘肃省固定资产投资平缓增长，年平均增长速度为 18%；2006—2016 年快速增长，年平均增长速度为 25%；2017 年开始显著下降，由 2016 年的 9534.1023 亿元大幅下降为 2017 年的 5696.3491 亿元，下降幅度达 40.25%；2018 年虽继续下降，但下降速度明显减缓，2018 年比 2017 年只下降了 3.90 个百分点。

对于 2017 年甘肃固定资产投资额大幅下降的原因，甘肃省统计局认为，主要是工业投资增速和占比持续下滑、到位资金趋紧以及房地产开发投资不足以拉动全省投资。同时，2017 年国家统计局开展了固定资产投资统计制度方法改革试点工作，其中甘肃省是被确定的先行先试 3 个地区（河北、山西、甘肃）之一。国家统计局前副局长许宪春认为，投资额核算从原来的形象进度法转向财务支出法，意味着固定资产投资不再按照已经完成的实物工作量乘以预算单价的方法计算，而是根据调查的有关财务收支指标计算。此外，固定资产投资不再由基层单位工作人员计算，而是由政府统计部门的专业人员计算。上述两个方向的改革无疑会在技术上降低固定资产投资的规模，特别是由财务支出法核算的投资额显著小于形象进度法计算的投资额。

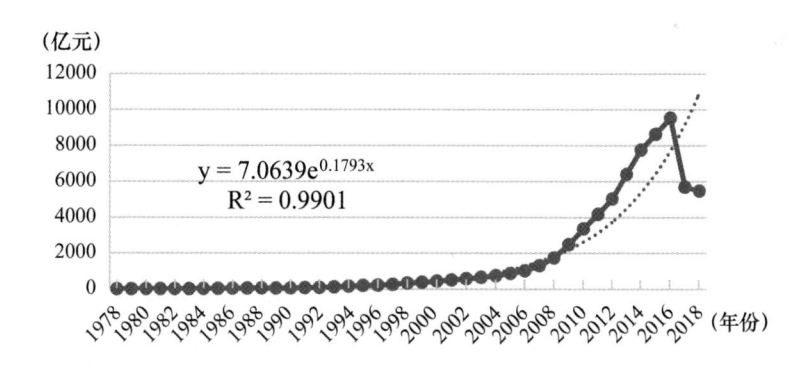

图 11-1　1978—2018 年甘肃省固定资产投资的变动趋势

第二，甘肃省固定资产投资额在全国所占比重偏低，其人均固定资产投资额 2017 年全国排名第 29 位，西北五省区排名第五，且与其他四省区绝对差有扩大趋势。

从甘肃省固定资产投资占全国比重来看（见图11-2），1982—2018年甘肃省固定资产投资占全国比重在0.85%—1.57%之间波动，37年间有9年固定资产投资占全国比重低于1%。其中2016年最高为1.57%，2018年最低为0.85%。虽然1978—2018年甘肃省固定资产投资呈指数曲线趋势增长，增长速度较快，但其固定资产投资在全国所占比重仍然偏低，即使是投资规模占全国投资比重最高的2016年，其比重也只有1.57%，仍然低于甘肃省人口在全国人口比重1.89%的水平。

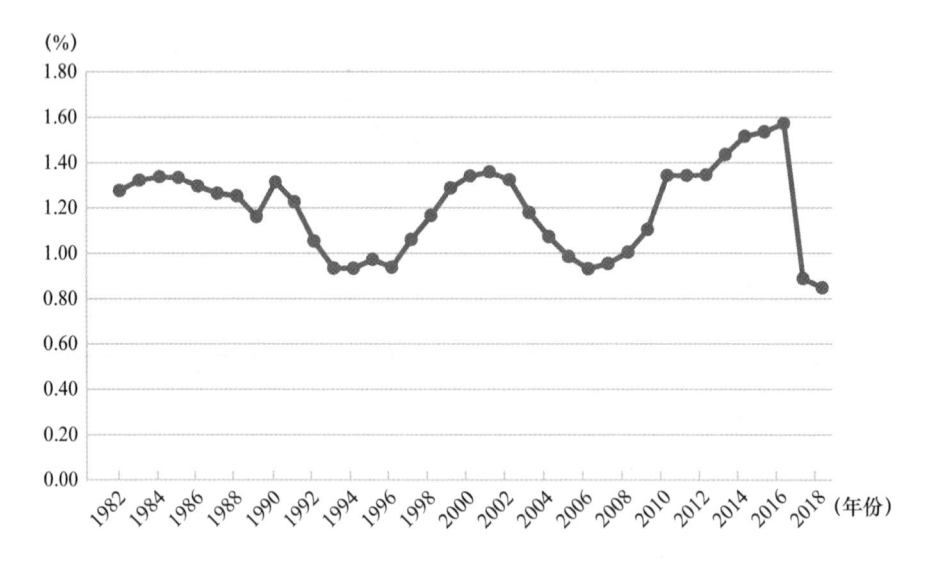

图11-2 1982—2018年甘肃省固定资产投资占全国比重变动趋势

从人均固定资产投资来看（见图11-3、图11-4），2000—2018年甘肃省人均固定资产投资水平一直低于全国平均水平，且差距由2000年得1025.04元扩大为2018年的25513.95元。与全国其他省份比，2010年、2017年甘肃省人均固定资产投资在全国31个省市自治区排名都是第29名，与排名都是第一位的天津相比，甘肃省人均固定资产投资占其比重由25.53%增长为30.61%，绝对差由35993元增长为50312元。与西北五省区其他省份相比，2001—2017年甘肃省人均固定资产投资额在西北五省区排名均为第五，且与其他四省区绝对差有扩大趋势，2001年甘肃省人均固定资产投资额为1827.59元，与最高省份新疆相差1963.01元，2017年甘肃省人均固定资产投资额为22260.31元，与最高省份青海相差42954.63

第十一章 甘肃省固定资产投资存在问题及对策建议

元，即其差距由 2000 年的 1963.01 元扩大为 2017 年的 42954.63 元。

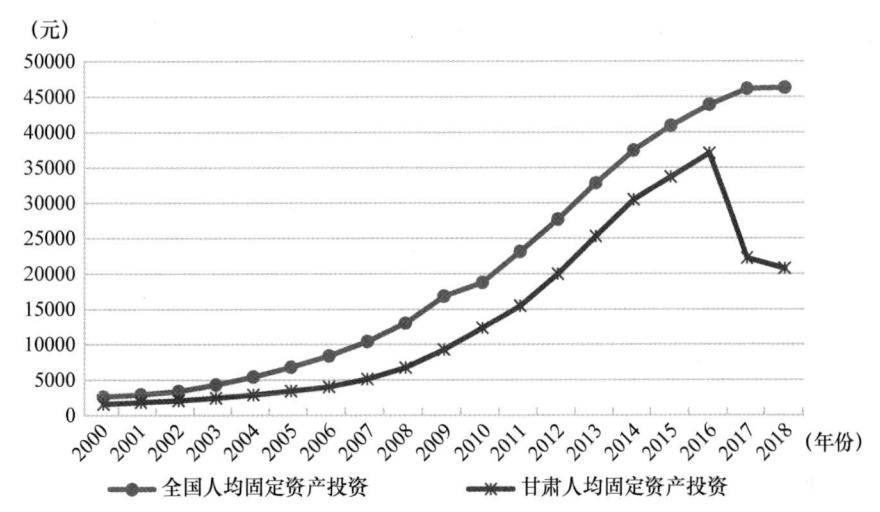

图 11-3　2010—2018 年甘肃及全国人均固定资产投资变动趋势

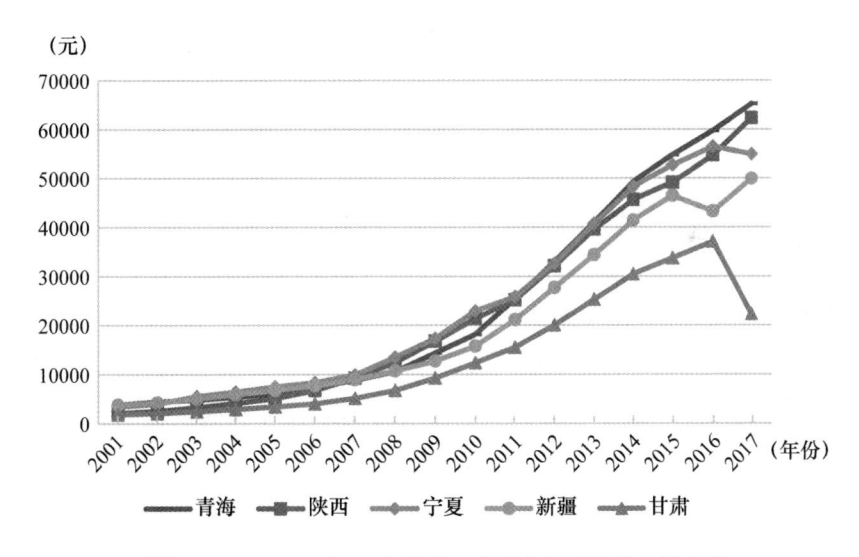

图 11-4　2001—2017 年西北五省区人均固定资产投资额

第三，2008—2016 年甘肃省固定资产投资率年增长较快，2016 年高达 136.06%，是同期全国平均水平的 1.66 倍，2017 年开始大幅下降，回落至与全国平均水平基本持平。

固定资产投资率是全社会固定资产投资额占国内生产总值（GDP）的

比率。在国内生产总值（GDP）一定的条件下，固定资产投资率越高，则固定资产投资规模越大。在经济起飞阶段，保持较高的固定资产投资率是经济发展的必要条件。1978—2018年甘肃省固定资产投资率一直呈增长趋势，其中1981—2008年为平稳增长阶段，其固定资产投资率由1981年的19.89%增长为2008年的55.58%，年均增长速度为3.88%；2008—2016年为高速增长阶段，其固定资产投资率由2008年的55.58%迅速提高为2016年的136.06%，年均增长速度为11.84%，2016年其固定资产投资率，是同期全国平均水平的1.66倍，2008—2018年明显高于全国固定资产投资平均水平；2017年甘肃省固定资产投资率大幅下降，其年降幅达59.70%，使得2017年、2018年甘肃省固定资产投资率与全国平均水平基本持平（见图11-5）。

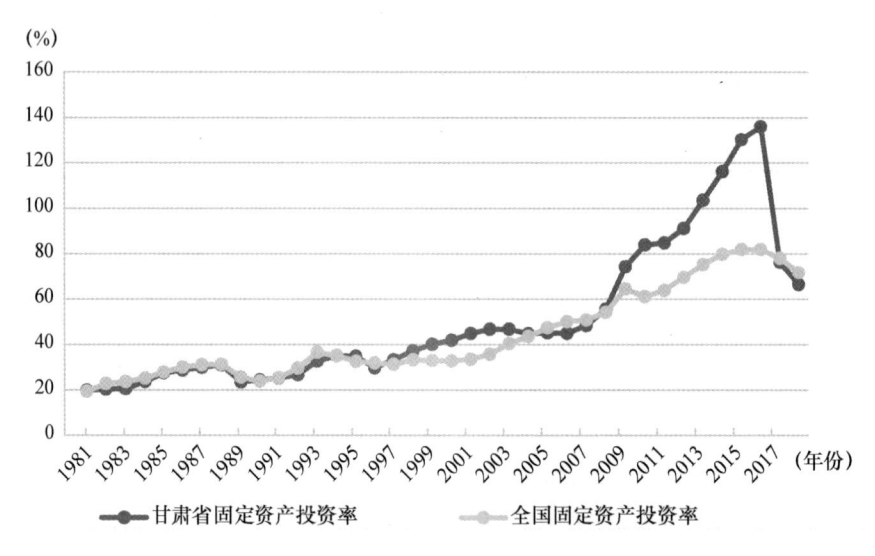

图 11-5　1981—2018 年甘肃省与全国固定资产投资率变动趋势

第四，1982—2018 年甘肃省固定资产投资 GDP 弹性系数呈现为高效应弹性，但弹性系数波动较大。

投资的 GDP 弹性系数是固定资产投资增长率与国内生产总值（GDP）增长率之比，用以说明 GDP 每增长 1 个百分点，相应的固定资产投资需求能增长百分之几。（1）甘肃省固定资产投资 GDP 弹性系数呈现为高效应弹性，1982—2018 年 37 年间有 29 年弹性系数大于 1，说明此间甘肃省固

第十一章　甘肃省固定资产投资存在问题及对策建议

定资产投资的增长快于 GDP 的增长；（2）1982—2018 年甘肃省投资的 GDP 弹性系数波动也较大，波动范围在 -12.65 至 +6.23 之间。其中 1989 年、2015 年、2017 年为负数，其原因是固定资产投资增长率与 GDP 增长率方向不一致，1989 年和 2017 年甘肃省投资的 GDP 弹性系数为 -1.08 和 -6.23 是由于当年甘肃省固定资产投资分别下降 14.02% 和 40.25%；2015 年投资的 GDP 弹性系数为 -12.66 是由于当年甘肃省国内生产总值下降 0.88%（见图 11-6）。

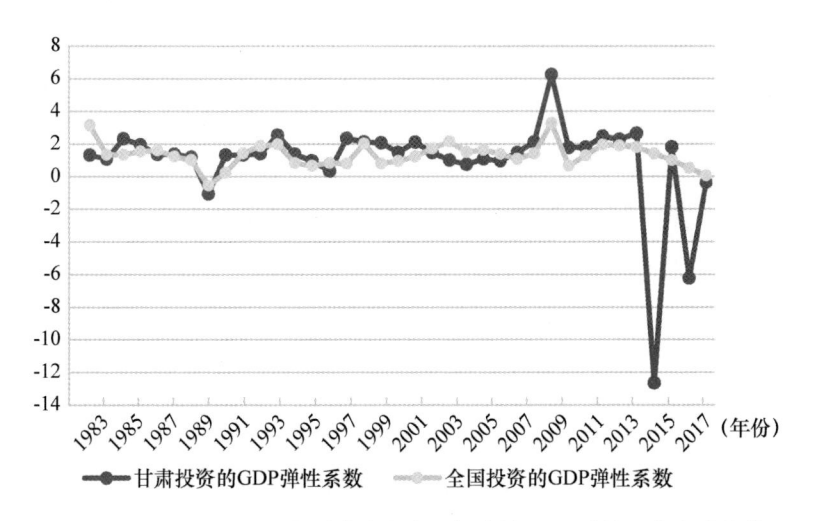

图 11-6　1982—2018 年甘肃省与全国投资的 GDP 弹性系数变动趋势

第五，1982—2008 年甘肃省固定资产投资贡献率、拉动率变动与全国平均水平基本一致，从 2009 年起，甘肃省固定资产投资贡献率、投资拉动率波动幅度增大，与全国平均水平变动趋势差异显著。

投资贡献率是一定时期投资增长量与同期的 GDP 增量之比，反映 GDP 增量中投资增量所起的贡献作用。投资贡献率越大，对 GDP 增长的贡献越大。从投资贡献率来看，①1982—2008 年甘肃省固定资产投资贡献率波动平稳，与全国平均水平基本一致；②2009—2018 年波动幅度大，尤其 2015 年和 2017 年分别为 -1470.7% 和 -847.56%，其原因是固定资产投资与 GDP 变动方向不一致，2015 年 GDP 负增长了 58.95 亿元，2017 年固定资产投资额比上年减少了 3837.8 亿元。2015—2018 年甘肃省固定资产投资贡献率波动幅度较大，与全国平均水平变动趋势存在显著差异（见图 11-7）。

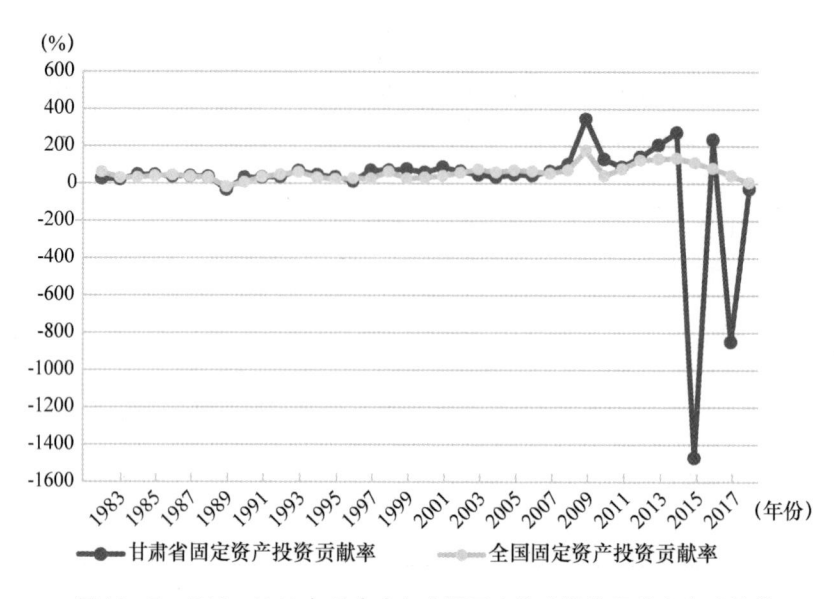

图 11-7　1982—2018 年甘肃省与全国固定资产投资贡献率变动趋势

投资拉动率是投资贡献率与 GDP 增长率的乘积,反映投资的增长对 GDP 增长的拉动作用,投资拉动率越大,对 GDP 的拉动越大。从固定资产投资拉动率来看,①1982—2008 年甘肃省固定资产投资拉动率与全国平均水

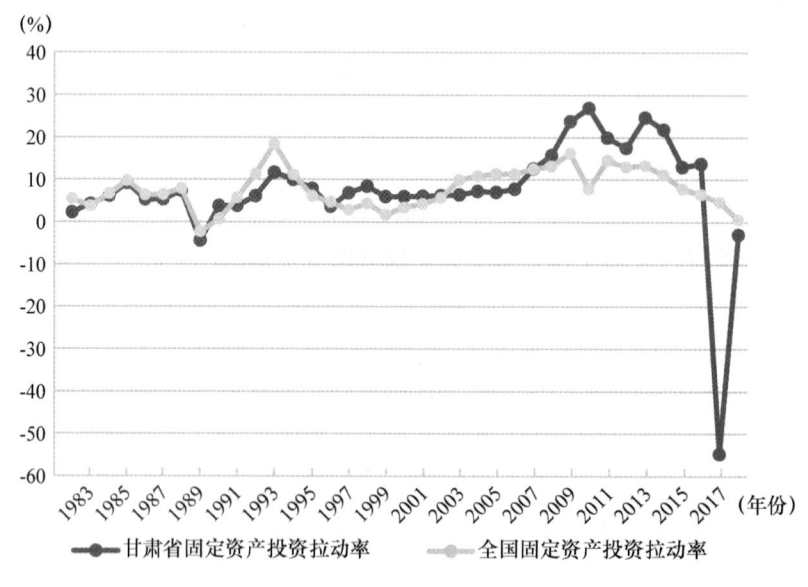

图 11-8　1982—2018 年甘肃省与全国固定资产投资拉动率变动趋势

平变动基本一致;②2009—2016 年甘肃省固定资产投资拉动率显著高于全国平均水平,其中 2010 年二者相差 19.15 百分点;③2017 年甘肃省固定资产投资拉动率急剧下降,降幅达 68.47%,即由 2016 年的 13.70% 下降为 -54.77%,其原因是 2017 年虽然生产总值增长率为 6.46%,但固定资产投资贡献率为 -847.56%,致使固定资产投资拉动率为 -54.76%(见图 11-8)。

第二节 甘肃省固定资产投资结构分析

随着经济的发展和人均 GDP 的提高,社会最终需求结构与中间需求结构会随之发生变化,这种变化必然要求投资结构与之相适应。投资结构合理与否直接影响国民经济产业能否升级。本节从产业结构、行业结构、费用结构、资金来源结构、建设性质结构、经济类型结构角度分析甘肃省固定资产投资结构的合理程度。

第一,从产业和行业结构来看,甘肃省固定资产投资的产业结构日趋合理。重视"三农"问题,农林牧副渔业所占比重呈现上升趋势,工业比重下降,第三产业比重上升。2018 年的三次产业投资比值为 8∶19∶72。但科研、金融等行业的投资比重较低,2018 年分别为 0.52%、0.10%,低于全国平均水平。

从产业结构看(见表 11-1、图 11-9),甘肃省三次产业投资比值:2005 年 5∶40∶55、2011 年 5∶49∶47、2014 年 5∶46∶49,即甘肃省三次产业投资比重排序:2005 年为三二一,2011 年变为二三一,2014 年又变为三二一,且第三产业超第二产业比重幅度逐渐变大,2018 年的三次产业投资比值为 8∶19∶72,第三产业投资比重是第二产业的 3.75 倍。

表 11-1 2005—2018 年甘肃省三次产业固定资产投资额比重 单位:%

时间 产业	2005	2006	2007	2008	2009	2010	2011	2012	2013	2014	2015	2016	2017	2018
第一产业	4.8	4.9	5.3	4.9	5.2	4.1	4.6	3.4	3.6	5.3	6.2	7.1	6.7	8.3
第二产业	40.0	42.6	45.6	48.1	48.6	47.3	48.6	53.7	50.6	45.5	39.8	33.8	20.9	19.3
第三产业	55.2	52.5	49.1	47.1	46.1	48.6	46.8	43.0	45.7	49.2	54.0	59.1	72.4	72.4
合计	100.0	100.0	100.0	100.0	100.0	100.0	100.0	100.0	100.0	100.0	100.0	100.0	100.0	100.0

数据来源:2010—2019 年《甘肃发展年鉴》。

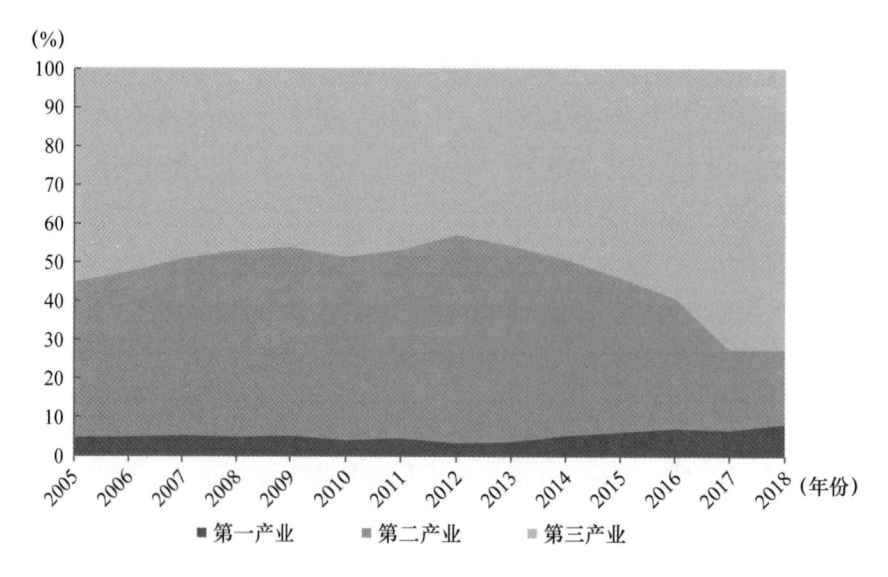

图 11-9　2005—2018 年甘肃省三大产业固定资产投资额比重

数据来源：2010—2019 年《甘肃发展年鉴》。

从行业结构来看（见表 11-2），2010—2014 年甘肃省投资比重排名前三的行业分别为：①制造业，②电力、热力、燃气及水的生产和供应业，③建筑业。三行业合计比重为 44%—53%。2015 年甘肃省投资比重排名前三的行业分别为：①制造业，②建筑业，③交通运输、仓储和邮政业。三行业合计比重为 40.47%。2016—2018 年投资比重排名前三的行业分别为：①交通运输、仓储和邮政业，②水利、环境和公共设施管理业，③制造业，三者比重合计为 40%—48%。从以上投资比重的变化可看出，甘肃省投资结构是以工业化和城市化为主导的产业投资结构；甘肃省经济增长主要由工业、建筑业、运输业等行业的投资推动。另外，从农业投资比重来看，2010—2018 年甘肃省农、林、牧、渔业投资比重由 4.14% 增加为 10.40%，说明甘肃省产业投资重视"三农"问题，其农业投资比重逐年增加。最后，甘肃省科学研究和技术服务业、金融等行业的投资比重较低，2018 年分别为 0.52%、0.10%，低于全国平均水平。

第二，从固定资产投资费用结构看，甘肃省固定资产投资费用结构质量较低，且落后于全国平均水平，有待调整。

第十一章 甘肃省固定资产投资存在问题及对策建议

表11-2　2010—2018年甘肃省各行业项目固定资产投资额比重　　单位:%

行业分组＼时间	2010	2011	2012	2013	2014	2015	2016	2017	2018
农、林、牧、渔业	4.14	5.02	3.79	4.09	5.81	6.81	7.81	8.04	10.40
采矿业	5.21	5.85	7.50	7.96	5.70	3.90	2.06	1.84	2.98
制造业	19.17	20.62	20.78	19.56	19.31	15.68	15.14	11.38	10.74
电力、热力、燃气及水的生产和供应业	20.33	13.32	13.91	13.56	12.87	9.71	8.32	7.81	6.89
建筑业	11.32	13.46	18.20	16.03	12.30	14.42	11.56	3.98	4.68
批发和零售业	2.29	2.72	3.29	3.88	4.01	6.01	5.54	3.73	3.02
交通运输、仓储和邮政业	7.19	6.23	6.14	6.86	11.19	10.37	12.67	20.13	18.21
住宿和餐饮业	0.95	1.14	1.42	1.38	1.50	2.16	2.25	2.16	1.55
信息传输、软件和信息技术服务业	0.82	0.95	0.74	0.88	0.77	0.92	1.21	1.11	1.72
金融业	0.11	0.23	0.20	0.17	0.24	0.17	0.26	0.13	0.10
房地产业	5.92	7.28	6.05	6.44	5.37	5.45	5.70	7.00	6.91
租赁和商务服务业	0.94	0.48	0.62	1.02	1.10	1.61	1.67	1.98	2.47
科学研究和技术服务业	0.87	0.69	0.62	0.69	1.01	0.74	0.91	0.82	0.52
水利、环境和公共设施管理业	4.98	7.38	8.76	8.46	8.64	9.70	12.36	16.36	16.02
居民服务、修理和其他服务业	0.37	0.31	0.87	1.18	1.15	1.97	1.63	1.60	0.83
教育	2.27	1.85	1.54	1.63	1.52	2.61	3.39	3.19	3.13
卫生和社会工作	1.43	1.39	0.94	0.92	0.98	1.30	1.79	2.22	2.25
文化、体育和娱乐业	0.93	1.02	1.31	2.14	2.03	2.59	3.36	2.74	3.21
公共管理、社会保障和社会组织	10.75	10.07	3.32	3.16	4.50	3.87	2.36	3.79	4.36

数据来源:2010—2019年《甘肃发展年鉴》计算所得。

固定资产投资按费用构成包括建筑安装工程、设备工具器具购置、其他费用三个部分。其中设备工具器具购置是固定资产投资最终能形成生产能力的内在基础,它能直接生产产品和发挥科技进步的作用。工业化国家的经验表明,随着大规模基础设施建设的完善、城镇化水平的提高和科技的进步,固定资产投资中,设备工具器具购置的比重有上升的趋势,而建筑安装工程投资则相反。一般在工业化初期,设备工具器具购置费用比重约为30%,工业化中期为40%,工业化后期大于50%,甚至为70%—80%。甘肃省设备工具器具购置费用比重(见表11-3、图11-10),

2005—2018年间均低于30%，呈下降趋势，由2005年的21%下降为2018年的9%。2005年甘肃省建筑安装工程、设备工具器具购置、其他费用三者投资比值为68∶21∶11，2018年为80∶9∶11，说明甘肃省固定资产投资费用结构的质量较低。

表11-3　2005—2018年甘肃省固定资产投资额按费用结构分组比重　　　单位:%

时间	全国				甘肃			
	建筑安装工程	设备工具器具购置	其他费用	合计	建筑安装工程	设备工具器具购置	其他费用	合计
2005	60	24	16	100	68	21	11	100
2006	61	23	16	100	69	19	12	100
2007	61	23	16	100	68	18	14	100
2008	61	23	16	100	69	19	13	100
2009	62	23	16	100	68	20	12	100
2010	62	21	17	100	71	19	10	100
2011	64	21	15	100	74	17	9	100
2012	65	21	14	100	73	18	9	100
2013	67	20	13	100	77	15	8	100
2014	68	20	12	100	81	13	6	100
2015	69	20	11	100	83	11	6	100
2016	70	19	12	100	84	10	6	100
2017	70	18	12	100	83	8	9	100
2018	69	18	14	100	80	9	11	100

数据来源：根据国家统计局网站（http：//data.stats.gov.cn/easyquery.htm? cn = C01）数据、2010—2019年《甘肃发展年鉴》计算所得。

第三，从固定资产投资建设性质构成看，改扩建比重低，且持续下降，说明甘肃省固定资产投资建设性质结构有待改善，甘肃省经济应提升内涵式发展。

固定资产投资按建设性质可分为新建、扩建、改建投资三个部分。从表11-4和图11-11可看出，2005—2017年甘肃省新建投资比重持续走高，由2003年的53%提高为2017年的91%，扩建投资比重持续走低，由2003年的30%下降为2017年的4%，改建投资比重先降后升，由2003年

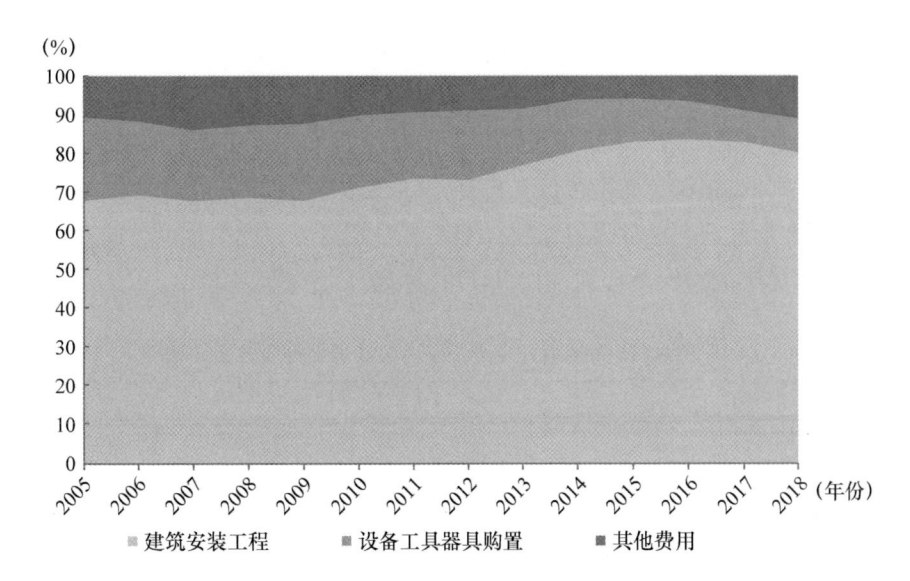

第十一章 甘肃省固定资产投资存在问题及对策建议

图 11-10 2005—2018 年甘肃省固定资产投资额按费用结构分组比重

数据来源：根据 2010—2019 年《甘肃发展年鉴》计算所得。

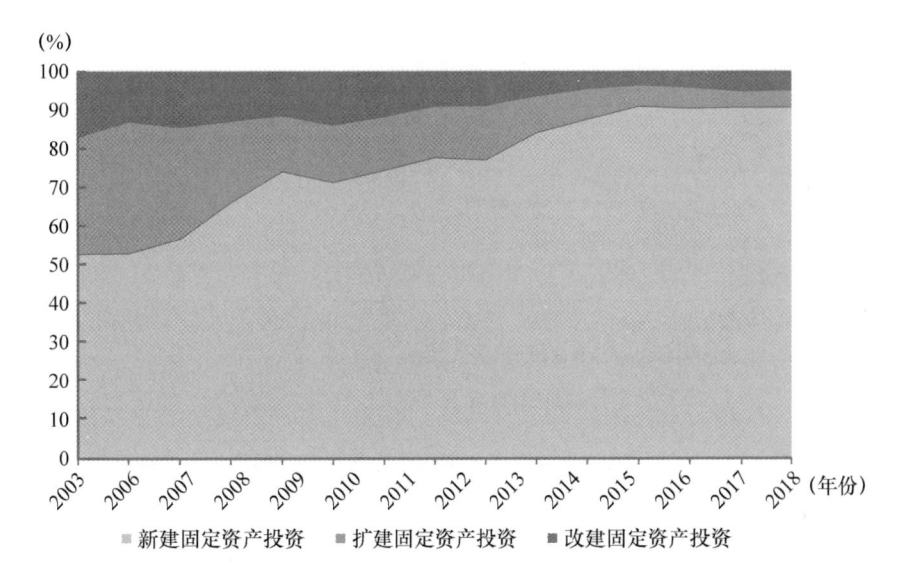

图 11-11 2003—2018 年甘肃省固定资产投资额按建设性质分组比重

数据来源：根据国家统计局网站数据计算，http://data.stats.gov.cn/easyquery.htm?cn=E0103&zb=A050A&reg=620000&sj=2019。

的 17% 下降为 2015 年的 4%，再上升为 2017 年的 5%。从图 11-12 可看出，甘肃省新建投资的比重持续高于全国平均水平，由 2003 年比全国低 1.42 个百分点扩大为 2017 年比全国高 16.82 个百分点，而改建比重则由 2003 年比全国高 2.33 个百分点到 2017 年比全国平均水平低 10.01 百分点，扩建比重则由 2003 年比全国低 0.91 个百分点扩大到 2017 年比全国平均水平低 6.82 个百分点。甘肃省新建投资比重持续走高，说明甘肃省固定资产投资建设性质结构较不合理，甘肃省经济应提升内涵式发展。

表 11-4　2003—2017 年甘肃省固定资产投资额按建设性质分组比重　　单位：%

年份 按建设性质分组	2003	2004	2005	2006	2007	2008	2009	2010	2011	2012	2013	2014	2015	2016	2017
新建固定资产投资	53	53	57	66	74	72	75	78	77	84	88	91	91	91	91
扩建固定资产投资	30	34	29	21	14	14	14	13	14	9	8	5	5	4	4
改建固定资产投资	17	13	15	13	12	14	12	9	9	7	5	4	4	5	5
合计	100	100	100	100	100	100	100	100	100	100	100	100	100	100	100

数据来源：根据国家统计局网站数据计算，http://data.stats.gov.cn/easyquery.htm?cn=E0103&zb=A050A&reg=620000&sj=2019。

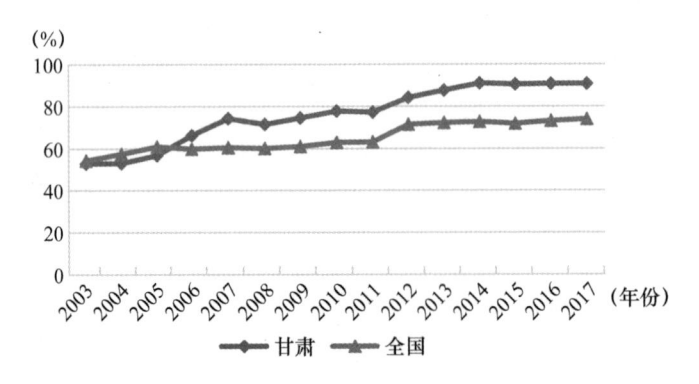

图 11-12　2003—2017 年甘肃省与全国新建固定资产投资比重变动趋势

数据来源：根据国家统计局网站数据计算 http://data.stats.gov.cn/easyquery.htm?cn=E0103&zb=A050A&reg=620000&sj=2019。

第四，从固定资产投资资金来源构成看，甘肃省固定资产投资主要来自筹资金，其次是国家预算内资金和国内贷款及其他资金，利用外资比例很低，且持续下降，2017 年仅为 0.1%。

第十一章　甘肃省固定资产投资存在问题及对策建议

固定资产投资的资金来源可分为国家预算内资金、国内贷款、利用外资、自筹资金、其他资金。2003—2008 年甘肃省固定资产投资资金来源前三位依次为自筹资金、国内贷款、其他资金，三者合计占比 86.5%—90.1%。2009—2016 年甘肃省固定资产投资资金来源前三位的依次为自筹资金、国家预算内资金、国内贷款，三者合计占比 88.1%—89.8%。2017 年甘肃省固定资产投资资金来源前三位的依次为自筹资金、其他资金、国家预算内资金，三者合计占比 85.3%。其中自筹资金占比最大，其值为 47.8%—65.4%，先升后降，利用外资占比最小，仅为 0.1%—1.6%，且呈下降趋势，由 2004 年的 1.6% 下降为 2017 年的 0.1%。说明 2003—2017 年甘肃省固定资产投资主要来自筹资金，其次是国家预算内资金和国内贷款及其他资金，利用外资比例很低（见表 11-5、图 11-13）。

表 11-5　2003—2017 年甘肃省固定资产投资资金来源比重　　单位：%

时间 资金来源分组	2003	2004	2005	2006	2007	2008	2009	2010	2011	2012	2013	2014	2015	2016	2017
国家预算内资金	12.5	12.1	9.5	9.7	9.0	11.6	16.0	17.1	16.1	12.5	12.6	11.1	12.8	13.5	15.1
国内贷款	22.6	19.5	19.6	18.4	19.5	17.3	15.2	15.7	13.3	13.7	12.2	12.6	11.6	11.6	14.7
利用外资	0.9	1.6	1.6	1.5	0.9	0.8	0.7	0.6	0.5	0.3	0.4	0.5	0.2	0.1	0.1
自筹资金	47.8	51.1	54.6	55.2	56.4	54.4	54.6	55.2	59.9	63.6	63.8	65.4	65.2	64.1	53.0
其他资金	16.1	15.7	14.7	15.3	14.2	16.0	13.6	11.4	10.2	9.9	11.0	10.5	10.1	10.7	17.2
合计	100	100	100	100	100	100	100	100	100	100	100	100	100	100	100

数据来源：根据国家统计局网站数据计算，http://data.stats.gov.cn/easyquery.htm?cn=E0103。

第五，从固定资产投资的经济类型结构看，甘肃投资主体的多元化水平显著低于全国平均水平。

固定资产投资的经济类型结构是指固定资产投资在国有、集体、股份合作、联营企业、有限责任公司、股份有限公司、私营、个体经营、外商、港澳台商、其他投资等经济类型之间的分布。投资主体的多元化有利于多方筹集建设资金，化解投资资金不足和投资风险，促进经济在竞争中发展。2006—2017 年甘肃省固定资产投资经济类型结构比重前三位的分别是国有、有限责任公司、私营，占比由 81.28% 上升为 90.05%。其中国有经济比重由 54.63% 降为 37.23%，有限责任公司和私营经济分别由

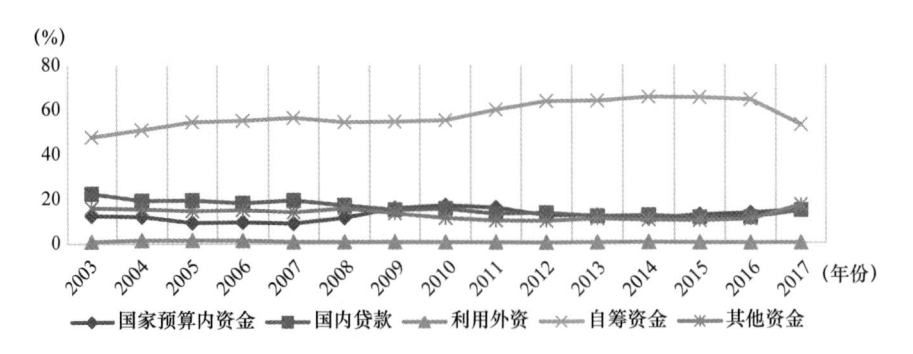

图 11 - 13　2003—2017 年甘肃省固定资产投资资金来源比重

数据来源：根据国家统计局网站数据计算，http：//data.stats.gov.cn/easyquery.htm? cn = E0103。

16.92% 和 9.73% 上升为 31.73% 和 21.09%。港澳台商投资与外商投资经济占比较低，且呈现降低趋势，其占比由 2006 年的 3.07% 下降为 2017 年的 0.14%（见表 11 -6）。2017 年甘肃省固定资产投资经济类型结构比重前三位的国有、有限责任公司、私营占比分别比全国平均水平高 15.54 个百分点、低 1.28 个和低 10.64 个百分点，港澳台商投资与外商投资经济占比之和比全国平均水平低 3.74 个百分点（见图 11 - 14）。说明甘肃投资主体的多元化水平显著低于全国平均水平。

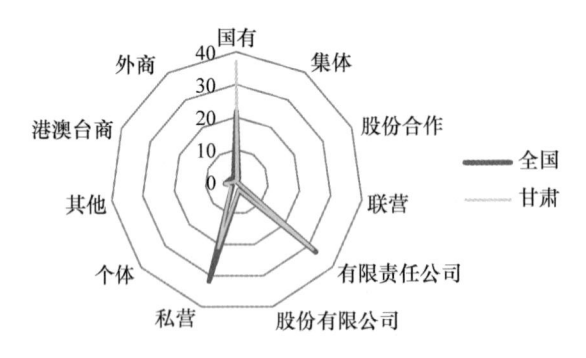

图 11 - 14　2017 年甘肃省与全国固定资产投资按登记注册类型分组比重（单位：%）

数据来源：根据国家统计局网站数据计算，http：//data.stats.gov.cn/easyquery.htm? cn = E0103。

第十一章 甘肃省固定资产投资存在问题及对策建议

表11-6 2006—2017年甘肃省固定资产投资按登记注册类型分组比重 单位:%

登记注册类型＼时间	2006	2007	2008	2009	2010	2011	2012	2013	2014	2015	2016	2017
国有	54.63	52.85	50.27	53.44	53.33	50.21	43.94	45.51	40.67	41.52	43.83	37.23
集体	1.95	3.09	2.46	2.38	1.85	2.24	2.82	3.03	3.82	3.81	1.65	0.79
股份合作	0.46	0.43	0.31	0.21	0.35	0.23	0.52	0.59	0.79	0.21	0.07	0.08
联营企业	0.26	0.27	0.41	0.23	0.28	0.21	0.59	0.46	0.69	0.46	0.31	0.14
有限责任公司	16.92	18.58	20.72	19.68	19.78	21.61	20.83	20.65	21.52	19.23	22.38	31.73
股份有限公司	5.03	5.26	4.76	4.37	5.32	7.55	5.82	5.03	3.37	2.95	2.89	2.58
私营	9.73	11.05	11.15	9.66	10.21	11.73	15.16	16.99	20.50	21.69	23.35	21.09
个体经营	6.07	4.67	5.68	5.27	3.51	2.69	2.62	1.93	1.82	1.73	1.60	2.40
其他	1.89	2.01	2.58	2.99	3.64	2.69	6.98	5.56	6.39	7.97	3.58	3.81
港澳台商	0.73	0.78	0.92	1.22	1.15	0.47	0.21	0.11	0.22	0.23	0.19	0.06
外商	2.34	1.02	0.74	0.54	0.57	0.36	0.52	0.16	0.21	0.19	0.14	0.08
合计	100	100	100	100	100	100	100	100	100	100	100	100

数据来源:根据国家统计局网站数据计算,http://data.stats.gov.cn/easyquery.htm? cn = E0103。

第六,从固定资产投资的城乡构成来看,甘肃省农村固定资产投资比重长期低于全国平均水平,持续偏向城镇。如果这种固定资产投资的城乡分布长期过于偏斜于城镇,会制约农村社会经济发展,阻碍城乡居民人均收入差距的缩小。

固定资产投资的城乡结构是指固定资产投资在城乡之间的分布。固定资产投资在城乡之间的分布不可能是均衡的,均衡也是不合理的。因为城镇是社会、经济和文化的中心,是商品、物流和人流的集散地,一些重要的工业和服务设施一般集中在城镇,因而,城镇投资比重远大于农村。但是,如果固定资产投资的城乡分布长期过于偏斜于城镇,则会导致农村社会经济发展的严重滞后。从表11-7和图11-15可看出,甘肃省城镇固定资产投资比重由2005年的90.3%提高到2017年的97.7%,而农村固定资产投资比重由2005年的9.7%下降到2017年的2.3%。甘肃省全社会固定资产投资城镇比重持续提高主要是工业化和城镇化推动的,是城镇基本建设投资、更新改造投资和房地产开发等投资扩张的必然结果。2017年甘肃省农村固定资产投资比重为2.3%,比2016年提高1个百分点,并超过全国平均水平。

表11-7　　2005—2017年全国与甘肃省城乡全社会固定资产投资与人口占比　　单位:%

时间	甘肃				全国			
	城镇人口比重	农村人口比重	城镇固定资产投资比重	农村固定资产投资比重	城镇人口比重	农村人口比重	城镇固定资产投资比重	农村固定资产投资比重
2005	30.0	70.0	90.3	9.7	43.0	57.0	84.6	15.4
2006	31.1	68.9	90.4	9.6	44.3	55.7	84.9	15.1
2007	32.3	67.7	90.3	9.7	45.9	54.1	85.5	14.5
2008	33.6	66.4	88.2	11.8	47.0	53.0	86.1	13.9
2009	34.9	65.1	87.9	12.1	48.3	51.7	86.3	13.7
2010	36.1	63.9	88.9	11.1	49.9	50.1	95.9	4.1
2011	37.2	62.9	97.6	2.4	51.3	48.7	97.1	2.9
2012	38.8	61.2	98	2	52.6	47.4	97.4	2.6
2013	40.1	59.9	98.2	1.8	53.7	46.3	97.6	2.4
2014	41.7	58.3	98.4	1.6	54.8	45.2	97.9	2.1
2015	43.2	56.8	98.5	1.5	56.1	43.9	98.1	1.9
2016	44.7	55.3	98.7	1.3	57.3	42.7	98.4	1.6
2017	46.4	53.6	97.7	2.3	58.5	41.5	98.5	1.5

数据来源:根据国家统计局网站数据计算,http://data.stats.gov.cn/easyquery.htm? cn = E0103&zb = A0501&reg = 650000&sj = 2019。

第七,从固定资产投资的区域结构来看,甘肃14个地州市人均固定资产投资差异较大。其中2010年、2015年、2017年第一名酒泉市人均固定资产投资分别是最后一名临夏州的7.73倍、6.57倍和7.53倍。

固定资产投资的区域结构是指固定资产在省市之间、地域之间的分布。固定资产投资的区域分布应该符合利益驱动原则和区位理论,既要有利于本地区的发展,又要符合全国经济发展的长远利益。因此,固定资产投资在不同区域之间完全均等并不一定是经济的、合理的,实际上也是不

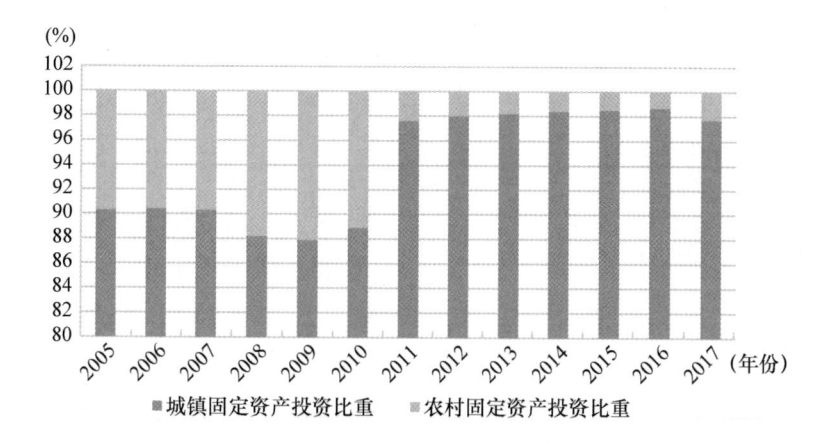

第十一章 甘肃省固定资产投资存在问题及对策建议

图 11－15 2005—2017 年甘肃省全社会固定资产投资城镇占比

数据来源：根据国家统计局网站数据计算，http://data.stats.gov.cn/easyquery.htm?cn=E0103&zb=A0501&reg=650000&sj=2019。

存在的。但是，如果固定资产投资的区域分布长期过于偏斜，甚至出现违背区位理论、产业地区布局原则的逆向流动，则是违反经济规律的，将导致投资区域结构的扭曲。由于各区域的人口、资源条件和经济规模不同，投资总量的区域分布难以正确说明问题，为此，可将投资总量和人均投资量的区域分布结合起来进行分析。

从固定资产投资总额比重来看（见表 11－8、图 11－16），2003—2016 年投资比重排名前三位的是兰州市、庆阳市、酒泉市，其投资比重合计为 44.7%—49.9%，地区生产总值比重合计为 42.5%—48.5%；2017—2018 年投资比重排名前三位的是兰州市、天水市、酒泉市，其比重合计为 45.6%—50.9%，地区生产总值比重合计为 48.7%—49.9%。同样，投资排名后三位的地区，其投资比重合计与其地区生产总值比重合计也基本一致，如 2003—2007 年投资排名后三位的甘南州、临夏州、陇南市，其投资比重合计为 7%—9%，地区生产总值比重合计为 7.9%—8.2%；2017—2018 年投资排名后三位的金昌市、嘉峪关市、临夏州投资比重合计为 6.9%—7.3%，地区生产总值比重合计为 9.06%—10.01%。说明联系各地区 GDP 占比，甘肃省固定资产投资的区域结构是较合理的。

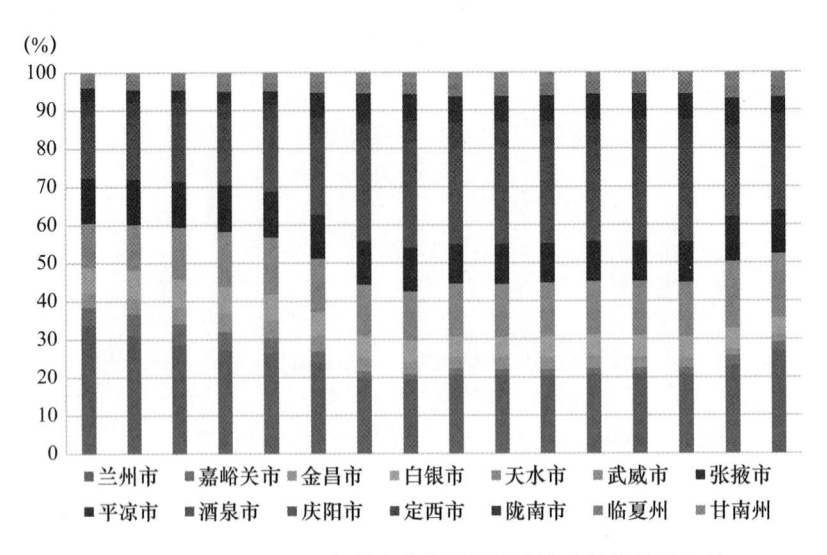

图 11-16　2003—2018 年甘肃省各地区固定资产投资比重变动

数据来源：根据 2004—2019 年《甘肃发展年鉴》计算。

表 11-8　　　2003—2018 年甘肃省各地区固定资产投资比重变动　　　单位:%

时间 地区	2003	2004	2005	2006	2007	2008	2009	2010	2011	2012	2013	2014	2015	2016	2017	2018
兰州市	33.8	31.0	28.6	27.3	26.5	23.9	20.0	19.5	20.8	20.6	20.6	20.8	20.9	20.9	23.2	27.1
嘉峪关市	4.7	5.7	5.6	4.8	3.9	3.0	1.6	1.5	1.6	1.6	1.6	1.7	1.7	2.6	2.2	
金昌市	3.8	4.1	4.4	4.7	4.6	4.1	3.5	3.2	3.0	3.1	3.1	3.2	2.9	2.4	1.6	1.9
白银市	6.7	7.3	7.3	7.0	6.7	6.2	5.9	5.6	5.3	5.3	5.5	5.5	5.5	5.5	5.4	4.5
天水市	6.0	5.9	6.5	7.3	8.3	7.9	8.0	7.2	7.0	6.9	6.9	7.0	7.0	7.0	11.8	12.0
武威市	5.6	6.2	7.1	7.2	6.7	6.1	5.3	5.6	6.8	6.9	7.0	7.1	7.2	7.2	5.7	4.7
张掖市	6.7	7.0	6.7	6.1	5.2	4.3	3.8	3.7	3.5	3.5	3.5	3.6	3.7	4.3	5.1	
平凉市	5.1	4.9	5.3	6.0	6.7	7.2	7.7	7.8	6.9	7.0	6.9	6.9	7.0	7.0	7.5	6.4
酒泉市	8.5	7.8	8.1	8.5	8.8	8.7	11.9	12.9	13.0	13.0	12.9	12.8	12.8	10.6	11.8	
庆阳市	7.6	8.2	8.8	8.9	10.0	12.3	14.0	14.4	12.4	12.5	12.4	12.5	12.6	7.1	5.8	
定西市	4.0	4.1	3.9	3.9	4.1	4.5	5.0	5.7	6.5	6.5	6.5	6.4	6.5	6.3	7.6	
陇南市	3.5	3.4	3.3	3.3	3.7	6.6	7.9	7.3	7.0	6.8	6.8	6.9	6.8	6.9	7.1	4.6
临夏州	2.4	2.4	2.4	2.4	2.4	2.9	3.0	3.0	3.3	3.4	3.4	3.4	3.5	3.5	3.1	2.9
甘南州	1.5	2.1	2.2	2.6	2.5	2.4	2.5	2.6	3.0	2.9	2.7	2.3	2.2	2.2	3.8	3.7
合计	100	100	100	100	100	100	100	100	100	100	100	100	100	100	100	100

数据来源：根据 2004—2019 年《甘肃发展年鉴》计算。

第十一章 甘肃省固定资产投资存在问题及对策建议

从人均固定资产投资来看（见表 11-9、图 11-17），甘肃 14 个地州市人均固定资产投资差异较大。2010 年、2015 年、2018 年按人均固定资产投资大小排序，酒泉市始终排名第一，临夏州始终排名最后，第一名酒泉市人均固定资产投资分别是最后一名临夏州的 7.73 倍、6.67 倍和 7.53 倍。

表 11-9　　2010—2018 年甘肃省各地区人均固定资产投资变动　　单位：元

时间 地区	2010	2011	2012	2013	2014	2015	2016	2017	2018
兰州市	18256	24043	34133	36162	43949	48841	53730	35268	39288
嘉峪关市	21362	27977	39842	43726	51903	59108	65242	59052	47304
金昌市	23208	27234	39554	43044	52576	52835	48768	19837	22151
白银市	11060	12921	18665	20559	25080	27748	30784	17810	14065
天水市	7518	8920	12690	13449	16281	18202	20198	19982	19575
武威市	10413	15705	22834	24859	30313	34139	37873	17733	13987
张掖市	10536	12062	17356	18752	22722	25644	28567	19978	22317
平凉市	12850	13943	20075	21222	25692	28739	31893	20089	16453
酒泉市	39987	49005	70989	74866	90265	99041	108601	53294	56940
庆阳市	22043	23374	33893	35870	43547	48481	53565	17879	13896
定西市	7181	10057	14166	14917	18058	19989	22267	12772	14625
陇南市	9581	11356	15970	17041	20596	22795	25115	15281	9441
临夏州	5174	7119	10227	10900	13158	14846	16379	8566	7562
甘南州	13117	17973	25177	25070	25394	26417	29404	29815	27647

数据来源：根据 2004—2019 年《甘肃发展年鉴》计算。

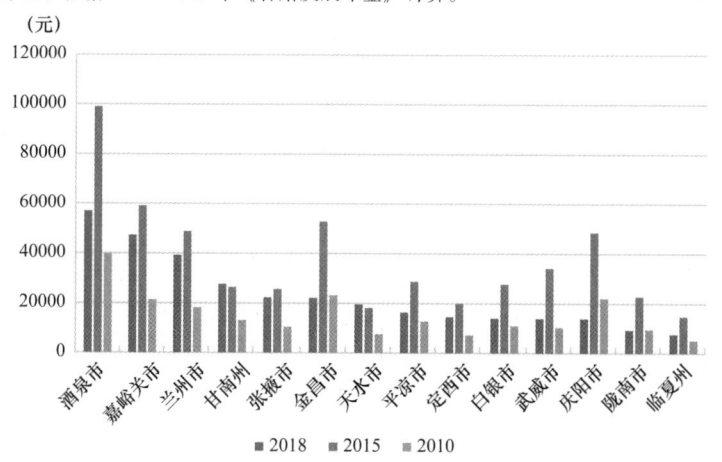

图 11-17　2010、2015、2018 年甘肃省各地区人均固定资产投资变动

数据来源：根据 2004—2019 年《甘肃发展年鉴》计算。

第三节 甘肃省固定资产投资效益分析

固定资产投资效益是指固定资产投资所取得的有效成果与消耗或所占用的劳动量之间的对比关系,即固定资产投资的所得与所费之间的关系。固定资产投资的所得指的是投资活动的有效成果,它既表现在建设过程中,也反映在项目建成投产以后的生产或使用过程中。固定资产投资的所费则指固定资产投资过程中劳动量的消耗或占用。

固定资产投资经济效益的主要特征如下。①投资经济效益与建设时间长短密切相关。固定资产的投入包括劳动的消耗和占用两个方面。由于投资建设周期比较长,所以劳动的消耗和占用总是表现为在一定时期内的消耗和占用,它始终与时间因素(如建设工期)联系在一起。在建设规模已定的情况下,缩短建设工期,加快建设速度,就能节约劳动占用,从而减少投入,早获收益。②投资活动的成果体现在施工和使用两个阶段。新增固定资产的形成、新增生产能力和房屋建筑面积的建成,是施工建设阶段的直接投资成果,而这些新增固定资产投入生产和使用后给国民经济增加的社会总产品以及对人民生活增加的各项服务,则是使用阶段的投资成果,也是投资的最终成果。③投资经济效益具有层次性。投资经济效益具有多层次性特征:第一层次是建设过程投资效益,以建设阶段的产出成果与投入进行比较;第二层次是使用过程投资效益,以使用阶段的产出成果与项目建设的投入进行比较。两个层次的投资效益相互联系,相互制约,构成整体投资效益。

投资经济效益的种类:①从研究的不同层次划分,有国民经济投资效益、部门(或)地区投资经济效益、建设项目投资经济效益;②从研究的不同角度划分,有建设项目的宏观投资效益和微观投资效益;③按投资活动不同发展阶段分,有规划的投资经济效益、设计的投资经济效益、施工的投资经济效益和实际的投资经济效益。

固定资产投资经济效益统计指标分析体系:宏观投资效益的指标体系和微观投资效益的指标体系。宏观投资效益是指国民经济总体的全部投资项目的投资效益及其相互联系、相互制约而产生的连锁效益的总和,它反

第十一章 甘肃省固定资产投资存在问题及对策建议

映资源配置的总体效益，是与政府制定的促进经济增长、技术进步、社会稳定以及环境保护等方面经济社会发展目标相联系的主要参数。微观投资效益是指投资项目的直接经济效益，反映投资资源的利用率，即投资过程中的资源耗费大小与投资完工后供给能力或产出水平的高低。其中反映宏观投资效益的指标主要有固定资产交付使用率、固定资产投资项目建成投产率、固定资产投资效果系数、建设周期、建成投产（或房屋竣工）占施工比重、未完成工程投资占用率等；反映微观投资效益的指标主要有单位生产能力投资、建设工期、单位生产能力占用未完成工程投资、达到设计能力的年限、投资利税率、投资回收期等。

固定资产投资是经济增长的重要推动力，具有调节供给和需求的双重功能，因此，提高固定资产的投资效益是一个带有全局性和战略性的问题，投资效益的好坏直接影响整个经济的发展水平，提高固定资产投资效益是加快发展经济的重要途径。本节从固定资产交付使用率、固定资产投资项目建成投产率、固定资产投资效果系数、建设周期、房屋建筑面积竣工率等方面，分析甘肃省固定资产投资效益的高低及变化情况。

第一，从固定资产交付使用率来看，2005—2017年甘肃省固定资产投资交付使用率大部分年份低于全国平均水平，在西北五省区居于中等水平，其平均排名为2.8。

固定资产投资交付使用率是指一定时期新增固定资产与同期完成投资额的比率。该指标是反映固定资产动用速度，衡量建设过程中宏观投资效果的综合指标。由于固定资产投资的目的是形成新的生产能力和使用效益，因此，固定资产交付使用率的高低是衡量固定资产投资效益好坏的最直接的指标之一。由于新增固定资产是较长时期内形成的结果，而投资额则是当年完成的，因此，该指标一般适宜于反映较长时期内固定资产的动用情况。

首先，与全国固定资产投资交付使用率对比，2005—2017年13年间有8年甘肃省固定资产投资交付使用率低于全国平均水平，且波动幅度较大，2006年最低，为37%，2015年最高，为78.3%，2017年为53.4%；其次，与西北五省区其他四省区相比，2005—2017年甘肃省在西北五省区中排名先升后降，由2005年第五名波动上升为2010、2013、2015、2016年的第一名，然后又下降为2017年第四名，其平均排名为2.8，居中等水平（见表 11-10、图 11-18、图 11-19）。

表 11-10　2005—2017 年全国与西北五省区固定资产投资交付使用率　　单位：%

时间	全国	陕西	青海	宁夏	新疆	甘肃	甘肃排名（西北五省区）
2005	60.2	59	52.6	60.1	68.1	52.5	5
2006	60.3	58.4	80.2	62.2	82	37	5
2007	57.4	60.8	55.6	46.5	68.1	52.9	4
2008	56.8	52.8	62.8	54.9	57.4	38.1	5
2009	58.8	48.7	41.6	57.7	77.3	51.7	3
2010	56.7	42.4	39.3	44.2	53.8	54.2	1
2011	61	49.6	50.8	85.5	55.3	71.2	2
2012	61	54.5	51.3	59.9	60.7	59.4	3
2013	61.9	56.8	51.3	57.8	61.4	63.5	1
2014	66.5	61.5	48.2	70.2	63.5	68.5	2
2015	70	66.9	52.7	75.3	66.6	78.3	1
2016	59.3	52	51	54.2	60.2	62.2	1
2017	60.5	53.3	64.4	60.6	55.4	53.4	4

数据来源：根据国家统计局网站数据计算，http://data.stats.gov.cn/easyquery.htm?cn=E0103&zb=A050I&reg=620000&sj=2018。

第二，从固定资产投资项目建成投产率看，2005—2017 年甘肃省固定资产投资项目建成投产率呈增长趋势，但大部分年份低于全国平均水平，在西北五省区居于中等偏下水平，其平均排名为 3.5。

项目建成投产率是一定时期全部建成投产项目数占同期施工项目数的比率。它是从建设项目的建设速度角度反映投资效果的指标，为了保持稳定的建设速度，必须合理安排施工项目与投产项目的比例。

首先，与全国固定资产投资项目建成投产率对比，2003—2017 年甘肃省固定资产投资项目建成投产率呈增长趋势，由 2003 年的 47.5% 逐渐增加为 2017 年的 67.5%，与全国平均水平相比，2003—2017 年 15 年间只有 2010、2015、2016 年 3 年甘肃省高于全国平均水平，其余年份低于全国平均水平，但与全国平均水平差距呈缩小趋势；其次，与西北五省区其他四

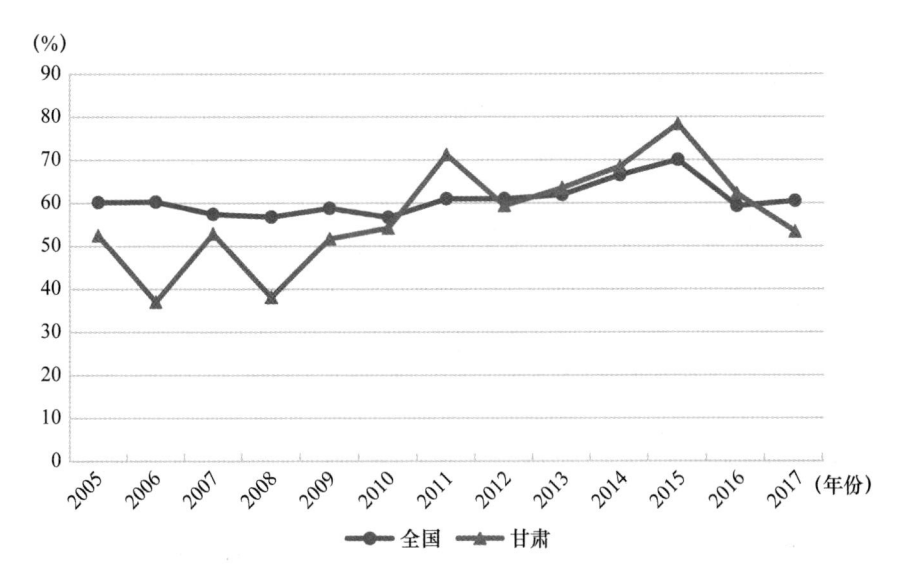

第十一章 甘肃省固定资产投资存在问题及对策建议

图 11-18　2005—2017 年全国与甘肃省固定资产投资交付使用率

数据来源：根据国家统计局网站数据计算，http://data.stats.gov.cn/easyquery.htm? cn = E0103&zb = A050I&reg = 620000&sj = 2018。

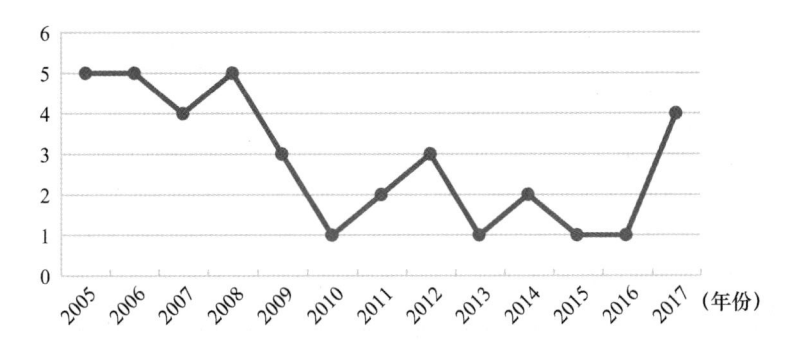

图 11-19　2005—2017 年甘肃省固定资产投资交付使用率西北五省区排名

数据来源：根据国家统计局网站数据计算，http://data.stats.gov.cn/easyquery.htm? cn = E0103&zb = A050I&reg = 620000&sj = 2018。

省区相比，2003—2017 年甘肃省在西北五省区中排名为升—降—升，由 2003 年的第五名上升为 2010 年的第二名，再下降为 2012 年的第四名，2015 年、2016 年又上升为第一名，2017 年降为第二名，其平均排名为 3.5，居中等偏下水平（见表 11-11、图 11-20、图 11-21）。

表 11-11　2003—2017 年固定资产投资（不含农户）项目建成投产率变动　单位:%

时间 地区	2003	2004	2005	2006	2007	2008	2009	2010	2011	2012	2013	2014	2015	2016	2017
全国	53.7	52.5	56.9	57.2	57.5	61.4	63.8	62.5	63.3	62	63.7	68.3	74	68.5	69.7
陕西	52.8	55.5	58.6	55.7	56.1	62.2	61.6	49.7	56	59	62	68.9	74.9	66.4	61.8
青海	55.1	62.8	62.5	71.1	60.9	63.8	60	48.2	42.6	48.8	57.5	59.4	66.4	62.2	66
宁夏	62.1	59.2	68.7	77.3	50.2	58	59.9	60.8	63.9	64.7	62.2	71.9	73.4	68.3	69.7
新疆	68.9	67.3	69.6	71.6	71.4	67.4	66.5	65.7	56.8	57	52.2	65.8	71.4	71.1	63.8
甘肃	47.5	45.8	52.9	28.3	53.6	55.3	59.2	64	60.3	51.8	57.1	68.1	75.3	71.6	67.5
甘肃排名 （西北五省区）	5	5	5	5	4	5	5	2	2	4	4	3	1	1	2

数据来源：国家统计局网站数据，http://data.stats.gov.cn/easyquery.htm? cn = C01&zb = A0518&sj = 2019。

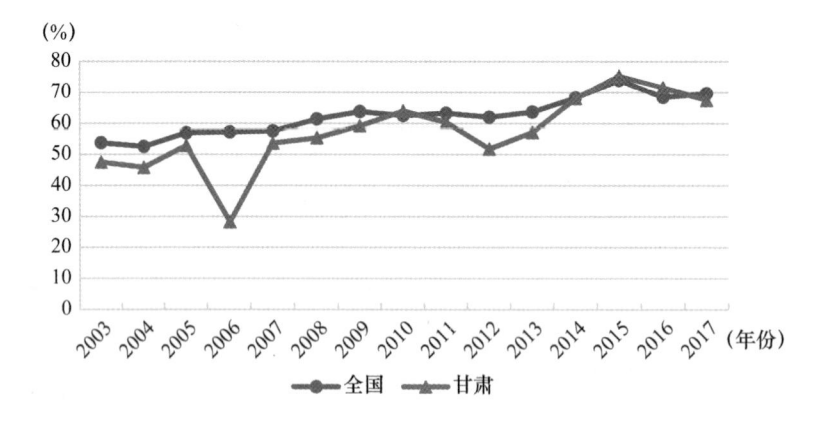

图 11-20　2003—2017 年固定资产投资（不含农户）项目建成投产率变动

数据来源：国家统计局网站数据，http://data.stats.gov.cn/easyquery.htm? cn = C01&zb = A0518&sj = 2019。

第三，从房屋建筑面积竣工率看，2001—2018 年甘肃省房屋建筑面积竣工率呈下降趋势，除了 2009—2012 年外其余年份均低于全国平均水平，在西北五省区居于中等水平，其平均排名为 3.3。

房屋建筑面积竣工率是指一定时期内房屋竣工面积占同期房屋施工面积的比率，是从房屋建筑施工速度的角度反映房地产投资效果的指标。也是从一个部门、地区或整个国民经济角度来研究建设速度的指标。

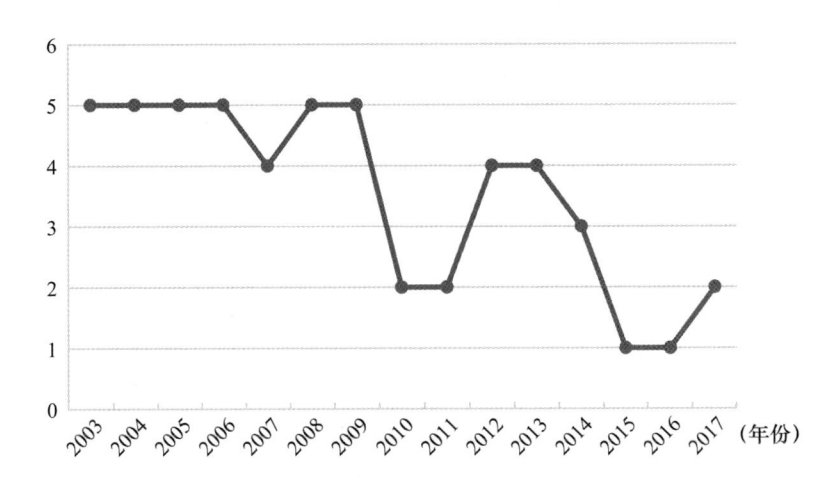

第十一章 甘肃省固定资产投资存在问题及对策建议

图 11-21 2003—2017 年甘肃省固定资产投资项目建成投产率西北五省区排名

数据来源：国家统计局网站数据，http://data.stats.gov.cn/easyquery.htm? cn=C01&zb=A0518&sj=2019。

首先，与全国房屋建筑面积竣工率对比，2001—2018 年甘肃省房屋建筑面积竣工率呈下降趋势，由 2001 年的 58.9% 下降为 2018 年的 25.5%，与全国平均水平相比，2001—2018 年 18 年间甘肃省房屋建筑面积竣工率除了 2008—2012 年高于全国平均水平外，其余年份均低于全国平均水平；其次，与西北五省其他四省相比，2001—2018 年甘肃省在西北五省中排名变动为降—升—降，即由 2001 年的第四名，下降为 2005 年的第五名，又上升为 2010 年的第一名，然后又下降为 2015—2018 年的第三名，其平均排名为 3.3，居中等水平（见表 11-12、图 11-22、图 11-23）。

表 11-12　　　　　　2001—2018 年房屋建筑面积竣工率变动　　　　　　单位：%

时间	全国	陕西	青海	宁夏	新疆	甘肃	甘肃排名（西北五省区）
2001	66.1	68.6	58.7	74.4	68.5	58.9	4
2002	68.6	73.6	65.4	77.1	58.7	61	4
2003	66.1	68.6	58.7	74.4	68.5	58.9	4
2004	64.6	65.3	54.2	69.6	67.9	55.1	4
2005	59	63.3	55	64.4	71.9	49.5	5

续表

时间	全国	陕西	青海	宁夏	新疆	甘肃	甘肃排名（西北五省区）
2006	55	51.6	51.5	58.4	78.5	45.1	5
2007	52.8	49.1	51.6	61.6	70.2	49.1	4
2008	45.9	45.2	54	53	60.8	30.7	5
2009	43.5	42.8	44	47.4	67.8	46.2	3
2010	41.2	35.7	39.4	45.9	62.3	69.2	1
2011	40.1	24.7	37.5	39.6	48.3	49.3	1
2012	33	19.6	32.6	31.1	40.9	34.6	2
2013	31.8	23	34	26.2	34.6	28.2	3
2014	28.7	22.2	26.9	23.6	35.9	27.4	2
2015	26.2	22	32.7	17.7	29.8	23.4	3
2016	26.2	21	31.3	20	34.5	23.1	3
2017	27.2	21.1	29.4	21.3	33.9	24.2	3
2018	24.7	18.2	28	22.5	31.3	25.5	3

数据来源：根据国家统计局网站数据计算，http://data.stats.gov.cn/easyquery.htm?cn=E0103。

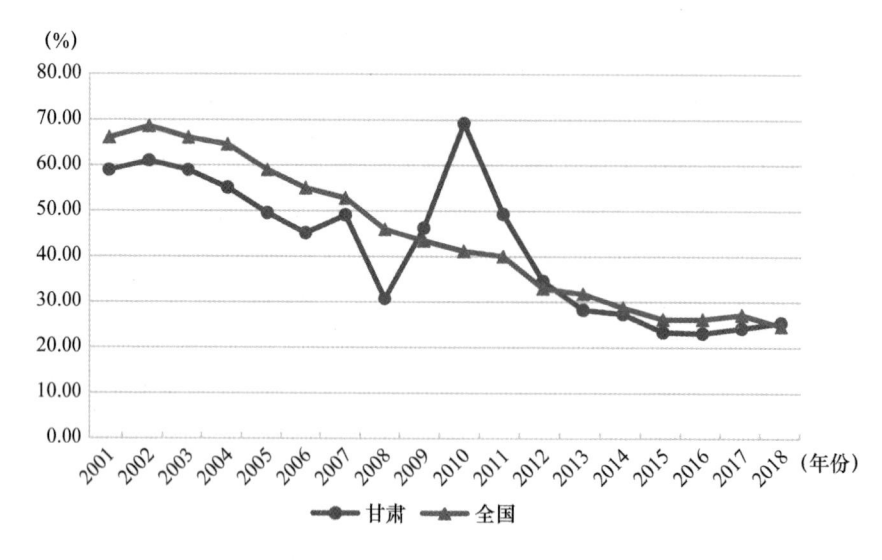

图 11-22　2001—2018 年房屋建筑面积竣工率变动

数据来源：根据国家统计局网站数据计算，http://data.stats.gov.cn/easyquery.htm?cn=E0103。

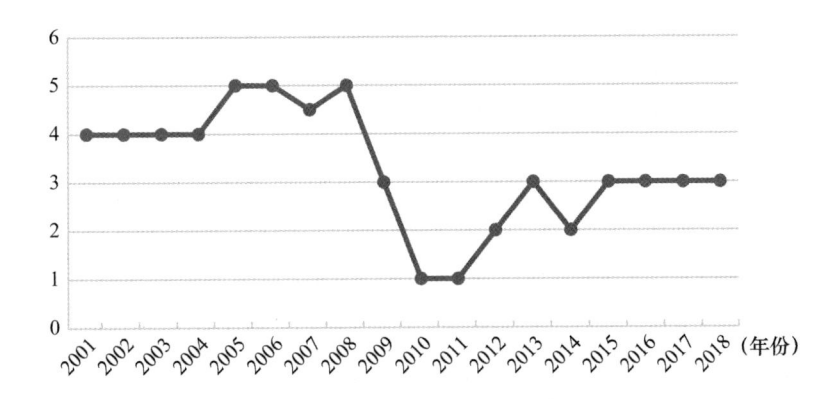

第十一章 甘肃省固定资产投资存在问题及对策建议 217

图 11-23 2001—2018 年甘肃省房屋建筑面积竣工率西北五省区排名

数据来源：根据国家统计局网站数据计算，http://data.stats.gov.cn/easyquery.htm?cn=E0103。

第四，从房地产开发企业建设周期看，2005—2017 年甘肃省房地产开发企业建设周期大部分年份低于全国平均水平，其平均建设周期为 4.5 年，好于全国平均 4.8 年的水平，在西北五省区居于中等水平，其平均排名为 3.3。

建设周期是指按当年的施工水平和建设水平，报告期所有正在施工的项目全部建成投产平均需要的时间。可用固定资产建设总规模与年度固定资产投资额表示。它从宏观角度反映建设速度，反映一个国家、一个地区或行业完成建设总规模平均需要的时间。建设周期越短，建设速度越快。

首先，与全国房地产开发企业建设周期对比，2003—2017 年 15 年间甘肃省房地产开发企业建设周期只有 2003、2004、2009、2010 年 4 年高于全国平均水平，其余年份均低于全国平均水平，且与全国平均水平差距呈扩大趋势。2003—2018 年间甘肃省房地产开发企业建设周期平均为 4.5 年，全国为 4.8 年，甘肃省好于全国平均水平。其次，与西北五省区其他四省区相比，2003—2018 年甘肃省排名为波动式下降，由 2003 年的第一名下降为 2018 年的第五名，其平均排名为 2.6，居中等偏上水平（见表 11-13、图 11-24、图 11-25）。

表 11-13 2003—2018 年全国与西北五省房地产开发企业建设周期变动　　单位：年

时间	2003	2004	2005	2006	2007	2008	2009	2010	2011	2012	2013	2014	2015	2016	2017	2018
全国	3.76	3.84	4.09	4.17	4.14	4.49	4.62	4.64	4.69	5.00	5.01	5.19	5.59	5.73	5.98	6.16
陕西	3.50	3.52	3.45	3.58	3.96	4.02	4.55	4.06	4.27	5.11	4.77	5.30	5.87	6.22	6.22	6.28
青海	3.48	3.37	4.43	5.31	5.01	4.14	4.36	4.02	4.18	5.11	4.57	4.33	4.42	4.27	4.82	5.54
宁夏	1.56	1.68	1.88	1.96	2.16	2.18	2.59	3.41	4.00	4.68	4.71	5.06	5.76	5.47	6.47	9.79
新疆	2.80	3.04	2.69	2.65	2.35	2.40	3.03	2.92	3.11	4.11	4.40	4.56	5.01	5.61	5.50	6.15
甘肃	4.07	4.10	3.92	3.86	3.94	4.43	4.71	5.57	4.34	4.06	4.11	4.84	5.07	5.11	5.14	4.83
甘肃排名（西北五省区）	1	1	2	2	3	1	1	1	1	5	5	3	3	3	4	4	5

数据来源：根据国家统计局网站数据计算，http://data.stats.gov.cn/easyquery.htm?cn=C01。

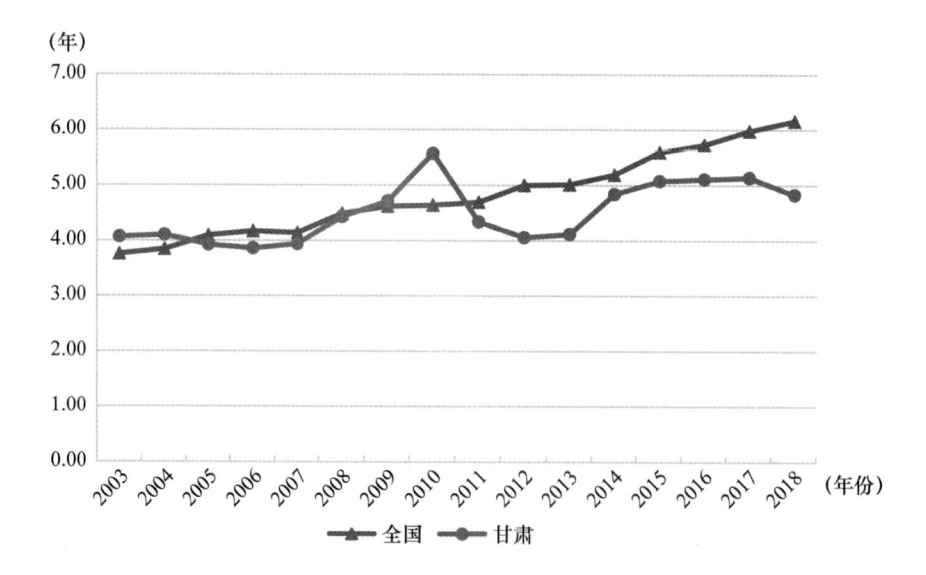

图 11-24　2003—2018 年全国与西北五省区房地产开发企业建设周期变动

数据来源：根据国家统计局网站数据计算，http://data.stats.gov.cn/easyquery.htm?cn=C01。

第五，从固定资产投资效果系数来看，2001—2017 年甘肃省投资效果系数呈下降趋势，有 15 年甘肃省投资效果系数低于全国平均水平，在西北五省区居于中等水平，其平均排名为 3.2。

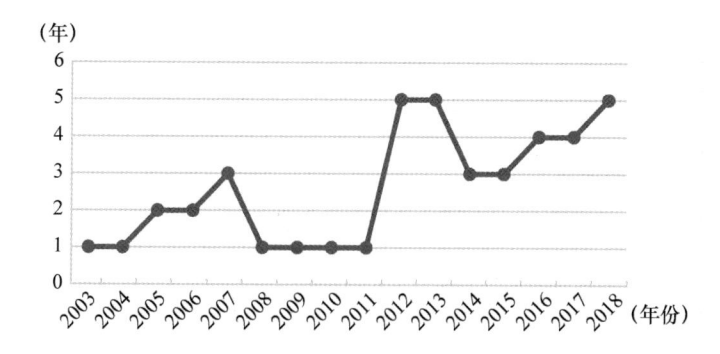

第十一章 甘肃省固定资产投资存在问题及对策建议

图 11-25 2003—2018 年甘肃省房地产开发企业建设周期西北五省区排名

数据来源：根据国家统计局网站数据计算，http://data.stats.gov.cn/easyquery.htm?cn=C01。

固定资产投资效果系数是一定时期内 GDP 增加额与全社会固定资产投资额的比值。它反映每万元固定资产投资所提供的国内生产总值增加额。该指标是从宏观角度反映投资经济效益。

首先，与全国固定资产投资效果系数对比，2001—2017 年 17 年间除 2004、2006 年外，其他年份甘肃省投资效果系数均低于全国平均水平，且呈下降趋势，由 2001 年的 0.157，下降为 2017 年的 0.045。其中 2015 年投资效果系数为 -0.005，是因为 2015 年甘肃省地区生产总值比上年减少 46.5 亿元；其次，与西北五省区其他四省区相比，2001—2017 年甘肃省在西北五省区中排名为升—降—升，由 2001 年的第五名上升为 2004 年的第一名，再下降为 2008、2010、2015 年的第五名，最后波动上升为 2017、2018 年的第四名，其平均排名为 3.2，居中等水平（见表 11-14、图 11-26、图 11-27）。

表 11-14 2001—2017 年全国与西北五省区固定资产投资效果系数

时间	全国	陕西	青海	宁夏	新疆	甘肃	甘肃排名（西北五省区）
2001	0.284	0.267	0.186	0.222	0.181	0.157	5
2002	0.250	0.265	0.174	0.175	0.151	0.203	2
2003	0.283	0.278	0.194	0.214	0.281	0.271	3
2004	0.346	0.390	0.262	0.244	0.281	0.393	1
2005	0.287	0.403	0.234	0.170	0.295	0.282	3

续表

时间	全国	陕西	青海	宁夏	新疆	甘肃	甘肃排名（西北五省区）
2006	0.292	0.326	0.257	0.227	0.281	0.336	1
2007	0.369	0.297	0.308	0.322	0.258	0.327	1
2008	0.284	0.337	0.379	0.344	0.292	0.270	5
2009	0.130	0.137	0.078	0.139	0.034	0.093	3
2010	0.253	0.245	0.265	0.233	0.339	0.232	5
2011	0.243	0.253	0.223	0.251	0.253	0.227	4
2012	0.135	0.161	0.118	0.114	0.145	0.122	3
2013	0.122	0.118	0.097	0.089	0.121	0.104	3
2014	0.099	0.086	0.063	0.055	0.088	0.064	3
2015	0.081	0.018	0.035	0.046	0.005	-0.005	5
2016	0.095	0.066	0.044	0.068	0.032	0.042	4
2017	0.134	0.105	0.013	0.074	0.102	0.045	4

数据来源：根据国家统计局网站数据计算，http://data.stats.gov.cn/easyquery.htm?cn=E0103&zb=A0501&reg=620000&sj=2019。

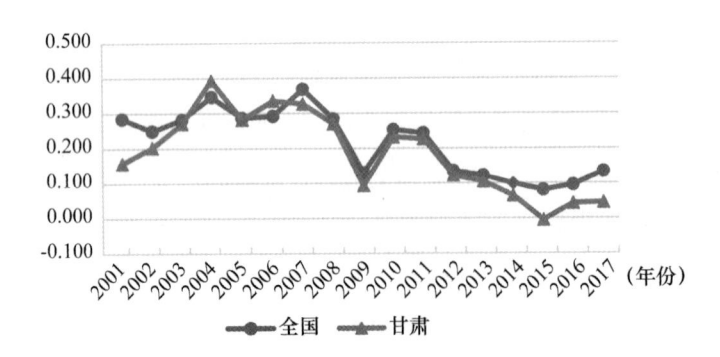

图 11-26　2001—2017 年甘肃、全国固定资产投资效果系数

数据来源：根据国家统计局网站数据计算，http://data.stats.gov.cn/easyquery.htm?cn=E0103&zb=A0501&reg=620000&sj=2019。

第六，综合固定资产投资效果系数、房地产开发企业建设周期、房屋建筑面积竣工率、项目建成投产率、投资交付使用率等投资效益指标，从动态角度分析来看，2005—2017 年甘肃省固定资产投资效益呈波动式下降

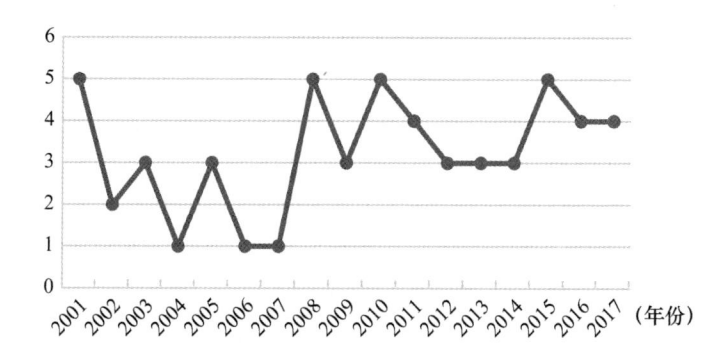

第十一章 甘肃省固定资产投资存在问题及对策建议

图 11-27　2001—2017 年甘肃省固定资产投资效果系数西北五省排名

数据来源：根据国家统计局网站数据计算，http：//data.stats.gov.cn/easyquery.htm？cn＝E0103&zb＝A0501&reg＝620000&sj＝2019。

趋势，有待进一步提高。

从表 11-15 和图 11-28 可看出，2005—2017 年甘肃省固定资产投资效果系数和房屋建筑面积竣工率呈现波动式下降，分别由 2005 年的 0.282 和 49.5% 下降为 2017 年的 0.045 和 24.2%，其下降速度分别为 84.04% 和 51.11%；房地产开发企业建设周期则呈现扩大趋势，由 2005 年的 3.92 年扩大为 2017 年的 5.14 年，扩大程度为 31.12%；固定资产投资交付使用率和项目建成投产率虽然 2017 年比 2005 年分别增长 1.71% 和 27.60%，但这两个指标从 2015 年开始都呈现下降趋势，2017 年比 2015 年分别下降了 31.80% 和 10.36%。因此，总体上看，甘肃省固定资产投资效益有下降趋势，有待进一步提高。

表 11-15　　2005—2017 年甘肃省固定资产投资效益指标数据

时间	投资效果系数	房地产开发企业建设周期	房屋建筑面积竣工率	项目建成投产率	投资交付使用率
2005	0.282	3.92	49.5	52.9	52.5
2006	0.336	3.86	45.1	28.3	37
2007	0.327	3.94	49.1	53.6	52.9
2008	0.27	4.43	30.7	55.3	38.1
2009	0.093	4.71	46.2	59.2	51.7
2010	0.232	5.57	69.2	64	54.2

续表

时间	投资效果系数	房地产开发企业建设周期	房屋建筑面积竣工率	项目建成投产率	投资交付使用率
2011	0.227	4.34	49.3	60.3	71.2
2012	0.122	4.06	34.6	51.8	59.4
2013	0.104	4.11	28.2	57.1	63.5
2014	0.064	4.84	27.4	68.1	68.5
2015	-0.005	5.07	23.4	75.3	78.3
2016	0.042	5.11	23.1	71.6	62.2
2017	0.045	5.14	24.2	67.5	53.4
2017年比2005年增长（%）	-84.04	31.12	-51.11	27.60	1.71

数据来源：根据国家统计局网站数据计算，http://data.stats.gov.cn/easyquery.htm? cn = E0103&zb = A0501&reg = 620000&sj = 2019。

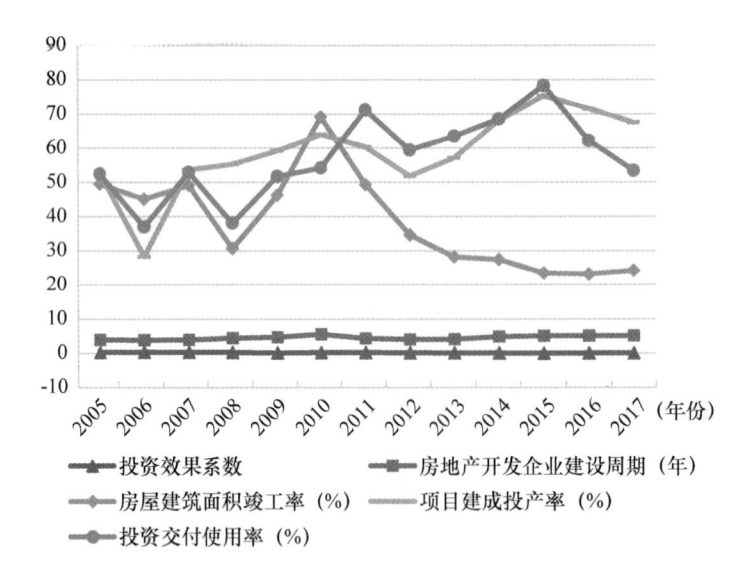

图11-28 2005—2017年甘肃省固定资产投资效益指标数据

数据来源：根据国家统计局网站数据计算，http://data.stats.gov.cn/easyquery.htm? cn = E0103&zb = A0501&reg = 620000&sj = 2019。

第四节 甘肃省固定资产投资对策与建议

从前三节分析可看出，改革开放以来，甘肃省固定资产投资规模和投资质量都取得了长足进步，但也存在一些尚需继续完善改进的方面，如人均固定资产投资规模较小、固定资产投资结构需要继续优化、固定资产投资效益需要进一步提升等。为此，本书从以下七方面提出对策建议。

1. 加强固定资产投资的宏观调控，推进"一带一路"建设

针对当前甘肃省固定资产投资仍是拉动其经济增长的关键力量的现状，甘肃省政府应在制定固定资产投资政策时，坚决执行中央有关宏观调控政策以及产业调整政策，以稳投资促进稳增长，围绕供给侧改革这条主线进行稳投资。①补齐基础设施和公共服务投资的短板，包括以 5G 为代表的新型基础设施建设。目前甘肃交通、信息、水利等基础设施滞后的矛盾依然突出、基本公共服务设施薄弱。与东部地区相比，甘肃省基础设施和公共服务质量和效率的提升空间依然很大。②投资高技术制造业，落实创新驱动战略，推动经济高质量发展。杜绝高耗能、低效率重复建设的固定资产投资，建立和完善固定资产投资的长效作用机制。同时，利用"一带一路"建设机遇，大力发展通道物流和口岸经济，加快铁路、公路、航空、水运等综合交通运输体系建设步伐，全面提升开放型经济发展水平。

2. 保持适度投资规模，发挥固定资产投资在甘肃经济增长中的"引擎"作用

固定资产投资是 GDP 重要的组成部分。在国民经济核算中，GDP 的三个组成部分包括最终消费、资本形成总额、货物和服务净出口，而固定资产投资直接影响资本形成总额的大小。因此，继续适度加大固定资产投资规模，会促进 GDP 的稳定增长，进而形成投资需求对经济增长的拉动作用。同时，从微观的企业层面看，其固定资产投资会通过影响其他相应企业而具有乘数效应，进而推动国民经济增长，扩大就业。

改革开放以来，甘肃省固定资产投资呈指数曲线趋势增长，其固定资产投资率增长较快，2016 年达 136.06%，是同期全国平均水平的 1.66 倍，2017 年开始大幅下降，回落至与全国平均水平基本持平。但甘肃省人均固

定资产投资额仍然较低，2017年全国31个省、自治区、直辖市中甘肃排名第29位，西北五省区排名第五，且2014年起甘肃省固定资产投资贡献率波动幅度较大。针对当前国际形势复杂、经贸摩擦加剧的现状，为充分发挥发挥固定资产投资在甘肃经济增长中的"引擎"作用，甘肃省固定资产投资应该采取稳投资政策，保持适度增长速度，通过稳就业、稳金融、稳外贸、稳外资、稳投资、稳预期，实现甘肃经济的稳增长。

3. 加强对农业的投入，加速农业现代化的进程

相比东部省份，甘肃省农业基础薄弱，农业结构升级缓慢。尽管伴随着科学技术的进步，农业对国民经济增长的作用将逐步下降，但农业仍是人们基本生活资料的主要来源。从表11-16、图11-29可看出，2018年甘肃省第一产业固定资产投资比重为8.3%，第一产业生产总值比重11.17%，而第一产业就业人数比重却达53.9%。虽然甘肃省固定资产投资第一产业所占比重由2005年的4.8%增加为2018年的8.3%，但相对于甘肃省第一产业就业人数比重和产值比重仍然偏低。甘肃省第一产业的产值和就业人数两个比重的下降不同步，第一产业劳动力比重与增加值反差较大，第一产业劳动力比重过高，而每个农业劳动力创造的农业附加值偏低。因此，必须加强对农业的投入，提高农业的机械化、专业化、科学化，进而提高农业劳动生产率水平，按照稳粮增收、优化结构、提质增效、创新驱动的要求，夯实农业发展基础，加快转变农业发展方式，构建现代农业产业体系、生产体系、经营体系，建设国家绿色生态农产品生产加工基地。

①加强对农业的投入，努力提高对农业的投资比重，在农业产业投资方面要更加注重集约型产业投资，提高农业的劳动生产率，促进农村由以粮食为主的传统农业经过"多种经营"为特征的混合农业阶段，过渡到机械化、专业化、科学化的现代农业发展阶段。②健全现代农业科技创新推广体系。加快推进农业机械化，加强农业与信息技术融合，发展智慧农业，提高农业生产力水平。③以保障主要农产品供给、促进农民增收、实现农业可持续发展为重点，继续完善强农惠农富农政策，提高农业支持保护效能。一是优化财政支农支出结构，创新涉农资金投入方式和运行机制，推进整合统筹，提高农业补贴政策效能；二是坚持市场化改革取向和保护农民利益并重，完善农产品市场调控制度和市场体系；三是完善开发

第十一章　甘肃省固定资产投资存在问题及对策建议

性金融、政策性金融支持农业发展和农村基础设施建设的制度。

表 11-16　2005—2018 年甘肃省第一产业固定资产投资、就业人数及生产总值比重　　单位:%

时间	第一产业固定资产投资比重	第一产业就业人数比重	第一产业生产总值比重
2005	4.8	63.67	15.93
2006	4.9	63.23	14.67
2007	5.3	62.66	14.44
2008	4.9	62.35	13.4
2009	5.2	62.01	13.4
2010	4.1	61.61	12.47
2011	4.6	61.26	11.34
2012	3.4	60.45	11.34
2013	3.6	59.26	10.64
2014	5.3	58.02	10.41
2015	6.2	57.06	11.07
2016	7.1	55.96	11.43
2017	6.7	54.86	11.52
2018	8.3	53.9	11.17

资料来源:2006—2019 年《甘肃发展年鉴》。

4. 合理安排第二产业内部投资结构

一是加强对传统行业的技术改造,加快传统重化工业和制造业高新化、智能化、清洁化、绿色化改造,提高传统产业的经济效益;二是建立和完善风险投资机制,加大高新技术产业的投资力度,发展新兴技术产业,带动产业结构的升级,尤其制造业的投资结构升级,要由资金驱动转为技术创新驱动。

甘肃省目前进入工业化中期阶段,在这个时期面临着工业化、信息化、高科技化的多重任务,第二产业仍发挥着主导产业的作用。首先,从

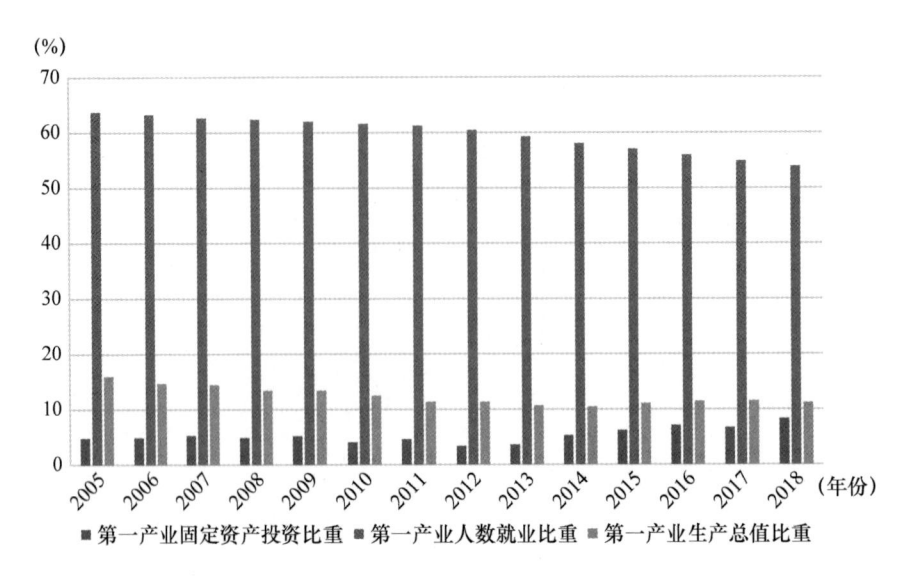

图 11-29　2005—2018 年第一产业固定资产投资、就业人数及生产总值比重

资料来源：2006—2019 年《甘肃发展年鉴》。

固定资产投资费用结构看，2018 年甘肃省固定资产投资费用按构成建筑安装工程、设备工具器具购置、其他费用三个部分比重分别为 80∶9∶11，代表技术进步的设备工具器具购置费用比重低于 30%，说明甘肃省固定资产投资费用结构质量较低；其次，从固定资产投资建设性质构成看，改扩建比重低，且持续下降。改建比重则由 2003 年比全国高 2.33 个百分点降到 2017 年比全国平均水平低 10.01 个百分点，扩建比重则由 2003 年比全国低 0.91 个百分点扩大到 2017 年比全国平均水平低 6.82 个百分点。说明甘肃省固定资产投资建设性质结构有待进一步完善，甘肃省经济发展应提升内涵式发展。因此，在保证第二产业投资绝对量有所增长的同时，应使其内部投资结构得到显著改善。加强对传统行业的技术改造，坚持以科技创新作为加快产业转型升级的重要支撑，推动存量优化升级，力争使有限的资金集中用于重点技术改造项目，提高传统产业的经济效益。

高新技术产业是产业高度化的重要标志，它的发展程度是国家生产力发展水平的重要体现。要建立和完善风险投资资本市场和高新技术产业投资专项基金制度，拓宽对电子信息、生物工程、新能源、新材料、新能源装备制造等高新技术产业的融资渠道，加快发展高新技术产业。

5. 加强生产性服务业发展

增加现代物流、金融服务、信息服务、科研等服务业的投资，以现代服务业支撑和引领产业转型升级，加深生产性服务业与先进制造业融合，促进第三产业优质高效发展。

在实现产业升级过程中，第三产业的发展有十分重要的意义。其中，金融、信息、通信、交通、科研、生产服务业的发展将大大提高经济的总体效率，而零售、餐饮、生活服务、医疗卫生、文化教育、环境管理，旅游的发展将改善和提高大众的生活环境及生活质量，提高人口素质，也将创造更多的就业机会。

改革开放以来，甘肃省第三产业发展迅速，2018年第三产业增加值占地区生产总值的54.5%，并且从2014年起，甘肃省第三产业超第二产业比重幅度逐渐变大，2018年的三次产业投资比重为8∶19∶72，第三产业投资比重是第二产业的3.75倍。甘肃省第三产业发展对于推动第一、二产业的发展，对于扩大社会就业能力、促进消费结构的变化和人民生活水平的提高、提高甘肃整体经济效益发挥了重要作用。加快发展第三产业可考虑采取以下措施。

（1）加速改造和发展交通运输业。增加对交通运输业的投资，推进铁路、民航业和城市公用事业改革，放宽市场准入，引入竞争机制。

（2）强化通信业投资，着力发展知识型服务业。一是补齐通信基础设施的短板，加强新一代信息基础设施建设，提升信息网络基础设施覆盖水平；二是加快现有通信设施的技术改造，提高通信质量。

（3）加大科技、教育事业和金融业的投资。教育和科技在现代化建设中具有基础性、先导性。2018年甘肃省每十万人口高等学校平均在校生数为2258人，其值比全国平均水平低400人。甘肃省科学研究和技术服务业、金融业等行业的投资比重较低，2018年分别为0.52%、0.10%，低于全国平均水平。因此，要进一步加大科技、教育事业和金融业的投入。要着力推动义务教育均衡发展，加快发展现代职业教育，提高各级各类学校教育质量，为甘肃省发展提供强大的人力资源支撑。要进一步加大科技投资，增强自主创新能力，提高全社会研究与试验发展经费支出占地区生产总值的比例。要深化科技体制改革，推动科技与经济紧密结合，着力构建以企业为主体、市场为导向、产学研相结合的技术创新体系。同时，继续深化地方金融机构改革，扩大金融保险产业规模，健全地方金融体系，不断扩大银行、保险、证券、信托等行业开放程度，创新金融产品，提高金融服务水平。

6. 进一步深化投资体制改革，推进投资主体多元化发展格局

针对甘肃省有限责任公司、私营、港澳台投资、外商投资等经济类型的投资比重显著低于全国平均水平的现状，甘肃省应进一步深化投资体制改革，支持非公经济发展政策措施的落实，推进投资主体多元化格局，改善民间投资与外资的综合投资和营商环境，不断扩大准入或开放的领域，扩展资金来源，为甘肃经济增长注入源源不断的动力。扩大民间投资具体措施如下。①放宽参与途径，营造公平竞争环境。除关系国计民生和国家安全的领域外，在国有企业、央企主导的传统行业中，通过金融工具创新，实现民间资本以财务投资的方式参与资源集中度、技术等级、行业壁垒相对高的重大项目，在基础设施和公共服务领域，以PPP（政府与社会资本合作模式）为切入点，加快对民间资本的开放。②健全法律法规，保障民间投资权益。加快推动PPP立法，保障民间资本参与PPP的权益。强化对违约行为的法律约束，完善PPP项目市场建设。③完善金融市场，化解民企融资难题。积极引导政府扩大担保规模，向民营企业，特别是中小微企业提供融资担保服务，通过制定有针对性的政策提高贷款利率弹性，降低民营银行存款准备金率，支持民营企业解决融资难、融资贵问题。推进股权、债券信用评级与交易市场建设，支持民营企业以自身信用评级为支撑，依托股权、债券等金融工具，实现有效融资。完善政府投资基金平台建设，强化风险控制，引导民间资本组建各类产业投资基金，扩大民间资本参与规模。④落实"管、放、优"，释放改革红利。积极推进绩效体制改革，以转变政府职能为方向，以放管结合、优化服务为切入点，推进行政审批、金融制度、财税体制改革创新，优化运行机制。通过制定地方性政策，降低民间资本进行行政审批和市场交易的成本，提高市场效率，创造投资空间，活跃民间投资。

7. 聚焦有效投资领域，发挥减税政策在稳增长中的作用

针对2001—2017年甘肃省投资效果系数呈下降趋势，有15年甘肃省

投资效果系数低于全国平均水平，在西北五省区居于中等水平的现状，在提高投资效益方面，甘肃省国有企业应聚焦有效投资领域，关注技术创新与惠及民生的投资领域，如高端装备制造业、进口替代性产业、乡村振兴基础设施建设配套等，促进国企改革提质增效。中小微企业应充分利用减税政策，改善企业盈利与流动性状况，有效刺激企业投资，激活经济内生动力，持续发挥减税政策在稳增长中的作用。

8. 完善开放布局，提升招商引资实效，服务好国内国际双循环

针对甘肃省外商投资比重显著低于全国平均水平现状，甘肃省应按照"十四五"规划要求，积极落实招商引资和对外投资协同提升计划。一是完善开放布局。加快构建内外兼顾、陆海联动、向西为主、多向并进的开放新格局。二是扩大招商引资和利用外资规模，加大与东部沿海等发达城市合作，引进一批传统产业延链、优势产业补链和新兴产业强链的项目落地。加强国际产能合作，实施一批对外投资、对外承包工程和对外劳务合作重点项目，更好服务于国内国际双循环。三是提升招商引资实效。利用"一带一路"机遇，发挥承东启西、连南通北区位优势，积极参与中巴经济走廊建设，巩固提升兰新线主通道。深化与中西亚国家资源开发和国际产能合作，拓展东盟、南亚等国市场。充分利用国内国际两个市场两种资源，提升招商引资实效。加快打造文化、枢纽、技术、信息、生态五个制高点，推动对外开放取得更大实质性进展。

参考文献

高铁梅、王金明、陈飞、刘玉红：《计量经济分析方法与建模：EViews 应用及实例》（第 3 版），清华大学出版社 2017 年版。

龚曙明：《宏观经济统计分析：理论、方法与实务》，中国水利水电出版社 2010 年版。

侯荣华：《固定资产投资效益及其滞后效应分析》，《数量经济技术经济研究》2002 年第 3 期。

胡学勤、胡泊：《当代经济学流派》，清华大学出版社 2016 年版。

郎荣燊、裴国根主编：《投资学》（第五版），中国人民大学出版社 2017 年版。

李北伟主编：《投资经济学》，清华大学出版社 2009 年版。

林岗、王一鸣、马晓河、刘元春：《中国经济改革与发展研究报告 2014》，中国人民大学出版社 2014 年版。

罗乐勤、陈泽聪主编：《投资经济学》（第 3 版），科学出版社 2011 年版。

彭道宾、朱红根：《固定资产投资效应论》，经济日报出版社 2013 年版。

任淮秀：《投资经济学》（第五版），中国人民大学出版社 2017 年版。

余群芝：《环境库兹涅茨曲线的理论批评综论》，《中南财经政法大学学报》2008 年第 1 期。

佘时飞、陈思扬：《宏观经济学分析方法》，清华大学出版社 2016 年版。

王德发、李晓玉等编著：《投资统计学》，上海财经大学出版社 2000 年版。

王军：《投资的需求效应和供给效应分析》，《财经科学》2001 年第 4 期。

王燕：《应用时间序列分析》（第四版），中国人民大学出版社 2015 年版。

王一鸣、林岗、马晓河、高德步主编：《中国经济改革与发展研究报告——经济增长新动力选择（2016）》，中国人民大学出版社 2017 年版。

王远：《投资主导的经济增长：结构、效率及转型路径》，社会科学文献出版社 2018 年版。

易丹辉主编：《数据分析与 EViews 应用》，人民大学出版社 2008 年版。

张嘉昕编著：《当代西方经济学流派》，清华大学出版社 2016 年版。

赵彦云主编：《宏观经济统计分析》（第二版），中国人民大学出版社 2014 年版。

［美］保罗·萨缪尔森，［美］威廉·诺德豪斯：《经济学》（第 19 版，教材版），萧琛主译，商务印书馆 2013 年版。

［美］钱纳里等：《发展的格局：1950—1970》，李小青等译，中国财政经济出版社 1989 年版。